·理想的教育·

如此美好

赵文◎著

光明日报出版社

图书在版编目（CIP）数据

理想的教育如此美好 / 赵文著 . -- 北京：光明日报出版社，2023.7

ISBN 978 - 7 - 5194 - 7374 - 7

Ⅰ.①理… Ⅱ.①赵… Ⅲ.①教育工作 Ⅳ.① G4

中国国家版本馆 CIP 数据核字 (2023) 第 139508 号

理想的教育如此美好
LIXIANG DE JIAOYU RUCI MEIHAO

著　者：赵　文	
责任编辑：许　怡	责任校对：王　娟　杨　雪
封面设计：悟阅文化	责任印制：曹　净

出版发行：光明日报出版社

地　　址：北京市西城区永安路 106 号，100050

电　　话：010-63139890（咨询），63131930（邮购）

传　　真：010-63131930

网　　址：http://book.gmw.cn

E - mail：yangru@gmw.cn

法律顾问：北京德恒律师事务所龚柳方律师

印　　刷：三河市华东印刷有限公司

装　　订：三河市华东印刷有限公司

本书如有破损、缺页、装订错误，请与本社联系调换，电话：010-63131930

开　本：145mm × 210mm			
字　数：314 千字		印　张：12.5	
版　次：2023 年 7 月第 1 版		印　次：2023 年 7 月第 1 次印刷	
书　号：ISBN 978 - 7 - 5194 - 7374 - 7			

定　价：78.00 元

教育的确应该是美好的

近期，收到远在陇南的好友赵文发给我的信息，希望我能为他的著作写序，源于对这位甘肃校长炽热教育情怀的认可，我爽快地答应了他的请求。无奈身边琐事繁杂，一直未能动笔写作，今晚稍有闲暇，索性草就这篇序言，权当完成给老友的承诺吧！

因为陇南接壤四川，自然环境和湖北巴东相近，对陇南我有着一种天生的好感。读了赵文的书稿，涓涓心语如一泓清泉，在我的心中荡起层层涟漪。他和我有诸多的相似，他从一名普通的中专生，历经坎坷一路求学，到读完教育技术学专业硕士学位，其求学之路就像我国教育的发展之路一样越来越好，他也从一个普通的乡村老师一直干到了县城中学的校长，其成长之路相当不易。我主政过县城，知道在一个县城想做事、做成事的校长的不容易。作为刚刚脱贫两年多的国家深度贫困县，教育领域的发展直接关系到县域经济发展未来的延续性，乡村振兴的关键本身就在教育，从赵文的书稿中我读到了一个教育人为了教育发展所做出的辛勤努力。

办好一所学校，实话讲不容易，从经费、师资、生源等多方面如一道道绳索，牵制着校长们的精力和激情，束缚着校长们的改革与创新。在书稿"乡村教育手记"中知道，他从偏远的六巷学校起步，如履薄冰，兢兢业业，走出了一条与其他校长不一样的办学之路。我看到了一个不一样的校长画像——胸怀教育理想，立足教育现实，用行大于言的实际行动"舞"出了当代乡村校长的精彩。他本人也因为自己的学识与努力，入选了马云公益基金会评选的2019届"马云乡村校长"，这个荣誉的含金量很高，并由此给学校带来百万的公益援助，使一所乡村学校在县域内熠熠生辉。我也是一个公益人，作为基金会评选的为数不多的优秀教育人，我能够感受到他在办学中所付出的艰辛与努力。

　　这本书应该说是一本教育随笔与感悟，综观全书，有作者炽热浓烈的教育情怀，也有可以实操的办学案例，尤其是与北辰小学相关的文章，行必有思，思必有得，他能把自己的所思所想写下来，其实就是一种较好的教学反思与实践反刍。教育工作是繁重的，他能够在教学管理工作之余，挤出时间来学习、反思，本身值得肯定。尤其是他能够直面学校存在的问题，从课程改革到学校规划，全力把文化治校提升到学校治理的终极目标，全方位展示了一位校长对学校管理的不懈探索和可贵实践。

　　赵文是幸运的，不管是赏识他的上级领导还是与其曾经共事的亲友同事，都给予了他足够的关爱和能够充分施展本领的平台，读其文、知其心，他像一个教育的"朝圣者"，一直在试图寻找教育的"理想国"，他的文章不能算文采斐然，但能够见证一个教育人的创新和探索。我在教育方面，不是外行，知晓教育对一个家庭、一个地区、一个民族的重要性，真心希望有更多像他一样富有教育情怀的教育家来办学，把教育办成支撑社会经济发展的重要载体。

只愿未来的日子，赵文仍然能够勤耕不辍，孜孜以求，探索出一条薄弱地区办学的"超越之路"，在寻变的路上越走越远……

看清依然热爱
知难仍然行动

陈行甲

2023 年 4 月 21 日晚

（陈行甲，深圳市恒晖公益基金会创始人、原全国优秀县委书记）

追求理想教育

　　赵文校长约我写一篇序，本来我是不敢答应的。因为2023年5月正是我准备博士毕业的最繁忙之际，20万字的论文反复修改，焦虑不堪，压力非常大。序言是一本书的开篇之作，要写好需要认真通读全书、总结凝练，颇费时间与精力。3月，曾贸然应允给一位朋友的书籍写序言，结果推迟了一个月，在焦虑、繁忙、甲流之中才写完。之后，我就在内心告诫自己，"博士未毕业，不再承诺写序言"。但赵文校长电话沟通说，他是新网师学员，对新教育实验非常认同，特别希望我能写一点文字。言辞恳切，感受到彼此是"尺码"相同之人。如果自己的文字能对他人、对新教育实验发挥一点作用，即使有点难度也应尽力而为，遂答应下来。

　　赵文校长是非常优秀的教师、校长，曾被评为"陇南青年英才""优秀校长""优秀班主任"，曾获全国马云乡村校长"新乡村教育家"称号。阅读书稿的过程中，我经常被文中充满诗意的文字和理性思考吸引，被他的文学才华折服。遂产生一点好奇：作为理科生的他为何有如此高的文学才华？之后得知，赵文校长第一学历是汉语言文学，后来攻读了信息技术专业的本科和教育技术学专业的硕士研究生。我与他都有相似的求学经历：都是在 20 世纪 90 年代末期考取汉语言文学专科，后来又考取了本科，攻读了硕士研究生。只不过我后来读本科、硕士和博士，都停留在文科领域，而他跨越到了理工科领域。他不仅有文科教师常有的感性、细腻、理想情怀，又有理科教师常有的理性、严谨、务实、现实主义。他的成功与成就也印证了一个观点：教师和校长的成长需要文理兼修，需要有跨学科视野。

赵文校长是一位现实的理想主义者，是一位脚踏大地的仰望星空者。这种理想情怀，本质是一种对教育职业的高度认同，"是汇聚人内心的归属感、尊重、责任、成就、挑战等因素的内源动力，是克服职业的外在性、异己感，把自身价值与所从事职业的价值相统一的肯定性因素"[①]。职业认同在很大程度上影响着个体的工作方式、成长方式和对工作变化的态度，影响专业发展的强与弱、专业行为数量的多与少，决定了你要成为什么样的人、什么样的教师、什么样的校长。

理想主义是赵文校长的精神肤色。面对教师，他说：

---

① 甄志平，郎健，丁天翠，刘润生，李先萍.体育专业免费师范生职业认同与教育实习效果关系研究［J］.体育文化导刊，2012（12）：97-101.

"教育是理想者的事业……乡村教师唯有把爱心与情怀奉为自己的信仰，积极主动地去学习，用爱心与耐心加持自己的初心，才能够改变偏远山区的现状。"面对遇到的种种困难，他矢志不移："很长时间以来，我的教育理想一直在和学校现实做着殊死的搏斗。我深知，作为学校管理者，要学会在理想与现实间平衡游走，既能仰望星空，又能脚踏大地。"当他在遭遇了乡村学校种种困难后，深有感触地说："乡村教育缺什么？说起这些，我想大多数人会说钱、会说人，但在我的心中，乡村教育最缺的是共同愿景。"

办好学校的关键是什么？有的认为是上级的支持，有的认为是留住好的生源，有的认为是提高教师素养，有的认为是提高工资待遇，等等。确实，以上因素都很重要，但我认为最关键的因素是，有大批对教育既有理想情怀又能奉行现实主义的校长。校长是一所学校的"发动机""导航仪""加油站"，是各种办学要素的中心因素和前提因素。有了优秀的校长，才能最大限度地赢得外部支持，才能有意识地培养优秀教师，留住优秀教师，才能吸引优质生源。否则，即使有其他较好的办学因素，也会因为校长因素的不足，而逐渐削弱。

有理想情怀不难，坚守理想情怀不易，把理想情怀化为孜孜不倦的行动并推动了学校的发展更难。我曾带着大学生在南方与北方的100多所乡村学校实习支教多年，深知在薄弱地区校长要办好一所学校的不易。从外因看，不受上级重视，来自上级的教育教学资源往往倾斜向城里的优质学校，乡村学校经常被忽略。从内因看，生源质量差，教师队伍不稳定。学校很难招到优质生源，大部分学生都转到城里的学校，剩下的许多是留守儿童，有的来自单亲家庭、贫困家庭，学习基础弱，学习习惯不好。教师队伍人心不定，缺乏学习的主动性，工作积极性不高，与城里教师相比感觉低人一等。从校长来说，想要的教师留不住，不想要的教师走不了……

不少乡村校长起初也想奋发有为，做一番事业，但面对无奈的现实容易心灰意冷。但赵文校长不是这样，他满怀渴求理想教育的滚烫热血并矢志不渝。在乡村学校，他发起读书会，规划博畅文化，打造学校文化体系，力推分层作业，制定三年发展规划，在城乡接合部学校，他推进"星光"教育，构建智慧校园，改造学校微环境，引入"读思达"教学法，持续开展几十期教师培训，推行行事历工作方式。他对学校工作朝思暮想，并提出许多真知灼见。关于师训，他认为"终极目标在于塑造教师的价值观和使命感"；关于学校设计，他说"只要能唤醒儿童的好奇心和创造性，这样的设计就是成功的"；关于落实新课标，他强调"最有效的方式是改变课堂、改变评价，增强课程实施的情境性与实践性，才能促进学习方式的变革"。

我更看到他在旺苍遇到新教育的激动与期待，思考与信念，"哪一天新教育才会义无反顾地走进仇池大地？""自此后，以未来为方向，我会搭载新教育的快车，助力我和孩子们跑得更稳更远"。特别是看到他对新网师的期待，让我更增加把新网师办好的责任感与使命感。我深知，薄弱地区办学现实的难度要比文中呈现的更复杂、更多样，应该有许多困难都无法写出来。这就更凸显了与赵文一样的校长的价值和重要性。中国教育的高质量发展，薄弱环节是乡村教育，要促进城乡教育一体化，需要更多如赵文一样对教育充满理想情怀，对工作务实勤勉，从乡土中成长起来对乡土饱含深情的校长。

这是一本研究薄弱地区办学的有价值的书，尤其作者对县域内教育发展表达了许多新颖的观点。乡村教育一直是近代教育家关注的重点。20世纪早期，陶行知针对乡村教育提出"生活即教育""社会即学校"的教育思想。平民教育家晏阳初发起平民识字教育运动提高平民文化素质。梁漱溟在山东邹平建立中国乡村建设研究院，专门研究乡村教育。当代，随着社会的转型、人工智能的崛起、城市化的迅猛发展，乡村教育面临前所未有的新问题和新困境。在乡村振兴的国家战略背景下，乡村教育也成为当代教育研究者持续关注的热点。顾明远先生认为解决农村教师问题是提高农村教育水平的当务之急。熊丙奇认为应创新乡村教育评价体系，从结果评价到过程评价的转变、从单一评价到多元评价的转变、从行政评价到专业评价的转变。肖诗坚认为农村教育应该扎根农村，需要在乡土之中孕育生长，而不是简单地复制移植城市教育经验。新教育实验也提出用"专业阅读、专业写作、专业交往"促进教师专业发展，以生命叙事促进职业认同。在众多声音中，大部分为专家学者的观点，少有来自乡村一线校长和教师的观点。赵文校长常年扎根农村学校，从一个校长的角度为我们理解乡村学校、乡村教育提供了独特的视角，提供了许多鲜活而独特的思考。这本书中，总结了村小、教学点的困境：办学规模过小，资源配置闲置问题突出；上学距离远，交通不便，存在安全隐患；艺术类教师短缺，学校美育存在严重短板；优质学科教师缺乏；村小教学点教师老龄化，生活条件落后。提出了乡村教育发展的策略：发掘乡村教育资源，开发乡土教材，建设乡村家长学校。在教师层面，指出县域教师队伍存在的学科结构不均衡、教师素质良莠不齐、绩效考核价值定位缺失等问题，提出提高乡村教师质量，推进家长学校，创设宽严相济的政策环境，施行切合实际的高效管理，建立政府主导的激励机制等建议。这些观察和思考为教育学者研究乡村教育提供了丰富的素材和多角度的思考。

新教育实验发起人朱永新老师用"一丹教育发展奖"的奖金设立基金，开展五大行动，助力乡村教育的"乡村班"和以在线方式助推教师成长的"网师班"是其中的两大行动。期待赵文校长以这本书的出版为新的起点，在薄弱地区办学方面做深入研究，也期待进一步进入我主持的"新网师"，一起探讨中国教师成长的理论和途径。我深信，赵文校长未来一定会成为"新网师"乃至新教育实验中的榜样校长，专家型校长。

（郝晓东：苏州大学高等教育学博士生）

目　录
CONTENTS

博观而约取

厚积而薄发

宁静而致远

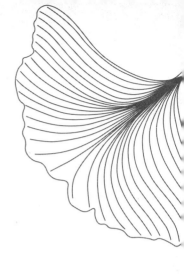

博观而约取

　　我们此生应该和教育融在一起，我们此生的故事也与校园无法割离，这就是一种关乎生命成长的教育叙事，絮絮叨叨中让自己成了智慧的思想者。我们记录的除了教育生活的点点滴滴，还有别人眼里永远无法看到的风景。

光阴里的北辰光影

斜阳下的北辰，光与影肆意绽放着它独特的魅力。音乐课上传出的歌声就像光影的伴奏，恰到好处地随着光影铿锵起舞；阳光透过窗棂照在埋头阅读的学生身上，明暗交错间似是给学生身上洒了一层金粉；教室里能歌善舞的老师带着学生做手势操，弥补操场因没有竣工而无法使用的缺陷；前院里体育课上队列队形的训练间夹杂着孩子们的嬉笑打闹，温馨的画面幸福而和谐。这或许就是我梦想的校园吧，虽有或多或少的残缺，但至少能够从零起步，重新建构自己的理想国。

尽管，此时的我只是教育行进路上一颗微不足道的卒子，只是倾心于自己梦想的最卑微的追光者。在教育思想启蒙的路途上，我感谢上苍能够让我遇到许多值得终身仰望的贵人。有些影子在梦中曾经出现，后来竟出现在我成长的人生路上……就像我身体上的斑记，只有自己明白他们在我心中的准确位置；就像朱先生和李先生之于我一样，终究会成为我一个非常独特的精神印记。

近期读于永正先生的《教海漫记》，嫌直白又嫌沉闷，却有一种强烈的刺激，仿佛明白，教育不就如此般琐碎，处处不离平淡，但又处处尽显不凡，随处便是大学问，先生的八方烟雨便与我有了相干。于先生身上严谨治学的态度足以让我辈仰望终生。说起光影，先生本是光的所在，敬其精进，也尊其志向，更服其担当。当然吾亦羡慕当年他和于漪先生一样耄耋之年的俊朗神态，永远有着"教坛钟南山"的优雅魅力。白衣自卿相，人间正气亦千秋，于先生虽已远走，但其著作必将永存。

实事求是，北辰还很嫩很年轻，教育事业是人的事业，必然为人的发展而服务，存在的问题必然靠人来解决。在很多时候，我们寄希望于优秀的教师来解决教育的问题，但现实的真实情况是，只要是热爱教育的教师必然就算优秀的教师，也许他们的光很弱，他们的影子很朦胧，但他们是能承载教育脊梁的人。他们是自由的光影，不受社会的各种功利与诱惑影响；他们喜欢和学生在一起，能够遵循教育教学的基本规律，力所能及地帮助孩子们掌握技术、学习知识。他们就是一颗颗星星，有棱有角，以自己的方式发光发热，从不计较爱和付出会不会获得丰盈的回报；不管谁是管理者都能最大限度地发挥自己的潜能，始终保持对教育的虔诚之心。北辰的光影中，我一直一厢情愿却坚定地认为，有这种光与影的存在，能力虽弱，但每个人都有自己教育的乌托邦。

我经常反思我的治校规划和管理制度有没有南辕北辙的可能，有没有背离我们的初衷。不可否认的是，我自己有时候都会把自己打败，比如，评优选先，出发点是好的，激励先进鞭策后进；但在评优选先后，有一段时间教师群体都会不开心，多多少少会发生一些内耗。就教育本质而言，评优选先本身就是把教育推向了功利的边缘，把老师们引向外在的功利目标，教育内在的价值却在毫不留情地减弱。我同时说服自己不要对教育评价进行量化，因为教育本身没有"量化"，但无法量化的教育质量带来了教师无约束的自由与不可控的安逸。我应该想方设法把教师引导到对教育的无限热爱上来，让他们痴迷于与学生在一起，一起游戏、一起学习、一起成长；我深知，这种引导非常不易，我相信功利主义走到一定阶段，我们必然会反思需要什么样的教育。请相信，未来会出现这样的教育土壤，有情怀支撑的教师、回归理性的家长和放弃苛求的社会。那时候，我们会说，原来教育这般美好！

　　教育应该走得慢一点，教育思想应该可以更加简洁，教育应该从乡村、从田野、从远山、从都市、从大海走来，纯粹而生动，带着烟火气、带着泥土味，也带着科技感。那时候，我想，这才是我们所追求的真教育。

　　其实，在我多年来对教育的光影记载中，我不止一次地允许自己犯错，不管是大多数学校坚守到今天的题海战术，还是走在时代前沿的新教育理论，我一直站在实践的角度去考量它适不适合我所在的学校，有没有可能在这所学校落地。哪怕是一个美丽的泡沫，只要不伤害孩子不伤害老师，我都愿意以自己的方式去实践去判断。因为在任何时候我都会思考，学校能够给人温暖的是什么，学校最让人伤心的是什么，哪些东西会永久地留在我们的记忆里？我始终坚信，充满光、充满爱和智慧的学校一定是师生最向往的地方。

　　岁月绵亘，时光永在。北辰的光阴漫长而琐碎，值得期待的是，所有的追光者在光与影的记载中都在坚持改变、坚持创新、坚持研究。在北辰三楼通往四楼的楼道里醒目地写着："我们最坚守的改变就是改变，我们最普通的日常就是研究，我们最可贵的经历就是敢为人先。"不断地反思，不断地寻求解决问题的办法，这或许就是北辰的品质。这种品质大可以支撑北辰走得更远，具体讲那就是基于数据的分析意识和基于实证的问题意识。

　　在北辰的光影里，星光教育尊重儿童，星光教育可以走近儿童，点亮人生，这意味着让每个孩子都要发光。请相信，每个孩子光芒虽不同，但都在努力发光。

2022 年 10 月 9 日

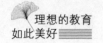
梦想，其实也会发光

　　理想中的校园，是充满爱与温情的乐园，阳光会抵达任何一个师生所关注的角落，师者凭着"行胜于言"的务实作为，能够做好身边的每一件小事。那里有理想的课程设计，有科学的课程实施办法，还有与此紧密配套的客观评价……

　　理论上而言，每一所品质学校的教学目标、教育追求和行为准则都需要设计、需要甄别，这些设计既能体现办学者的价值追求，也能承载厚重的文化底色。在我的认知范围内，办好一所学校，首先需要确立外显的奋斗目标，就像我们自己需要奋斗的理想。理想有些人是支持的（比如，我们的父母），他们能够体会我们为之奋斗的价值；有些人是反对的，他们总会质疑我们的想法，从来不会站在我们的角度去思考和解决问题，可这并不妨碍一个称职的管理者对未来的选择（这是境界问题）。具体到学校，我所追求的目标就是让学校充满光、充满爱和智慧；我所走的路，就是顶住压力进行一系列的教育教学改革。

　　基于以上考虑，我开启了每周一次"加班"师训，教师培训的价值其实更多的是统一思想，就像企业发展的思想凝聚一样，他们的目标是赚钱，我们的目标是办好这所学校；开设和调整了校本课程体系，拓展和开发了一批锻炼孩子们综合能力的社团课程，进一步帮助师生进行了自我定位、明确了奋斗目标，与"北辰学子六年必做事"一道，尽可能让每个师生都发光，以确保未来发展的持续性……

　　对酝酿中的品质学校而言，逐光生长的学生、向美成长的老师和师生共鸣的优秀管理三者是一个整体，三者良性循环，缺一不可。教师因材施教，以师者的激情点亮孩子们心中的梦想，启动学生心中成长的发动机，学校施行温暖人心的管理，化解冷漠，让每位老师都潜心做追光者。所以，办充满光的教育，所有的参与者都要时时思考，梦想和目标不及的地方，何来光，何来爱，何来发芽生长的智慧？

结合"北辰"词眼的本意，我将理想中的北辰教育氛围称为"星光教育"，让每个师生都发光是践行星光教育最重要的前提。星光教育应该服务学生的个性化发展，尊重学生的成长规律，让点点滴滴的关爱温暖学生的健康成长；星光教育应该服务教师的教学素养提升，各类管理制度、措施及执行过程都应该严慈相济，让教师有充满发挥的空间；以师生都能做最好的自己为具体的衡量标准。我想，它的内涵应该有两个层面，从文化层面来讲，让光和美弥漫整个校园；从课堂层面来讲，让爱与智慧充满教室。

北辰作为城乡接合部的学校，必须充分考虑其生源结构，以获得学生的差异化发展，目前探索启动的社团课程和融合课程体系，旨在让学生除了上好国家基础课程外，能够有足够的自主选择权；中心只有一个，那就是学生的个性化发展。从爱读写到好运动，从育涵养至享智能，用实践为学生的成长提前做好适度的引导，让每个学生发光又有多难？学生舒展心灵、放飞理想，和老师多元互动、合作分享，幸福而完整的教育生活又有多远？或许，那个时候，我们的课程体系就可以理直气壮地称为"星光课程"体系。于我而言，所有的探索与改革，都是为了让学生更好地应对未来发展变革的世界。我应该做到的或许有一点最为重要，那就是保持基于实证的问题意识和基于数据的分析意识，确保方向无误。

在北辰学校的门厅廊柱上，挂着挚友沈澎题写的楹联："仰望星空腾蛟起凤鼓斗志；足履实地善学笃行书华章。"仰望星空，足履实地，说的也是这样一种状态，除了敢想，我们还要敢做，让教育成为一种唤醒生命的能量。

梦想，其实也会发光。追逐梦想的路上，少不了同行者，每个人都是星星，或明亮或黯淡，我们须充分挖掘自身的无限潜能，探寻属于北辰应该走的路。我明白，想要为学生创造充满温暖和生机的能量场，不能仅仅依靠一部分教师，每个老师都需要充分地研究学生，站在学生的立场读懂他们，然后才能实施有光芒、充满爱和智慧的教育，让北辰的孩子触摸到"真"的力量，感受到"光"的温暖，获得"美"的熏陶。

其实，得到认可获得成长是一件非常艰难的事，因为办学者的教育理念并不一定会获得身边人士的充分认同，尤其在教育欠发达地区。学校办学是内因，社会支持是外因，虽然"双减"减掉了办学者身上一定量的负担，但对管理者而言，没有吸引眼球的"分数"作为支撑，教育情怀所支撑的办学走向又能走出多远？家长和教师都有名校情结，并对名校的办学经验趋之若鹜，但名校的形成有各种各样的历史背景，其办学经验有的可以模仿借鉴，有的则难以迁移复制。没有哪个学校的管理者不想把自己的学校办成一流的名校，但多方面的原因，大多数都难以实现，不是在走向平庸的路上，就是在已经平庸的框架中。北辰，作为一所新建校，有诸多不同于其他校的先天条件，但设定的目标只有切合实际才能慢慢地被老师接纳、社会认可。或许就应了那句话，"不做第一，只做唯一"，如此北辰才可以走远。

有时听到别人说"你们学校的做法好新……"时，我往往只是微笑而过。新不新只有我自己明白，那些被许多优秀的学校操作和实践的教育活动何来创新可言，我也未曾想过在没有足够理论涵养支撑的前提下开展任何创新。创新，应从教育本质上突破，而不该是一次没头没尾的教育尝试。

梦想，其实也会发光。在北辰，有些探索已经有了些许起色，但更多的求索才刚刚开始，一切都略显稚嫩。我们需要呵护这种稚嫩的成长，坚守那些小小的改变，奇迹总会在不经意间来到我们身旁。

谨记，做颗星星，有棱有角，努力发光……

2021 年 11 月 8 日

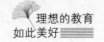
北辰，必须是方向的代名词

　　北辰是什么？是方向？是目标？还是幸福的未来？

　　我到北辰已经四个月了。四个月以来，干了一些事，想要表达的愿望又是这样强烈，索性翻开笔记本，把所思所想记录下来，就像朱雪晴校长记录银河的成长，我也想通过这种方式记录北辰的成长。著名诗人于坚曾说："写作就是对词的伤害和治疗。你不可能消灭一个词，但你可能治疗它，伤害它，伤害读者对它的知道。"写作总是艰辛的，对文字最大的伤害就是对文字的束缚，所以我决定解放我的文字。

　　谈及西部教育，很多有识之士似是有话要说，但说出来的大多"仅供参考"，毫无价值。在当下，严重阻碍西部教育发展的，不是经济的滞后、时代的萧条，而是身边那些自诩为懂教育却又毫无建树的人；这身后的绝大多数，特别是以代表绝大多数人自居的"庸人"，使我们西部的教育办得举步维艰。可这些人像自动化工厂的产品一样，成批地生产；先锋总是罕见的，就像真理掌握在极少数人手里一样，任何一个年代都是如此。但我仍然在镣铐的边缘寻找到了拯救的希望，无论未来北辰呈现一种什么样的形式，也无论别人对北辰做出何种判断，我都坚信北辰会和肖诗坚的"田字格"一样，发生一种被称为"改变"的奇迹。对于所有不动声色的诋毁和妄想给予我刀枪的勇者，我都应该致以敬意，因为我明白，学校现实的客观存在承载着里面工作对象的客观存在和主观幸福感，只有在那里跌倒过、绝望过的师者，才会产生用文字记录成长的想法。从绵延的大山、曲折的通乡公路，到钢筋水泥铸造的巴掌县城，不管是挣扎、跌倒、喘息和崛起，均未曾改变。

定位北辰

3月一直是个诗般的时令，远行者一般都会在这个季节上路。我和背井离乡的远行者一样，开始了自己的新一轮征伐，坐在笼子一样的办公室里，心却像赶海般疾走。

我始终对充满人情味的教育怀有深深的敬意，我曾在自己的日志上写道：未来你不管在哪里办教育，一定要让那所学校充满爱，只有爱意浓郁的校园，才会给生活在那里的师生带来足够的荣耀。现实之中，人情味有时却是管理的大敌，它可能使你的管理遍体鳞伤，因为管理的尊严恰好就存在于人情味的难堪里。

带着这份期许，我认为北辰未来的管理应该走一条与世俗背道而驰的路，既应该有现实的犒赏，也应该有"共产主义"式的憧憬。我应该俯下身子寻找与自己尺码相同的人，所有与我一道前行的人，必须能够勇敢地面对当前这种深邃的寂寞。

我做过近二十次的讲座，每次我都会给听者讲述我心目中的校园形象，那是非常诗意的："我心目中的校园，教师敬业、学生乐学、歌声飞扬、笑声爽朗；有可心的食宿、有多元的课程，到处是书香怡人、到处是求知若渴，那里没有伤害，没有人与人之间的尔虞我诈……"一次次的分享中，我似乎也找到了自己对北辰学校的定位。我们的北辰，应该是独一无二的。

崭新的北辰犹如一张纯洁的白纸，诗一样的园丁才有可能绘制最美的图画，我充其量是一个信心满怀的追光者。第一次例会，我将会标定为"做北辰最亮的星"，我想我的到来，首先应该给我的同行者以信心，让他们对未来充满希望。会上我讲到，当务之急，我们应该全力以赴地让这所学校规范起来，规范的建立也是制度文化的渗透，等有一天学校规范了，我们才有资格谈成熟、谈发展、谈创新。

四天后，我启动了北辰历史上第一次师训，因为我明白，提升教师专业素养是当前这所新建校最好的管理方式，第一次师训从课堂常规入手。"让人们因为我的存在而感到幸福。"这是李镇西先生送给历届学生的见面礼，我理解的这种"存在"是一种和谐，一种秩序井然，所以，推进课堂常规的落实最基本的要求就是让我们的教与学是有序的，不是杂乱无章的。师训在大家满满的期盼中开展，我们观看了课堂常规视频，学习了课堂常规要义，每一个标准都让老师们耳目一新，在我眼中很平常的常规标准，却让老师们有了一种实实在在的获得感。我知晓北辰师者的素养欠缺，同时定位了未来师训的走向。师训自第一讲起，全面围绕少先队、信息技术、班级管理、学科教学等方面扎实推进。

第一次行政会，我们定位了北辰本学期的重点工作任务，从行政领导分工到学生行为习惯养成教育，事无巨细地考虑了北辰每一个孩子的成长需求。我们把文明礼仪、卫生习惯改进等习惯的养成教育作为当前全校工作的重点，试着打造一所让做人和做事同频同步的学校。3月30日，坚持了一个多月的养成教育取得了阶段性成果，孩子们慢慢开始能够主动地跟老师打招呼，上下课能够按照课堂常规问好落座，不一样的北辰自此开始了它的艰难跋涉之路。

重构北辰

从来到北辰的那天起，很多人寄予北辰厚望，其目标的指向直接反映出我们师资队伍有无能耐建构一所文化色彩和文化风格独特的学校。我清楚地明白，这所城乡接合部的学校要彰显自己鲜明的个性，既要有同类学校的共性，还要有不一样的顶层架构，这种特征应反映在我们学校管理的方方面面，绝不是一次考试、一枚奖牌、一句口号能够反映的；更多的是从思想到行为、从细节到宏观所能表现出来的人无我有、人有我精。我们必须对现行学校的封闭和僵化进行突破，这种突破是一种对新教育生活的广泛追求。

3月上旬起，每当夜深人静的时候，我就开始思考这所学校的文化架构，这种状态持续了整整一个多月。依稀记得3月17日午夜时分，我把书桌上"向着北极星的方向前行"乱涂乱写了无数遍，忽然间看见《中国好老师》杂志上的"追光者"三个字（这是杂志社给予我的荣誉），想着为什么我们不能简洁地归纳为"逐光而行"呢？对，就是"逐光而行"，我和我的战友们，还有孩子们必须逐光而行；行走的状态必须是阳光的、诗意的。"向美而生"也同时跟随3月18日的黎明来到了北辰。当我把"逐光而行，向美而生"八个大字写进我的工作日志时，心里早已乐开了花。北辰小学历史上第一份含金量超高的"语录"就此诞生。以此为起点，我开始勾勒北辰的视觉文化识别系统、精神理念识别系统、行为规范识别系统和环境文化识别系统，这是一件异常煎熬的事，每一次推倒重来都能让自己崩溃，并且似乎无法找到同盟军，因为我所思考的与北辰的现状格格不入。

优秀的教育绝不是封闭的教育，北辰绝不做孤芳自赏的学校，我们必须主动对接发达地区的学校教育，找寻一条不同于其他学校的路。只有充分挖掘自身的优势，理解孩子们的需求，才能找到属于北辰自己的特色，重构北辰的个性。感谢朱雪晴校长，感谢钱欢欣校长，感谢袁恩忠校长，在我最需要帮助的时候能够给予我有效的指导和建议。江浙校长的谦虚、儒雅和博学令我等平庸之人崇拜之至。经过一个多月的起草加工，北辰个性重塑的基本架构开始展现在众人面前。文化绝非一朝一夕的一蹴而就，有了一个基本的起点，北辰就有了前进的方向，重构北辰，从一份蓝图开始。我力图构建一支文化味十足的团队，大家有共同的价值观，且为学生的终身发展负责，学校应该有多元的活动、快乐的课堂；培养共同的文化精神，团队成员能够共同奋斗、忘我工作。用文化重构的方式培养团队、建设团队，北辰师者必将所向披靡。

一切才刚刚开始，亢奋的状态一直在持续，老师们感觉到了新校长带来的新状态，感觉到了原来学校其实可以是这样的，学校的一切存在都有意义。从建筑的装饰风格、色彩形状氛围，到师生的对话方式、穿着要求，甚至面部表情和眼神都成为教育的元素。改变孩子们的同时，我们的老师也开始改变自己。

雄起北辰

六一入队仪式，我给孩子们的讲话中，不经意间说出了一句非常狂妄的话——"北辰以北，再无名校"。说这句话的时候，有一丝冲动在心头，因为那天孩子们在演出前打扮得很是精神，穿得漂漂亮亮，每个孩子脸上都洋溢着开心的笑容，坐得整整齐齐，习惯养成教育开始在北辰校园生根发芽。每一个人在心灵深处都有一处很柔软很温暖的地方，那里存着爱与友善，我们用几个月的时间培育并呵护这种友爱，让孩子们在北辰积淀善良。经过时间的洗礼，这种友爱已经成为北辰的文化。

我无数次在会上给我们的老师讲，在下学期新鲜血液注入前，我们得跑起来，我们必须充满理想、充满信念，带着爱与智慧去努力工作；因为在下学期我们是榜样是师傅，现在的我们就是明天的他们，为了北辰更加美好，我们没有理由退却。我们读得懂学生，就有了儿童视角，站在了儿童立场；我们驾驭好课堂，就有了师者风范，走向了楷模之路；我们还要会处理问题，会控制情绪，这才是北辰雄起的开端。

梦想中的北辰有一对翅膀，那就是阅读与运动；有一双眼睛，那就是科技创新和艺术涵养；有一副姣好的面容，那就是厚重和前锐；有一众智慧的追光者，始终保持着对教育的热情。

学校光荣榜前有一段赋，那是第十二周周末的早晨即兴而作，权当本文结尾。

陈家山麓，漾水之滨，桃李争春，满园芳菲。北辰璀璨，承伏羲秦汉万载气蕴，毓仇池大地千古灵秀。静收柳兰之柔美，汇聚观山水之灵性，建逐光之摇篮，创向美之乐园，须奋进。

魅力北辰，生生不息，绿意盎然，活力无限，鳞次栉比，心旷神怡。期百年钟灵秀，尽阅不老之颂声。教工沥血呕心，学子栉风沐雨，德高望重者，老当益壮，志在青云之远；青年才俊者，英姿勃发，志在诲人谆谆；或敬业爱岗，或乐道安贫，包容储雅，率无数星辰驰游古今。

特色北辰，欣欣向荣。以生为本，启道明德；育美培元，全面养成；誓掌幸福教育之舵，扬素质教育之帆，塑星光教育之魂魄，凝星辰育人之文化，聚师生奋进之精神，建和谐幸福之校园。

后记：夜里忽然醒了，想写点什么，胡乱翻翻平时随笔记的东西，感慨颇多，我来北辰已经四个月了，没有在平台发任何北辰的只言片语，似是对不起关注我的老朋友。这一写，两个多小时过去了，写完便发了出去，好给我的"相好"一个交代。

2021 年 6 月 27 日

躺在繁星的怀抱里

或许世间的人都一样，面对一地鸡毛的生活，都无法成为"二舅"，一样的心境，一样的惆怅。这几天收到了几封身边同人发给我的信件，往事就像落红一般，铺满了岁月铸就的路径，不堪回首又不得不坦然面对。细数种种过往，内心更多的仍是感动。躺在繁星的怀抱里，我学着发光……

一年半的磨合后，北辰的教师已经有了属于自己的一份清醒，在很大程度上，可以摒弃"利益"本身在人生价值观顶端高高在上的畸形存在，有了这份清醒，我所做出的关于文化管理的努力便有了那么一点价值。当前，大众对利益的追求和精神焦虑已经不可避免地辐射到学校，影响到学校的师生，集中表现在升学竞争压力的无底限下移，"双减"仍没有减掉社会层面对升学的焦虑与担忧。映射到北辰，教师群体面对小县城的激烈升学竞争时，仍然缺乏应该有的淡定与从容。我从不担心成绩，因为我们的办学行为本身与成绩的提升相行不悖。我担心的是，当追求成绩变成唯一的目标时，北辰的教师同样会出现压力背景下的精神过度焦虑，乃至丧失对幸福教育生活的意义，精神层面出现无底限的贫乏与麻木。

其实，做好的教育应该是有趣的……

在北辰，读书会有一个非常好听的名字——繁星，师生也有一个共同的名字——追光者，这个世界的奇妙之处就在于，所有的诗意与魅力都与汗水和难度成正比。校园文化建设本身是个非常复杂的全局性工程，它不仅是物质环境、制度环境的创建，还是心理环境、表达环境和传承环境的建设，绝非教育内容的显性或隐性构成，文化理应成为挖掘师生潜能并具有生命意义的一种力量。

星光文化的建构已经持续了近一载。这一年，校内外无数的参与者都在构思星光文化的定位与走向，但建构仍有些支离破碎，达不到我所希望的高度认同，追光者们文化参与的意识仍然不强。我深知，文化之殇最好的良药是时间，时间可以治愈一切无效的表达。

或许，这也与我自身的能力有关……

烦恼的时候，我习惯把自己想象成一个小学生，躺在繁星的怀抱中，俯瞰大地。我坚信，童心不泯，方为良师。

我身边的同事，仍然有那么一部分在抱怨——教育无趣，教育好难。又要上课、批作业，和学生斗智斗勇，又要完成学校安排的各项工作任务。如果再来点家庭的烦恼与琐事，心力交瘁者大有人在。作为管理者，我试图开导过一些心理焦虑的同人，发现大多数的问题集中在职业的幸福感与自我认知上。真实的心声如此，但沦陷在这样的一种情绪氛围里，教育之路便越来越难。

我忽然间想起"人，诗意地栖居在大地上"这句话，海德格尔所描述的"诗意地栖居"，应该是一种美好与幸福共在、和谐与自然相处的生存状态。抬头能仰望星空，低头能凝视绿茵，这种诗意存在于平常的每一个日子中，我们缺少的应该是一双发现美好的眼睛，缺少的是一种无论工作抑或生活都能够从容向上的心境。在很多时候，人与自然的相亲，不必拘泥于可以悠居的山野，也不必囿于优雅的园林，更需要的是一颗热爱生活的心灵。如此这般，就一定可以诗意地栖居于这片大地。

再忆及这几日网络火爆的"二舅"，所谓精神内耗，谁来治愈？

以此而论，无论哪种生活，更多的是取决于自己，取决于自己对所处的环境和未来的自我认知。犹记得凡·高曾言："创造美好的代价是努力、失望以及毅力，首先感觉到疼痛，然后才是欢乐……"对北辰的发展而言，对我们这些教师的生活而言，何尝不是如此，天底下任何一份职业都有对应的烦恼与乐趣，所谓"安逸"与"平凡"是不是懒惰与自我安慰的代名词，这点值得商榷。

比起其他职业，教育本身应该是诗意的存在。我们如果用乐观、积极的态度去迎接每一次挑战，充满诗心与匠心地去解决每一个教育问题，我们距离教育的胜境何曾遥远？

倏忽间，一载岁月烟消云散，回看既往历程，所谓忙碌已经让自己变得足够强大，让自己能够面对许多的不可能，我们已在义无反顾地远离曾经所喟叹的困境。其实，挫而弥坚的就是我们对北辰向好的决心与信心。这里面有我们日复一日在烈日下坚守的礼仪习惯养成，有我们放弃休息时间走村串户的家校交流，有我们边抱怨却又逼着自己参加的北辰师训，有我们深夜在一本本作业上的精批细改……

向上的步伐从未停滞，但也会不时听到各种质疑：师训应该怎么做？管理有没有必要这样干？考核有必要吗？楼道设计好吗？文化更应该允许个性化的表达，那就允许我个性化一回，可以找个例子回应。话说陈忠实在当选作协主席后，一次在省里开会，某官员傲慢地问陈忠实："陈主席，怎么写完《白鹿原》就不写了？一定要深入群众才能有好的创作啊！"陈忠实没好气地说："你懂什么！"大家权且一笑，我并非想固执己见，世间有些事，还真需要专业的人去干专业的事，请学会持续学习，切不可凭利己思维和一己之思试图改变。

教育不就是这个样子吗？教育的本质不就是这个样子吗？教育的存在不就是为了思想的进步吗？

未来有一天，北辰会全力构建"西游记"式的团队，不管你在这个团队中有多弱，只要你在北辰，我们便风雨同往。纵使是一根马莲，我们也要把你绑在阳澄湖大闸蟹身上；纵使你的生活一地鸡毛，也会因为团队的存在而感到温暖。幸福完整的教育生活必定费时费力，必然会面对各种各样的问题与痛楚，但哪一样美好不费时费力？请相信，所有的美好皆源自努力、源自热爱。

我们都是星星，有些亮、有些暗，但都在努力发光。躺在星星的怀抱里，我们要学会思考、学会释然、学会上进，做一名追光者，既是使命所在也是幸福所指。

请记得，春天，要和学生一起赏花；夏天，要和学生一起在操场上数星星；秋天，要和学生一起用落叶勾勒美图；冬天，要和学生一起用晶莹的雪花堆出"星宝"……北辰的教师，应该有诗者的浪漫，要相信所有的存在都是为了我们的美好生活而来。

所有的更美好，需要师者自己去挖掘、去领略、去书写。请相信，别人的感触永远是别人的，美好必须由自己亲手缔造。

2022 年 7 月 27 日

为了世俗的那抹烟火气

这几日甚是焦虑，日子如流水一般，倏忽间就滑过去了。杂事颇多，月余竟未写只言片语，忙忙碌碌的日子让浮躁市侩之气陡增，但总有一些时间、总有一些东西，可以抵抗这种世俗的力量，让我能够诗意地活着。

天地有大美，最美不过的就是世俗的那抹烟火气。生为师者，我用心凝视身边一切关乎烟火气的生灵，尤其是这些生灵细微处的变化，当我们无条件地爱上身边的孩子，并不计汗水为他们付出时间和真情，其实收获最大的往往是自己。倾注的爱和真诚在不经意间都变成了最具烟火气的财富——见面时的一个微笑、时隔多日的一个问候、长长久久的一份惦记……这些或许都是为师者最大的财富。

很长时间以来，我的教育理想一直在和学校现实做着殊死的搏斗。我深知，作为学校管理者，要学会在理想与现实间平衡游走，既能仰望星空，又能脚踏大地。我本愚钝，平衡又需要何等的睿智。

理想是至美世界，现实就是烟火人间。办学的过程考验着管理者的大智慧，既要有对未来的引领，也要有结合校情的扎实实践，断不能为理想而摒弃现实，奢谈梦想，空谈未来。当然，也不能囿于现实，没有目标，无所作为。

烟火人间，人性至善，在学校治理的长期实践中，我最纠结的往往就是管理者本身的角色定位。当前，社会大众对教育的要求其实非常苛刻，教育的功利化趋向促使家长们要求自己的孩子一定要成为人中龙凤，但这显然违背教育规律。所以在北辰，为了平衡理想和现实的较量，我定义了心之向往的教育导向——尽可能让每一个孩子成为最好的自己。

未来，我不会做资源型管理者。或许应该庆幸自己的第二次职业成长是在一所新建校，在北辰定义学校生长点、杠杆和突破口的过程中，我清楚地意识到，大楼的建设、硬件设施的完善、办公条件的改善和文化景观的生成对于造就一所好学校还远远不够。清华老校长梅贻琦曾言"大学者，非大楼之谓，大师之谓也"，北辰要想办好，软实力才是关键中的关键。北辰源自一所村小，安逸曾是这所学校的代名词，突破舒适区才有可能获得新成长。不做资源型管理者，就得利用自己仅有的能力去整合一切可利用的资源，从机器人到智慧教室，从县域内名师示范到知名教育者的远程讲座，初衷就是让每一位师者通过可输入的资源变得强大，都能够发光发热。在北辰，师生们有一个好听的称谓——追光者，有一个"强迫"教师成长的平台——北辰师训讲堂，有一个具体的成长目标——北辰学子六年必做六件事。

我的教育世界里，分数无法与质量画等号。多数情况下，只要提到学校质量，大家会一致想到及格率、优秀率等与考试分数关联的数据，似乎分数就是质量，质量就是分数。我理解这种看法的存在，当前的教育评价机制决定了分数就是质量的代名词，就是校长、教师和学生的"命根子"。其实，我自己也逃脱不了这种梦魇。当耳边不时听到家长们对分数的绝对崇拜的言论后，我还是在实现教育梦想的路上打了个折扣，这种压力让我无法释怀，只能把这种压力传导给我的同人和在成长路上的孩子。可我始终认为，一个有情怀有理想的教育者应该明白，教育的最终目的就是让人生活得更加幸福。单纯地追求分数，只会让学校重成绩轻素养、重教书轻育人，在低层次发展区徘徊，根本不可能铸就一所高质量和高品位的优质幸福学校。我也在通过自己的努力弱化分数带给我们的影响，让科学实践课、音体美素养考核、诗词与书写、思维训练和社团成效考核也成为教学质量评价举足轻重的一部分。

我国教育的根本任务是"立德树人"，以我的浅陋学识来评判，这才是我们教育从业者的"北极星"。古有孔老夫子"行有余力则以学文"，今有马云先生"教做得固然好，但育做得相当不够"，两者可谓一脉相承、异曲同工。遗憾的是，今天的学校教育，尤其是德育，正在慢慢地偏离老祖宗的初心，弱化"立德树人"的导向。我们必须找回传统文化传承的教育精神，学会做人、学会做事，这才是教育本该有的烟火气，而不应是为了到达权力巅峰而精致利己。

心心念念的教育烟火气应该是学生健康快乐地成长，应该是"让别人因为自己的存在而幸福"，应该是与这个社会的和谐相处，更应该是回归初心的质朴生活……

心心念念的教育烟火气应该是怀揣理想，摒弃功名利禄；应该是坚守道德，摒弃唯利是图；应该是崇尚公信，摒弃尔虞我诈；更应该是知行合一的扎实实践……

真正的教育应该是美的。我无数次目睹发生在北辰校园里的教育小事，繁杂琐碎，但不缺的就是"扎实中国大地做教育"的烟火气。周末暖心家访时心与心的交流，课余师生之间一本正经的对错论辩，晚间作业本上指点江山的对钩交错，课堂上慷慨激昂的果断陈述……传递出的就是我们这份良心职业的温度，细节见格局、细节见温度、细节成就文化。我们司空见惯的，一看，一思，一品，又是何等温馨。

师者为师，为了世俗的那抹烟火气，我似是压低了自己前行的目标，但我知道，我一直在平台之上等风来。

2022年10月3日

北辰需要围绕"中国学生核心素养"来设置课程

昨日例会上，围绕前几天赴邻县学校学习考察的感悟，学校教师又开始了一轮分享，分享的过程中老师们提到了思维导图、科学素养和录播教室。作为校长，我即兴做了一次数据统计，一是让知道 STEM 课程的同人举手，三十六位教师无人举手；二是让知道东尼·博赞的同人举手，仍然无人举手；三是让知道录播教室的同人举手，只有寥寥几人举手；最后让知道专递课堂的同人举手，还是没有几位。或许身边许多校长和老师很少会关注到这些与教育技术相关的话题，但在我心中留下深深的遗憾，北辰的老师要走的路在未来又会是何等艰辛？

2016 年 9 月，北京师范大学举办了中国学生发展核心素养研究成果发布会，历时三年权威出炉的研究成果首次对学生发展核心素养的内涵、表现、落实途径等做了详细阐释。我们都知道这是学生核心素养研究的一次发布，不知道的是核心素养研究的成果将会使用于新课标的修订、未来课程的架构与建设，甚至未来学生学业水平的评价。"中国学生发展核心素养"以科学性、时代性和民族性为基本原则，以培养"全面发展的人"为核心，分为文化基础、自主发展、社会参与三个方面，综合表现为人文底蕴、科学精神、学会学习、健康生活、责任担当、实践创新六大素养，具体细化为国家认同等十八个基本要点。

几年来，核心素养影响了一批批优秀的办学者，对教育教学产生了深远影响。我们从"杜郎口模式"开始，十多年不遗余力地寻找一种基于素质教育范畴的质量提升策略，但都因诸多方面原因而告终。其实，真正的问题在于，十多年的所谓课改中，我们只要一提到新理念、新教学方式，往往就向沟通交流和团队合作等上面靠，严重忽略了沟通交流和团队合作的前提是教师的自我调控和自主行动。通俗来讲，就是放弃了自我素养的提升，也就是我们的小身板负重过多。我想在现阶段提到学生探究，十有八九的教师会想到小组合作研讨，其实真正的探究首先应该让学生自主思考、自主设计，在此基础上才能有合作研讨。

晚上，我躺在床上一直在思索北辰小学未来的教与学，内心极为复杂。老师们对所谓模式课堂是非常推崇的，但我的教学理念里，一直坚信好的教学是"百花齐放"的，没有所谓定式，甚至一所学校都应该是没有特色的，多元的教学模式、多元的课程组合才能培养兼容并包、海纳百川的强者。

"中国学生发展核心素养"强调培养面向未来的公民，强调在面对真实复杂的问题时，能够全面表现出学生的个人能力和素养。那真实情境和复杂问题从何而来？现阶段只有融入课程才能给孩子们成长的空间。

北辰未来的学科课程一定要融入真实的情境假设。今天的数学课，我们只能在多媒体和黑板上展示各种问题的假设，以引发学生的思考；未来，作为教师，我们应该创设一种真实的问题情境，让孩子们解决问题，这样培养出来的孩子才会在这个社会立于不败之地。比如测量，我们应该把孩子带向周围的社区和田地，让他们感受实际测量的乐趣。

北辰未来的课程一定要跨学科。单一的学科结构不能有效地提升学生的综合素养，从去年数学的高考题提供大量的阅读材料可以看出，局限于单一学科问题解决的课程将会毫不留情地被历史淘汰，所谓"数学题是体育老师学着语文老师教的"这样的玩笑将成为现实。因为真实世界的复杂问题往往是跨学科的，跨学科基于目前国家基础课程框架的解决方式只有探究式、主题项目式的学习。未来的北辰，基于学科融合的项目式（PBL）学习将会成为常态。

北辰未来的老师更多的是全学科教师。严格意义上讲，全科教师现在已经走进了所有的小学，只不过是因为传统分科的存在滞后了学科素养融合的进程。因为当今社会，尤其是围绕"中国学生发展核心素养"构建的学科体系已经悄然走进你我身边。STEM 课程，最大的核心概念是融合，更多的是把科学素养的落实具体到现实社会的资源问题、智慧城市等方面上去；创客工坊，绝不是简单的 3D 打印，更多的是把科学创新，尤其是创客精神融入大学科的学习当中，紧紧围绕的是创造思维和创客精神。

北辰的学子未来必须多元发展，只有多元发展，才会在属于自己的空间寻找到自己的舞台。我们全体教师应该做的是：为孩子营造一个具有创新氛围的空间，让他们自己找寻发展的路。传统的项目北辰不会丢也不能丢，因为依托传统我们才能走得更远，比如，阅读、运动，美的意识深入骨髓仍然要靠我们的师者从简单的线条绘画讲起。

未来的北辰，所有的课程都会强调与生活实际息息相关，课程的开设原则就是如此。还是那句话，一切有教育意义的活动都会是课程。期待北辰的崛起。

2021 年 6 月 27 日

北辰，请相信我们的爱恋

过了今晚，我们就步入了 2022 年，回首这一年，内心感慨万千。这一年，有太多的艰辛与无助，有太多的鲜花与掌声，但我和我的同事们一道，无论输赢，都没有怠慢生活，也没有被生活怠慢。

2021 年，我们从无人知晓，默默无闻，到韶华当时，万众瞩目；我们从一个名不见经传的小学，顺利晋级为如今蜚声教坛的县直小学。就像小蚂蚁一样，从无人在意到不敢轻慢，我们一直在努力刷着存在感。因为，我们坚信，北辰，绝不能被人遗忘……因为，这一年，我们很努力。

3 月，在养成教育的琐碎中，我们建立课堂常规；在春日柳絮飘落的梦中，我们开始构建理想中的诗意北辰，于是有了"逐光而行，向美而生"。

4 月，我们建构班级常规；推进少先队建设，让每一个孩子因胸前飘着的红领巾而骄傲自豪；401、501、601 成为北辰班级的代名词。

5 月，我们定位北辰，重构梦想，绘制北辰文化走向，从规范到创新，再到发展，我们开始相信北辰的光芒。

6 月，我们规范北辰，从作业规范、集体备课入手治理北辰；在忐忑不安中，我们启动学科分项等级评价，我们得到了期望中的大众认可；改革创新成为北辰发展的不竭动力。

7 月，我们也看到一群因为付出，在周末的夕阳下擦着眼泪，仍然和我一道没有停下脚步的班主任老师；你们的泪水没有白流，你们的泪水不仅会进入北辰发展史，也会铭刻在我职业生涯的前进史中，因为你们，我懂得艰辛与汗水就是掌声与鲜花。我们的孩子领取了自己设计的专属奖状，领取了象征着对自己精准评估的综合素质报告单；领取了北辰历史上的第一枚望月章。

8月，我们开始了环境创设，每一寸空间，我们都亲自用手指丈量，因为我们都是追光者。美，是我们生活的意义，也是我们存在的意义。辰达大厅诞生了，我们的笑脸和北辰一样璀璨。

9月，我们尝试网络报名，开展新生入学礼，北辰小学党支部光荣成立；略显稚嫩的社团课程全面启动，星光课程规划全面更新。

10月，我们的功能室建设开始启动，北辰书画苑、北辰书香苑完成建设；北辰心理健康教育工作也有了方向。北辰师训成果显现，我们的老师可以站在台上骄傲地表述未来教育、未来学校，因为我们是北辰人。

11月，心心念念的北辰大彩屏出现在了我们的视野，孩子们可以走进和电影院同等级别的北辰影院，环境育人，自此而始；北辰教师基本功人人过关，人人达标。

12月，北辰有效作业集研发谈判尘埃落定，北辰学科融合课程全面实施；北辰综合楼建设工程启动。

北辰，这一年，义无反顾；北辰，这一年，值得喝彩；每一个人都是追光者，每一个人都没有停下脚步；北辰，不做第一，但绝对是唯一。

孩子们，我们没有理由退缩，因为我们一定要成为强者。老师们，请相信，北辰一定会越来越好，因为有你，因为有我，北辰，请相信我们的爱恋。终其一生，支撑我们前行的除了人民币，还应该有我们钟爱的事业或者赖以生存的职业；在这上有老下有小的年纪，请和我一道，做一件轰轰烈烈的事，把北辰办好。我们不相信其他表达，我们只相信生活的意义。

虎年来到，共贺吉祥，新的一年，我们在一起。北辰，绝对是方向的代名词，北辰，一定会是方向的代名词。

2022 年 1 月 1 日

教育情怀，生命叙事

昨日初雪，大雪纷沓至，骤风接踵来，已是凌晨一点，我却毫无睡意，看完了《西南联大》，起身想写点什么，但思路不甚清晰。在我渺茫的记忆里，已经若干年没有出现过这种状况，或许，对我而言，难以表达是文字下潜藏的思考。生命的质量是一种内在积极的生长，而我因事务性的忙碌间歇性地遗失了阅读的密码，以及由此而激发的情怀。我的顽强，源自夜间少有的迟钝，因此，我想回到教育，回到校园，从阅读和教育情怀说起……

一直以来，我非常欣赏新教育朱永新提出的阅读观："一个人的精神发育史就是他的阅读史，一个民族的精神境界很大程度上取决于这个民族的阅读水平。"学校，从本质上讲就是老师和学生，乃至家长一起阅读、实践和探究的地方，没有阅读的学校绝对不可称作学校。只有阅读才有可能让师者开阔眼界、激发情怀；只有阅读才能让学校充满幸福、告别单调。可如今尴尬的是，强势媒体毫不留情地掩盖了纸媒的光芒，很少有人会把阅读当作生活的重要组成部分。我们中的大多数都是从经济萧条的年代成长过来的，大部分同人忆及曾经书籍短缺的时光都会侃侃而谈，想起当年我们读书是如何艰辛，书本又是如何来之不易……过去的早已过去，我们也因物欲的重负遗弃了嗜书的情怀。师者的故事由此走向了平庸……

此刻，我想由情怀说开。都说爱成就了教育，没有爱就没有教育，教师面对一个个活泼的儿童，如果没有一颗可以俯下来的童心，就不可能走进儿童的心灵；成人习以为常的世界在孩子们看来，是那么神奇和富有创造力。如果缺少灵魂的共舞，成人化的思维方式和行为模式就有可能伤害到他们。我经常会和我的同人交流儿童的视角。什么是儿童的视角？我认为就是站在儿童的角度去思考和解决问题，这是根本。身为教育者，保持一颗童心，把教育看作自己生命的拓展，剔除教育只是一种职业的"职业观"。我想，这份属于爱的力量，就叫情怀。

阅读成就了爱，爱激发了情怀。对一个老师而言，拿起书本不光是一种情怀，更是一种责任。终身学习的时代，缺少了书本的浸润，师者的生活应该是纠结和困惑的，这个光怪陆离的世界对师者有太多的干扰，当你沉浸在书香沁鼻的清新中，往往会因为世事喧嚣而忽略阳光的重量。

阳光斜照窗棂的午后，一杯氤氲的清茶，一首舒缓的音乐，手捧书籍的师者，该是何等温馨的画面。我所勾勒的正是我所追求的，最有质感的，却又是我最欠缺的。作为学校的管理者，在推进学校师生共读的进程中，实际上我是痛苦的，因为在我的认知里，阅读是幸福的，抑或是温暖的，可现实是残酷的。从乡村学校的教师共读，再到北辰的繁星读书会，我试图通过我自己的力量去营造阅读的氛围，但收效甚微。我知道，表面的繁华下有太多的形式主义。让老师爱上阅读，谈何容易；行政力推动下的读书会又能走多远……

推进阅读，既是办好学校的需要，也是未来组建教师发展共同体的需要。再难，我还是会全力以赴地去做，既为繁星，哪个敢不发光？我没有足够的理由说服自己放弃阅读，因为只有阅读才能支撑教育情怀，只有阅读才能让老师对孩子的爱有所支撑。

来到北辰已八月有余，我和教师关于写作关于生活的交流是很少的，因为读书会的推进，我得以从其文章中重新认识了几位同人，有些还真不是我所看到的样子。喜欢文字的人是感性的，喜欢文字的人同样是有师者情怀的，有的人充其一生将自己的故事导向平庸，有的人却通过文字让自己变得异常强大，尤其是内心的强大。

未来，阅读支撑下的北辰还会有一种景象，那就是写作。新教育十大行动中，有一个行动我非常支持，那就是师生共写随笔。每个教师的教育理念、教育行为和教育效果都是不尽相同的，这些故事为何发生、怎样发展、结局如何，都是教育者和被教育者共同来决定的，我们将其写下来，就形成了师者提升自己的最好支撑。当我们有意识地提起笔记载自己的过往时，书写的本身就不仅仅是教育行为的再现，而是思考支撑下的自我再提升。写作是"反思型教师"成长的必由之路，我们不是培养作家，我们不要优美的文字，我们只要动笔，流水账亦可，因为每一个提笔写作的人，都想通过自己不懈的努力让自己做得精彩。

我们此生应该和教育融在一起，我们此生的故事也与校园无法割离，这就是一种关乎生命成长的教育叙事，絮絮叨叨中让自己成了智慧的思想者。我们记录的除了教育生活的点点滴滴，还有别人眼里永远无法看到的风景。

读起来，写下去，在岁月迂回的巷陌，在喧嚣寂寞的世界……

2021 年 11 月 7 日

暖心家访的意义何在

陶行知先生的《我们的信条》中有这样几句信条：

我们深信教师应当做人民的朋友。

我们深信乡村教师应当做改造乡村生活的灵魂。

我们深信乡村教师必须有农夫的身手，科学的头脑，改造社会的精神。

我们深信最高尚的精神是人生无价之宝，非金钱所能买得来，就不必靠金钱而后振作，尤不可因钱少而推诿。

我们从事乡村教育的同志，要把我们整个的心献给我们三万万四千万的农民。我们要向着农民"烧心香"，我们心里要充满那农民的甘苦。我们要常常念着农民的痛苦，常常念着他们想得的幸福，我们必须有一个"农民甘苦化的心"，才配为农民服务，才配负改造乡村生活的新使命……

我不知我的同人读到这些浸入心灵的文字有何感受。1926年11月21日，中华教育改进社特约乡村学校第一次联合研究会上，先生草拟的《乡村教师十八条信条》全员通过。近百年后的今天，我脑海中一直在想象着这一群粗布烂衫但气质卓然的先生们围炉夜谈的画面，对他们的敬意便越发深沉。他们对教育的爱，对人民的爱，对乡村教育的情怀，时至今日，仍令人动容。

常听身边的人讲，现在的老师不受人尊重，教学的成果、付出的汗水得不到家长的认可，当然原因是多方面的。我们的队伍中的确有师德低下的"渣滓"不值得尊重，他们或品德败坏，或不学无术，或工作敷衍；回过头来想，有这样的"极少数"给教师这个职业举黑旗，我们如果再不走近家长，不能给人民"烧心香"，不了解班里的每一个学生，何来家长的理解和社会的尊重？或许这也是北辰师者暖心家访的原因。

教师这个职业不同于其他任何职业，只有倾注爱、倾注品德与学问，才能让这份职业充满温度，才能把教书育人的使命融入自己的生命里。

这个时代，物欲横流，你我都不能独善其身。经济的压力、家庭的压力、学习的压力，乃至竞争的压力，让每一个置身其中的人都倍感疲惫，无法做到心平气和。有时候我甚至在想，是不是这个社会发展太快了，以至于我们忽略了"沿途的风景"，遗忘了"人之为人"的初心——幸福的生活！

现阶段的社会，"戾气"太重的氛围需要一个人来纾解，我想，在每个家庭，孩子应该是这个角色最恰当的人选。一个孩子，在班里是几十分之一，但在一个家庭就是每个成年人为之努力的全部。有句话说得好，老师是这个世界上唯一一个与你的孩子毫无血缘关系，却愿意因你的孩子进步而开心、退步而着急，时时刻刻关注其成长的人。但说得好归说得好，试问一下我的教育同人是否做到了，是否真的在意每一个孩子的成长，是否善待班里的每一个孩子，是否了解班里的每一个孩子？某生个人卫生和行为习惯差，我们是否知晓他家里的实际情况？是否知晓她是个单亲留守儿童，小小的年纪还有个生病的奶奶需要彼此照顾？如果这一切我们都做到了，并给予其力所能及的关爱，那么我们教师不可能得不到家长的尊重。

了解每一个孩子，交流、谈话和观察都是比较好的办法，但走进其家庭，才能够最大限度地走进其内心，获得其信任。学校是公共场所，我们无法感受孩子的生活状态，只有走进其家庭，才会明白孩子身上所表现出的不良行为习惯，或者是良好的道德修养从何而来，才能更好地和家长沟通交流。可以预见的是，当家长从教师身上、口中感知到其对孩子细致入微的关心、感同身受的理解和视如己出的在乎后，我们的教师不可能得不到家长的尊重、爱戴和充分认可。

以此而论，教师对孩子的关心，让孩子健康快乐地成长其实就是在调节一个家庭的气氛，让上有老下有小的父母有一份感情上的慰藉，让这个世界因为一份童真而变得可亲、可爱。

走进每一个孩子的家庭，教师们固然很累，但通过家访，我们可以更好地掌握孩子的家庭状况、学习生活的环境、孩子的个性特点以及学生在家的表现，可以用自己的方式与孩子及其父母（或监护人）更好地交流，这份沟通无形中增进了感情，同时我们还能了解到家长对孩子和学校的期待。这种"家访之累"在后期会转化为另一种"教学轻松"，因为了解孩子，我们就可以因材施教，制订一份符合孩子提升与进步的计划，我们的教学就会越来越得心应手。

从另一个维度讲，通过家访教师可以与孩子家长建立一种亲和、平等的关系，孩子的家长可以从教师口中知道孩子在学校的另一面，教师也可以从家长口中知晓孩子在家中的样子。我们毕竟是专业的教育者，也可以帮助孩子的父母树立正确的教育理念，摒除他们让孩子成为人中龙凤的离谱寄托，增强孩子的父母在教育配合上的责任意识，从而减少他们对教师的不理解，让他们主动参与到学校的教育教学管理中来，与教师一道帮助孩子健康地成长。

教育就是给予爱给予情，暖心家访意在让每一位师者成为有温度的教育人。在与孩子的一次次交流中，与孩子监护人的一次次接触中，我们了解了孩子，走近了孩子，获得了理解，赢得了尊重。那种琐碎的温暖最终会让孩子在若干年后都记得我们，记得我们的爱，并把这种富有温度的行为传递下去。

这世间没有绝对的对错，我所理解的或许偏颇，但我知道，孩子的世界最重要的两类人，一类是教师，一类就是家长，每个孩子都渴望来自他现阶段生命中最重要的两类人的阳光。请相信，所有的尊重与理解都源自每个生命内心深处对另一个生命的体谅与敬重。设身处地替家长着想，替孩子们着想，家长们回过头替教师们着想，这份温情一定会延续在我们教育生活的始终。

可能是甜甜的一个微笑，可能是温馨的一句问候，也可能是微不足道的一点关爱……暖心，只在某一个瞬间，它会击中你内心最脆弱的位置。希望这世间多点温暖、多点善意，这种治愈的美好可承载所有的不可承受之重。

2022 年 12 月 12 日

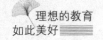
远离喧嚣，微光下重塑星海

公开的只是一点小小感悟，收藏的是自己前行路上的坚守。私号不记人不对事，只为了一份坚持的单纯。

"教学应当是人学"，学科教学的价值应当是育人，让学生成为更好的自己。繁杂的工作之余，我一直在思考教育给了我什么，教育能给我什么？思考一直没有结果，但可以肯定的是，因为教育，我喜欢上了纯净与简单，顿悟了生命的鲜活。校园可以让我重获人性和野性，重新感知元气的力量，时时刻刻，我能感受到这里与众不同的磁性土壤，更能感悟到似是幼稚但足以翱翔苍穹的深邃思想。

教育从未脱离社会而存在，但校园与现实社会有一些距离，这种距离足以产生诗意、简约、信任与对未来无限的向往。比如，校园没有那么多的钩心斗角，没有那么多的粗俗无知，没有那么多的市井八卦……

在学校，有一种气质叫"书生气"，从里到外散发着的是文化人的见解，这种见解可能使人发笑，也可能使人深思。这种气质可能是师者的风格表达，也可能是其成长的审美表达。于我而言，很喜欢这种"书生气"，它固执，却略显豁达，它苛刻，但仍不乏温情。有一点可以肯定，风格的血液中没有思想的流淌，苍白与枯涩便充斥其间。正是因为这种"书生气"，才使校园与纯朴的人性与良善如此之近。

每个家长都希望自己的孩子能够遇到一个好老师，但好老师的定义千人千解。以精致的利己思维思考，把自己的学生（本班的）培养成为比别人的学生（别班的）优秀的老师必然是好老师；以诗意的向往来理解，能够赋予自己学生未来无限向往的老师一定是好老师。于我而言，两者对好老师的定义都略显草率，今日之师者，绝不是坐而论道之空谈者，更应该是把教学艺术书写在现实的大地上，让学生成长为更好的自己；不管是知识技能还是理想与信仰，哪怕只是一点点向好的改变，都足以让学生在其生命里奔涌，好老师定会将美与真善融于教与学的每一个瞬间。

作为父母，我和所有人一样都希望自己的孩子足够优秀，但不可否认的是，每个孩子的花期不尽相同，优秀可能从来不属于每一个孩子。比如，我的二女儿，妻子为其成长做了很多，但仍然愚笨，一首古诗背诵仍然需要付出比别的孩子多得多的时间，且不能和别的孩子一样灵活，一样擅长运动。但为父依然认为，只要有好的习惯、好的品行，她依然可以成长为一个富有诗意、健全人格的女子，除了爱，也有我自己对教育死理的认知。我们迷恋孩子幸福的成长，但仍在苛刻地要求他们的杰出，希望他们时刻踮起脚尖（没法做到足履实地），屏气凝神，时刻警觉、时刻清醒，运用自己的智慧和胆略超越自己的同伴，看见更远的地方和更大的世界。畸形的内卷已经波及我们试图呵护的幼小心灵，道理我们都懂，但我们不能独善其身。激励本是把双刃剑，进步或许也是如此。人生前进的速度如此之快，我们是否忽略了沿途的幸福？

什么是细小的幸福？我们每天都在做在成年人的世界看似幼稚的事，却仍然乐此不疲地全心付出。比如，今天表现不错，给某某同学加几分；比如，韩五打报告说，张三把李四踢了一脚，李四流着鼻涕随后来告状；比如，细声细语地告诉我们的女老师和她母亲一样……我们以儿童的方式站立，以儿童的方式管理，以儿童的方式沟通，带给学生在校园生活的无尽欢欣。我们细想

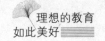

这些看似简单的事真的有用吗？真的没用吗？

我不知道教师这个行当，是职业成就了幸福，还是幸福成就了职业。我的身边不喜欢教师职业的大有人在，却苦于不能跳槽，挣扎煎熬于这份工作。我想他们肯定是痛苦的，因为在他们的世界里已经没有对这份职业的敬畏，没有了区别于其他职业对教育的这份热爱，有的只是等同于其他职业的人云亦云；他们在外人面前，甚至不敢用蹩脚的普通话和学生幼稚地对话……其实，他们丢弃的，何尝不是学校区别于成年人社会仅有的一丝幸福？

有时候我在想，治学需要摒弃利己的格格不入，富有争议没啥不好，但有一个原则和底线必须坚持，那就是符合教育规律和认知底线。办学尤为如此，何必太在意别人的评价，我们唯一的评价标准就是我们培养的学生比以前更加优秀。我们从五六岁接受教育，接触老师，一直到二十一二岁，我们的童年、少年，甚至青年都与老师有关，遇一良师该是多么幸运的事。老师或许就是为学校而来，他们是我们在青少年时代除了父母最亲切的人，我们有自己深爱的老师，我想，爱肯定会传递，受到学生爱戴的老师绝不会厌弃自己的职业。

在北辰，我们有一个教育理念叫星光教育理念，这个理念没有高深的理论基础支撑，没有前沿的思想站台。它只反映治学的一种思想——那就是每个师生努力向好，都愿意做颗星星，有棱有角，努力发光。愿望是好的，但现实依然残酷。我们生在乡村，因为良师，得以生活在足以给我们尊严的小城，可我们依然因为物欲忘掉教育这份职业可以传递或传承的爱。

无论是在高楼林立的都市，还是在穷乡僻壤的远山，一直有一片远离喧嚣的殿堂，那里的风景可以治愈成年人所有的复杂与繁忙、艰辛与劳累；那里可以诗意地栖居，可以幼稚地生活；那里有不经大脑的游戏嬉戏，那里有万物生长的感性文字，它还有

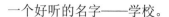

一个好听的名字——学校。

庆幸此生能够生活在这样的地方，能够让我在俗务缠身时享有片刻的宁静，远离物质与名利的牢笼。简单生活，能够在忙碌之余将大把的时间留给自己的内心，以儿童的方式保留一颗赤子之心，以想当然的智慧去挖掘幸福的密码。

时间是品质的过滤器。我相信，北辰的栉风沐雨和风雨兼程，必将造就一批拥有自己信仰的师者和小星宝。争议必然会有，但做教育，人人能言，人人可言，听从自己内心的判断，只要以"孩子们变得更加优秀"为唯一标准，我想，所有的努力不会没有价值。前行的路上可以繁华但绝不能迷失，可以经历曲折但绝不能委顿，始终保持那份含蓄、那份内敛即可，我们知道自己前行的方向。

星者，汇聚微光，有弱有强，但必将重塑星海。

2022 年 11 月 5 日

邂逅旺苍，致敬新教育

入夜，微凉，心情却激动得无法平静。

临窗而立，窗外人家星光点点，我本不擅酒，但忆及几日来的思想蜕变，有一种非要用文字来自我陶醉的冲动。

川北的夏天热似蒸炉，车窗外碧蓝的天空，有飞鸟从绿荫间飞过。南下的路途风光旖旎，迎着即将滑入天际的夕照，家长培训会后，承载着一身的疲惫与无限的向往，去赴一场名叫"新教育"的约会。这一天，我等了足足四年。

妻与我同行，是因为妻的担心与陪伴。这些年，因为这份专注和执着，于妻而言，在游玩一事上亏欠颇多，此一去，也算是一次跨省观光游吧！

近六小时的马不停蹄，凌晨时分，入住白云堡，困顿中草草睡去。

梦里，回到了那个花盈枝头、桃李芬芳，初识新教育的季节。那时，我在六巷，正是这个春天美得让人心颤的地方，那个稍有闲暇的午后，我读到了朱永新的《中国新教育》。此前，对于新教育和所有的教育创新一样，只是一个潦草的概念。那日，我终于知晓，朱永新发起的新教育是中国教育的一束光，一束追求教育本真的光，相恋便从此启程……

三年前，因为《走，我们去找好教育》认识了朱雪晴老师，先生对教育是"温暖而美好的大业"的定义深入我的骨髓。因为热爱，我通过一切可能的方式，与先生相识相交，敬佩先生的儒雅与大才，臣服于先生对教育的热爱与精进，一直以仰望的角度观察着先生履职的萧山区银河实验小学的发展与变迁。

通过它，我认识了林忠玲、杜涛、陈东强、邱华国、卢志文等一批新教育践行者。虽然这些老师中，有些只是一面之交，抑或是微信神交，但他们让我看到中国教育的未来。与朱永新和李镇西本人相识，是我不敢奢望的，他们是"神"，与我隔着一个时空的距离，虽然在写这篇文章的此时此地，我与他们已经有了交集，但在一年多以前是不敢想的。

2022 年 7 月，因朱雪晴校长的鼎力协助，我才有了机缘参加旺苍的年会。老天眷顾，旺苍距陇南不远。我应该感谢一直未曾谋面的杜涛主任，感谢他给了我与旺苍邂逅的机会。

无论您是否相信，因为新教育，我从此奔赴山河大海；因为新教育，我消融在彼此的情怀里。

与"大咖"合影

旺苍位于川陕交界，米仓山南麓，隶属广元，境内多数学校以红色文化打底。8 日上午，早起后，计划着联系一直较为敬佩的张平原校长，因为是在他的地界，此次的教育盛会他必然出席。果不其然，微信发出后，不到一刻钟，便在大厅里见到了这位国家知名的"小而美"乡村学校的校长。意外的是，与他同坐一起的是赫赫有名的云南丑小鸭中学校长詹大年。

惊喜与幸运接踵而至。詹校较之照片上微胖一些，年轻一些，如果不是张校长的介绍，纵使相遇估计我也是无法辨别的。詹校招牌似的笑容给人一种天然的亲和感。两位先生一直在讨论乡村学校的课程设计与评价，作为晚生，我是断不能随便发言的，静静地聆听便是最好的选择。听到詹校和张校要去接李镇西，我试探性地问可否同往。在得到两位的许可后，我便和敦煌教育局的孔爱局长同乘张校的私家车去接。

在凤冠酒店的大厅里，我们终于见到了风尘仆仆赶来的李镇西老师，岁月不饶人，较之十四年前在天水培训时的相见，李老师苍老了许多，且比照片上明显瘦了许多。李老师是那样随和，当服务员将房卡交到他手里的时候，他客气地对服务员说："感谢您为我做了这么多。"李老师和他的文章一样，小小的举动令人心生敬意。和几位"大咖"聊着赴会沿途见闻，悄悄地给李老师发微信，征询是否可以借此机会合张影。本以为会被委婉拒绝，不料他竟爽快答应，坐在沙发上便拍了我心仪已久的偶像合影。李老师还开玩笑地说："底板不行，怕拍出达不到希冀的效果。"

聆听大师的对话本身就是一种深度的学习，听着他们关于办学、关于教育的话题，时不时汇报一下我们办学的现状，我心里有一种说不出的感动。这种与大咖对话的画面，曾经在梦中出现过无数次……

在很多时候，我的偶像不是那些名震天下的政客，不是那些大名鼎鼎的大牌歌手，这些改变中国教育的"大咖"才是我的偶像。他们是中国教育的脊梁，用自己的方式改变着中国教育，这一点，是值得所有人尊重的。

晚上，我在走廊等待外出散步的林忠玲老师。李镇西老师住在五楼同层，回房间时看到我，便邀我去拜访朱永新老师。我是何等幸运啊，上次与朱老师相遇还是在三亚的马云乡村校长颁奖典礼上，当时与先生合影的人太多，我根本插不进去。因为有李老师的介绍，在朱老师的房间，与我梦想中的"神"轻而易举地合了影。李老师很忙，他的房间还有人在等；朱老师还有人要约，没有过多地交谈，但我已经心满意足，这可是干教育以来，我心心念念的事。与大师对话，必将站在大师的肩膀上前行；与高人同行，必将高瞻远瞩，以此而论，我又是何等幸运！

与林忠玲老师的交谈持续了一个多小时，我是他的忠实粉丝，他在"静夜思享"上分享的文章每篇我都认真地研读过。他的文章非常接地气，这源自他曾经在基层工作，了解基层的实际情况。他细致地听取了北辰办学的现状，站在较高的层面给了我接下来学校要做的一些变革的建议，比如学术积分，比如文化建设。他解决了我内心许多关于学校治理的困惑，没有一丝的推诿和敷衍，面对这些有情怀的大家，我又是何等感动！

参观红色文化学校

米仓南麓，群山毓秀，东河悠长，旺苍不缺弦歌不断的红色学府，同时也蕴藏了养分深厚的治学文化。

8日下午，我们参观了两所以红色文化见长的学校。黄洋将军学校给我的印象一般，但东河小学致力于红色根基与国际视野并存的学子精神培养的气度给我留下了深深的印象。在我看来，石头承载的梦想便是旺苍走出川北的追求与决心。

作为一所红色血液浸润的学校，传承红色文化是其与生俱来的使命。为培养学生的文化认同和文化自信，学校在日常管理中融入了所有可以挖掘的红色元素，在日常行为习惯培养中融入了走向未来的所有"贵族"特质，还有精心研发的系列课程，系统多元地传承着红军文化。东河小学的办学理念定位是"做一颗有梦想的石头"。"石头的梦想"背后是东小人为建一所幸福完整学校的努力。展示的每个社团都非常优秀，从书法、绘画到陶艺、手工和舞蹈，淋漓尽致地绽放着耀眼的光芒。我问了其中的一个孩子："你们平时经常做这些社团活动吗？"孩子骄傲地告诉我经常做，老师会带领他们去做，直到娴熟。几年来，因为携手新教育，师生共写生命叙事，展台上已经累积了非常丰厚的成果。在参访的过程中，我一直在想，时代的车轮滚滚向前，数十载后再看看东河走出的孩子，学校的多元教育又会在他们身上留下怎样

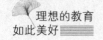

的时光印记？

我无法细致地用文字去记录参访的每一个细节，但每一个细节我都通过相机进行了记录，设想着有一天在我们的学校也能够去做同样的事，或许没有他们做得好，但行动可以改变一切的空想。

东河的孩子应该是幸福的，因为石头的梦想，教育应该让孩子去追求诗意的人生，不仅仅是只有诗歌，还应有天上的虹、地上的草和虚无缥缈的梦。否则，脱离教育本质的程式，必将让孩子变得庸俗和猥琐。

旺苍与新教育

9日全天的会期是我营养吸收最为充分的一天，从各级领导的精彩致辞到实验区各学校优秀教师的完美叙事，全面呈现了旺苍新教育人正常"生长"的良好生态。每一个叙事者，围绕与新教育的相知相恋，阐述着身边发生的每一个值得铭记的故事。他们"温柔而坚定"，他们"因为自己的存在，而让别人有一种满满的幸福"，他们"相信岁月，相信种子"，他们明白"放弃容易，坚持一定很酷"。"深深爱，缓缓说"，他们的过往让我明白，教育必须是一场超越时空的修行，高贵与卑微的距离只差一步，任何时候，都要用自己的学养保持教育者的尊严。

10日上午，朱永新老师以"写作创造美好生活"为题做了年会主报告，字里行间述说着教育该有的常态——那就是通过写作来改变教育。他倡导，以全景观写作、全员化写作、全心性写作、全学科写作和全媒体写作，去缔造一种以写作为载体的教育生活，鼓励所有的教师通过坚持不懈的努力让写作成为一种常态化的生活方式。尤其在《旺苍宣言》发布阶段，我深深为语言文字的美所折服，朱老师带来的学术饕餮盛宴让我久久不能忘怀。

幸福师生，优教旺苍。相聚总是短暂的，两天研讨会不知不觉间已经过去，回忆却未曾间断，这其中有旺苍教育人细致入微的服务，更有新教育人毫无保留的分享，我的收获满满。我无法细述与新教育丝丝缕缕的过往，但旺苍之行让我坚信，追随光，必然会成为光，散发光。

邂逅新教育，致敬旺苍。

邂逅旺苍，致敬新教育。

返程的午后，我一直在思考我们的差距，思考未来北辰的办学方向，一个具有同等体量的学校，在什么时候可以相提并论。或许，真的需要时间去打磨，哪一天新教育才会义无反顾地走进仇池大地？我确信这与师者的情怀有关。

亲爱的新教育同人，我要向你们致以一个同道的敬意，因为你们没有沉醉在俗世的尘烟中，你们没有将教书育人变成谋生饭碗，没有将升官发财变成人生方向，没有将莘莘学子变成客户市场。（朱永新《中国新教育》）

自此后，以未来为方向，我会搭载新教育的快车，助力我和我的孩子们跑得更稳更远……

2022 年 7 月 11 日

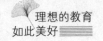

理想的教育
如此美好

乡村教育手记

这是所名不见经传的学校，如果让一个陌生人去写这个学校，我都怀疑他能否真正地写出这所学校的价值所在，我时常自嘲它平凡得像一颗土豆，需要好好"包装"才能盛在华丽的碟子里。但在我的内心，它的价值举足轻重，几年来，它在我的注视下慢慢成长、慢慢变化，内心想要表达的也因此越来越多……

整理的过程五味杂陈，删除了一些敏感的字眼和事件，但也毫不意外地改变了不少文章本来所表达的意思，这倒也无妨，几年后，同样的事看法也可能已经不一致。各位看官看过且记一笑了之。

我整理的手记献给所有关心我的朋友，献给这老去的岁月！

心若向阳，何俱悲伤。

初见

2016年10月，有幸从学区副职岗位调至偏远的六巷学区任六巷九年制学校校长。面对"晋升"，或许在他人眼中是兴奋抑或是喜悦，于我，却没有太多的兴奋。梦想照进现实，虽可歌可泣，但更多的是责任与担当。

赴任的路上发生了一段小插曲，导致同行的局领导等了近一小时，至今心里满是愧疚。我和局领导一前一后从县城出发，同行的局领导上十天高速经石峡不到50分钟已经到达学校。那时候，通过卢河走六巷的路正在大修，在我的印象中，走六巷只能通过这条路抵达，一路上坑坑洼洼，路过王坝峡口的时候正在修桥，车又陷在了河道中，费了九牛二虎之力才弄出来。到达学校已过去近两小时，心里的那种尴尬呀……

这是一所普通得不能再普通的乡下学校，满院子的沙砾、掉漆的校牌、布满喷绘的校园和墙皮斑驳脱落的教学楼是我对这所学校的第一印象，好在我熟知前任校长是一个负责任的校长，对学校的风气倒不至于担心。查阅人事年报、算家底、巡课、查宿，通过一切可能的方式了解学校发展的细枝末节，我开始对这个有460人的乡下中心校有了一些初步认识。

学校的班子成员在街上艾师的饭馆盛情款待了我，饭馆非常简陋，代表着当时六巷的经济水平，但饭菜质量说心里话，真是无从恭维（后来认识了艾师，他倒是个非常耿直的好人，给学校办学提出了许多好的看法与见解）。从我的视角，第一次和我的团队面对面交流，未来，要和他们一起书写六巷的教育史，将给父老乡亲一份怎么样的答卷，将由这个团队决定。

艾老师是非常干练的，跑前跑后，一应事宜都得他操心。周老师年龄与我的父亲相当，局领导走后，他见我的第一句话就是："赵校长年轻啊！"年轻似乎是大家的共识，我想，当时也是大家的担心吧。孙老师是我们的教导主任，兼任学校会计，到校后的许多数据均来源于他，想想那时候他也真够忙的，我是个急性子，好些数据随要随到，估计当时他心中有埋怨也实属正常。

10月27日深夜，我在微博上写下一句话："不要在本该奋斗的年纪选择去偷懒，事实证明，只有度过了一段连自己都被感动了的日子，才会变成那个最好的自己。"（一语成谶，四年后的今天，回想起这种种过往，内心仍不免自我感动。）

初到的第四天，我在通往厕所的过道上第一次见到王老师，我热情地跟他打招呼，他慢吞吞地给我说："我们只会也只是想老老实实教学，算不算是混日子的人？"我倒是被他的坦率折服，一所学校的发展需要老师和学生都表现出最真实的自己，不要遮遮掩掩，那样才可能有的放矢、有所改变。后来，王老师成了我的座上客，时常和我在文学、历史等方面进行交流谈心。我也放心地把博畅文学社《文畅报》交到了他的手中，虽然个中有许多啼笑皆非的插曲，但这个"混日子"的老教师还是于2018年顺利被评聘为高级教师，或许这也能从侧面反映这所学校的一些改变。

"我们走了很远很远，却忘记了当初为何出发。"此话可同样用于对教育价值的思考。最近几年我一直思考并践行乡村学校如何提升办学活力，我们拼了命地追赶城区学校花样繁多的办学特色，似乎忘记了教育的价值不在于"追赶"，而在于"幸福"。有时候我特别想呼吁："让人类科学进展慢一些再慢一些……"人类科技的发展真能提升人存在的幸福感吗？我看不见得。所以，我在学校综合楼的侧墙上大大地绘出我们的办学宗旨："留下童年记忆，延续乡村文明。"我有一种深切的体会，就是乡村教师普遍幸福感太低，这也是我来这所学校一直在致力改变的，但似乎太难太难。时至今日，我们的教育太喧嚣、太华丽、太杂乱、太自以为是，我们通过多种途径彰显上级部门的指示，多数校长只为迎合上级而办学，我深深地感受到了一种绝望。学校不同于所有的社会团体，我越是按照指示完成一些工作，内心越是不安，越是觉得远离教育的初心，远离了教育的原点。羡慕江浙地区的校长，他们真的是干教育的行家。

初见六巷，心中满是期许。教育时刻存在，付出仍在持续，我会记录所有六巷教育人在平凡岗位上的点滴场景，我也相信六巷教育人会继续努力工作，以高尚的职业精神展现阳光般的工作热情，以强烈的责任心去用心诠释六巷教育文化。激情成就梦想、责任铸就形象、贡献决定价值，再贫瘠的土地也能开出教育的花朵。偶然记起《麦田里的守望者》里的一句话："记住该记住的，忘记该忘记的。改变能改变的，接受不能改变的。"

2016 年 11 月 3 日写，2020 年 5 月 9 日改

规划

在报上读过一篇短文，大意是在新的时代环境、新的挑战中，人们应该认识到文化的重要价值。在我理解的世界里，学校是最核心的文化存在，一切美好、优雅都应该诗意地栖居在校园之中，2016 年 11 月 5 日，我来校半月，摒弃所有质疑的目光，构思我眼中的诗意校园。我开始了关于乡村校园文化的探索，目标是要建构一所真正有文化传承的学校。

文化是个大概念，它是团体获得凝聚力和竞争力的核心，文化管理更是规范化办学的终极目标。关于学校文化的结构历来有许多不同的说法，我更认同王继华教授关于学校文化注解的六种载体，即环境、理念、活动、教学、制度和行为。我的动作先从环境和理念做起，说得直白些就是从校园环境设计、"一训三风"、校徽和校歌等做起。

来校之前，学校没有自己的文化发展设计规划，校徽、校旗等外显性的标志更是没有。两月前，我认真分析了学校的人事年报，把所有与学校文化规划能够扯上关系的同人都挨个约在自己的办公室，倾听他们对学校发展的一些看法。我是干平面设计出身，自信可以通过自己的努力完成校徽、校旗的设计，但我也知道，任何设计都得有自己的灵魂，就是要通过倾听来寻找设计的灵魂。就在这过程中，我认识了王沛老师，认识了陶老师、艾老师等一批本土教师，为什么我专门提到王沛老师？我尊敬他，是因为他对教育的情怀，更是因为他对教育的充分理解，最关键的是他为六巷九年制学校博畅文化的规划和建设与我商讨了不知多

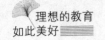
少个难眠的日日夜夜……

　　12月15日，在推出学校标志化基本元素之前，我诚挚邀请他为全校教师做了《学校文化建设与教师专业发展》的教研主题培训，以期获得全体同人的心理共鸣。12月19日，校徽设计意见征询会在校长室召开，我提供四稿校徽设计图供与会同人投票选择，参会人员覆盖学校的各年龄段和各学科教师代表，方案四以高票通过。这意味着这个名不见经传的乡村学校终于有了自己的校徽。那夜，我做了个非常美好的梦，阳光、田野、诗歌与远方。沈熹微的《在人群中消失的日子》中有这样一句话能够代表我当时的心情："别的都能将就，唯独梦想不能。"我告诉自己，改变责无旁贷。

　　在此之前，我开始考证六巷的地方史，查阅了有关这个乡镇发展的所有历史资料，为即将出台的规划方案打基础。此后的日子，我开始了近乎癫狂的一路追赶，王沛老师元月上旬就要离开六巷，结束他一年的支教生涯，我心里当时很着急。我们共同起草的文化建设规划已经送往师大恩师处，委托其代为敲定规划全文的各个细节。这是关乎一所学校未来命运的规划，所以，我得慎重再慎重。几易其稿，经过反复斟酌修改后，元旦前的一天，我的邮箱中终于收到了老师极其肯定的回复——可行，可操作。

　　2017年1月9日上午，六巷乡九年制学校首场博畅文化主题论坛开坛，我就"博畅文化规划"实施全文做了解读，全体同人以"我为学校发展建言献策"为主题，进一步向学校发展建言献策。我提炼学校文化发展规划中欠缺的环节，进一步完善文化建设规划全文。

　　那个寒假，我一字一句完成了《博畅文化建设手册》的最终修改。"一训三风"和校徽终于在新学期到来前屹立在教学楼上。那一刻，我心里有一种难言的满足，或许这就是大家言说的追求吧。身边的人总是喜欢拿"顺其自然"来说事，却很少承认，真正的顺其自然是努力后的不强求，而非遮遮掩掩的不作为，我喜欢那时的自己——有了目标，勇往直前！

当年春节，周老师书写校门上的春联，我写了与博畅文化相关的第一副对联——"博约厚敏写春秋，畅达一流育桃李"。或许这同样也是我的追求，现在如此，以后如此。

2017年春季学期，马不停蹄，我与我的团队完成了校歌创作，建起了博畅文化墙，开始推进新一轮的文化规划……

倏忽间，博畅文化已经渗透到我们师生校园生活的方方面面，体现在我们校园生活的举手投足之间。许多年以后，读过这所学校的孩子忆及曾经学习、生活过的校园，我想都会忍不住要来母校走一走、听一听……因为这里曾经是他们的第二个家！

我们因为缘分来到六巷，为六巷的万千学子服务，不管当初愿意或者不愿意，总之我们走到了一起。我们不是单纯为了这份工作，我们的内心是想在六巷这片土地上留下我们耕耘的足迹，能够拥有我们曾经种植过的树苗，能够拥有我们曾经关爱的孩子，能够看到我们曾经写下的字，能够看到曾经因为我们的付出而发生改变的面貌，能够听到孩子们传唱我们教过的歌曲……这就是我们的价值，我一直追求着这份理想，为人师者仍可活出大写的模样！我们用自己的所学来改变孩子们的教育现状并传递新的知识，让这里的孩子们充满梦想和憧憬。现在如此，以后如是！若干年以后，我们会因共同的目标为自己喝彩！

摸索

对于教育管理，我是个新手，从踏上教育管理岗位的那天起，我经常思考的问题之一便是：我们应该办一所什么样的学校？我的优势或许就是知道孩子们需要什么！纵观如今的乡村教育现状，批评之声不绝于耳，褒扬之语也络绎不绝，我们教育人只有多一分冷静，多一分思考，才能真正评价我们的乡村教育现状。

乡村教育缺什么？说起这些，我想大多数人会说钱、会说人，但在我的心中，乡村教育最缺的是共同愿景。现在的乡村学校，多数教师没有促使自己向前发展的动力，只把教育教学工作当一种单一的职业来做，这与学校共同愿景的确立有非常大的关系。教师职业本身无法激起教师的潜能与热情。事实上，在现阶段的乡村学校，没有什么比分享未来愿景更能激发教师对职业幸福的充分认同。依稀记得到任后的首届博畅文化主题论坛在偏僻的六巷学校是个新鲜事物，当我站在讲台上开始分享我眼中未来的六巷学校时，有期冀、有质疑、有茫然、有兴奋……一份愿景本身并不会带来实质性的改变，但在我心中，它至少给我们的团队带来一份希望。

在征集完全体教师对学校发展的相关建议后，我马不停蹄地推出了我的各项实施方案，每一项举措都充分征求了学校班子的意见。当然，对于这样一所偏远的乡村学校，任何一个新事物的诞生必然会带来麻烦，但至少对我来说，我做好了准备。

2017年2月，随着博畅校园文化建设顺利推进，"一训三风"、校徽的安装完成，同步推进校园各区域基础改造，心中勾勒的未来蓝图开始在六巷学校生根发芽。

"三精三自"的困难推进

"在我眼中，农村孩子和城市孩子最大的差别在于卫生习惯与学习习惯的养成，农村孩子们讲卫生的硬件条件要比城市孩子差许多，但我仍然教育我的孩子们要尽自己最大努力讲究卫生。上周五，给孩子们开了寄宿生会议，叮咛了今日要进行卫生大检查，小家伙们还是挺懂事的，门帘、床单、被套、枕巾样样干干净净。没有阳光，但仍然有阳光的味道。教育还是要注重细节，在潜移默化中让孩子们懂得要自我成长。"

这是 2017 年 9 月记载在工作日记中的一段话，或许能够引出我要推行"三精三自"管理模式的初衷。一所寄宿制学校，学生自周日下午来校到周五下午离开，整整五天，孩子们的生活都需要自己打理，没有人可以分担，而孩子们的卫生习惯将会直接伴随其一生。农村学校老师缺乏，我们的学校同样如此。怎样通过有效的手段解决学生自立、教师管理轻松的问题是许多农村寄宿制学校所面临的。

学校文化建设手册的出台，在我的心中是给这个偏远的农村学校树起了"魂"，有了发展愿景，我们有理由通过一切方式让大家认同。通过精神引领、精心实施和精细评价，实现学生自我教育、自我管理和自我服务的"三精三自"管理模式（借鉴），符合乡村寄宿制学校管理的理念。精神引领是共同愿景，精心实施是方式，精细评价是手段，而最终实现的是学生的自我教育、自我管理与自我服务。6 月 5 日的例会上，我首次提出自己的想法，可惜并没有产生预想的共鸣，好像是口号之于游行，真正的目标是落实到实际行动上。随后的工作开展中，我通过自己的方式引领学校各项工作的评价，细之又细、慎之又慎，确保通过评价促使发展能够同频同步。

乡村寄宿制学校的"三精三自"模式价值不言而喻，但实施困难重重，模式的推进需要一支杰出的班主任队伍，需要教师不厌其烦地进行"精神引领"，落实学校文化中的各项举措。"精心实施"更需要教师全方位寻找学生的短板，结合校情班情制订相应的管理公约，当时的班主任费是 100 元，班主任工作动力严重不足，这一条的推进非常吃力；"精细评价"更是需要教师及时评价，周周评、月月评，并能够与小组评价和个人评价相结合。"三精三自"似乎难产在模式的推广之中，但我一直不气馁，教师工作负担造成的难以推进，学校考虑从学生身上直接下手。事实是几年后的今天，一切都发生了大的改观。精神引领上，我们开展周一升旗仪式宣誓，齐读"一训三风"；精心实施上，我们开展表格式考核，量化到每一个细节，确保各类结果见得了阳光；精细评价上，我们每周开展教育教学通报、校安及班主任管理工作通报、宿舍管理综合通报和值周综合通报。评价大家看，问题大家改，自我管理、自我教育和自我服务在六巷乡九年制学校进入了一个新的阶段。

因材施教的分层作业

"分层作业"的实施曾引起轩然大波，反对之声不绝于耳，到底是动了老师的奶酪，但作为学校的一项新政，我必须全力确保其有实施的价值。作为一所九年一贯制学校，每个年级只有一个班，而每个班好中差比例的学生分布非常明显，怎么样确保好学生吃得饱、后进生吃得好是分层作业模式成功的关键。

分层作业的实施从每周一次的分层作业的相关理论学起。从思想上，先让老师接受分层的价值。我在会上很直白地告诉老师，分层作业不用考证，现今在国内已有许多学校实施，且有充分的例证证明是可行的、有效的。我深深明白，这种专权才能确保分层作业的有效实施，班子成员不理解，我告诉他们可以先试着做。其实我真正的目标是分层作业的另一层级——分层教学。

所谓分层作业，实质上是针对学生个性差异而提供多层次的作业，根据班级学情，可以是三层、四层，还可以是两层，且可以随时调整，分层作业实施名单根据学生的学情变化可随时调整。在通常情况下，分层一般执行三层，第一层是面向全体学生的基础型作业；第二层是面向大多数学生的提高型作业；第三层是面向学有余力学生的发展型作业。

学校的教师素养参差不齐，诸如艾老师、杜老师、冯老师等一批优秀的骨干教师，在设计内容上，能够努力挖掘学科知识中的潜在因素，把分层作业添入"艺术感"，真正在备课中设计出一些以学生主动探索和实验思考的探索性作业，这对激发学生的学习潜能确实可以起到很大作用。在他们的引领下，多数教师凭着自己的能力使出浑身解数推进开展分层作业，但说心里话，三年后的今天，进步的教师数并不可观，可喜的是学生发生了一些微妙的变化，成绩不但没有出现下滑，而且出现了上涨的喜人局面。（现在的我似乎力不从心，作为校长应该多关注学生的作业、教师的课堂，可由于繁杂的行政事务，一切似乎仍然是镜中月、水中花。但无论何时，分层作业、分层教学依然是我在六巷九年制学校的工作重点。）

计划于2021年，我将推进分层作业的制式化内容编制。我会充分和学科教师进行研讨，甚至邀请县内著名的学科专家，不断碰撞思想，形成共识制式化分层作业内容编制大纲。我还会根据近几年来学生分层作业的实施反馈情况设计"课堂教学观察量表"，进一步探索、优化和推进基于课程标准的分层教学模式。但愿这一切不是空想……

（三年的实践证明，分层作业能够充分尊重学生的差异，促进学生的自主发展；只要我们的教师能够用心设计作业，开展分层次的评讲，绝对可以提高课堂教学效率。可怕的是我们的队伍中仍然有那么一部分教师，把分层作业当作一种任务和形式，偏离了分层作业实施的初衷，更阻碍了分层教学的进一步推进。何时分层作业能够留给学生一份自尊，使学生沉浸在被接纳的喜悦之中，也能让教师反思自己的教学行为，我想这才是增加幸福指数的关键之一。）

　　晨起的闹铃乍然响起，一日的常态生活按时开启，但今日懒得从床上爬起来，三个月，我逐渐爱上了这个被称作六巷的地方！

　　每天早上睁眼都比较早，来到这个地方后，"睡眼惺忪"这个词对于我比较遥远，我深知自己身上所担负的使命，我得对得起自己，对得起这个地方的百姓，更要对得起那些器重我的上司和长辈！

　　起床号在思绪乱舞时不经意间再次响起，回想起寒假时臭朵朵在身边冲着我笑的情景，工作似乎就没那么累了，只是苦了妻子，苦了帮我拉扯孩子的亲人们。我猜想，小家伙们若干年后一定不会抱怨父亲没有陪在她身边，相反会为有这样的父亲而感到骄傲吧！

　　工作的阻力似乎没有那么大了，我的同人们逐渐接受了我这个"新生事物"。不可否认，我是一个典型的完美主义者，在力所能及的范围内，力求将每件事做到最好。我知道，这样的我会使我的同人包括自己在内都感到很累，但同时也知道，我们感到吃力是因为我们都在进步！愿我的同人能够理解我——这个理想主义者！

　　时值三月，春暖花开。我喜欢诗，我一直在设想，若干年后这里会成为诗一样的地方，梦境犹存，永远记忆！

　　只愿不是空想，一切会水到渠成！晨起，寥寥数语，时已过一刻，快起，和朝阳一起、和可爱的孩子们一起，跑步前进！

（2017 年 3 月 21 日微博）

2020 年 5 月 14 日

脉搏

大雨可以延迟我们到达的时间，但阻止不了我们继续前进。

——卢梭

2017年6月20日，天气晴朗，漫步在校园，随手捡起一张废纸，映入眼帘的是孩子们稚嫩的声音："石老师回来了。"红苹果般的笑脸让人内心异常踏实。小小的一张纸片传递给我们一个值得思考的问题——我们到底该怎么做老师？石老师是一个非常敬业且非常要强的好老师，因身体的原因请了好长时间的假，但孩子们一直记得她。那天正好例会，我给我们的年轻教师们讲了这件事，为人师者最大的收获不过如此。我们的学校有这样一群敬业的老教师，他们和我的父辈一样，不计较利益，敢于担当，为乡村学校的发展支起了天、洒足了光。

这就是文化，这就是精神，需要新入列的我们传承和发扬。活动承载的文化脉搏一直在剧烈跳动，文化成为一种精神期待。乡村学校有其自身的文化追求，脱离乡土气，没有师生的实质性参与，学校文化建设便没有了生长的土壤。

在2017年，按照我对学校方向的理解，在文化继承的基础上开始了六巷学校活动承载文化的探索。这之间，有保留、有剔除，留下的便是对这所学校来说最合身的。

拔河赛

我印象中的校园，不管是乡下还是城里都有一个很大的运动场，它应该是阳光与活力充分绽放的地方。六巷学校的院落很小，满是沙砾的院子承载不了我对"阳光体育运动"的理解；斑驳的墙壁给我一种揪心的希冀。近半年的守望倒是让我想明白，与其空想"高大上"的改变，不如把能够落实的幸福渗透到乡村学校的办学活力中，折腾固然有人会说三道四，但不折腾一丁点前进的指望都没有。

2017年3月22日，首届"博畅杯"师生拔河联谊赛举办。没有人会为这样一所名不见经传的学校"冠名"，我们就用我们的学校文化正名；没有贵重的奖品，我们就用一张张奖状证明自己的实力。我似乎不善于记事，拔河赛结束后我本来想完完整整地记一下我的心路历程，但翻开工作日志竟然发现只有简单的一句话："2017年3月22日，天气阴，拔河赛如期举行，我也参加。"

下午4点20分，学校全体教师、初中年级学生共两百余人齐聚畅学楼前院，在分管学生安全工作的艾小宝副校长做了简短的活动要求后，随着总裁判长周东旭主任哨声的尖锐响起，活动在大家的欢呼声中正式开始。

本次师生拔河比赛分教师和学生三组，按循环赛规则进行比赛。学生以年级为单位，每队师生队员各18名，男女教师搭配，比赛过程异常激烈。参加比赛的师生精神饱满、准备充分。每组队员镇定自若，信心百倍。比赛中，有的死死抓紧绳子，有的咬紧牙关，眼睛瞪得老大，因为用力每个人的脸庞涨得通红。大家为集体的荣誉而战。啦啦队呐喊声震天，整齐划一的鼓劲加油声激荡着赛场每一个人的心。经过九局激烈的较量，最终决出九年级组第一名，七年级组第二名，八年级组第三名。九年级组凭借强大的实力一路过关斩将摘取了本次比赛的桂冠。

上面的部分是对当时活动的记载，但印象最深的是孙小龙老师因为这次拔河赛休息了整整两天（因为平时缺乏运动，拔河造成手腕和臂部拉伤）。但因为这次活动，我看到了老师和同学们心里的火和眼里的光，乡村教育不应该成为沉寂和死学的代名词，乡村学校应该有呐喊声、读书声，更应该有笑声和歌声。活动结束的当天，我紧锣密鼓地开始了自己与这所乡村学校文化脉搏的较量。

文畅报

春天，寄予乡村师生太多的美好。春回大地、春暖花开于我而言最直接的开心就是天气变暖，可以穿得单薄些。我自小不是个强健的人，夜眠迟，却又因为冷空气咳嗽甚至常咳醒，导致目前在六巷最大的问题是睡眠。这又是不敢给父母妻儿念叨的，念叨只会让他们更担心。满眼的绿意、漫山的野桃花让人感觉世间分外美好。六巷是休养的好地方，青山绿水容得下所有的不快和郁闷。我是个喜欢文字的人，如果用一些文字承载这种美好，对于这所学校未尝不是件好事。

2017年3月29日，六巷学校博畅文学社成立暨校报创刊仪式举行，学校所有文学爱好者参加了这次活动。王效应老师领衔报纸的校审，仪式上我阐述了对这张小报的看法，作为未来学校发展征程的航灯，我们的文字会记载这个学校和生活圈的所有变迁。报纸上的文字或许不会产生多少影响力，但有了文字记载便有了孩子们成长的似水流年。岁月不会欺骗孩子们的成长，文字更不会。若干年后，等孩子们成家立业后，翻开校报上记载的点点滴滴，他们绝对会感谢曾经如诗一般存在的我们。

春暖花开的日子，当你手捧着这份浸满墨香的小报，品阅承载着六巷学子心灵温度的文字时，六巷乡九年制学校的校报《文畅报》，满载着全体师生的期盼，经过长时间的孕育和准备，终于在这个充满希望的最美四月天创刊了！《文畅报》的创办，浸透着全体师生的汗水与希望，必将撑起我们全体师生追寻梦想的朗朗晴空。

六巷教育人心中有一种永恒的信念，只要心中有太阳，成长的路上就充满阳光；只要胸怀梦想，就总能与春天相伴；只要我们付出艰辛，就一定能收获累累硕果。我们坚持办一所留下童年记忆的学校，办一所延续乡村文明的学校。不论何时，我们都不能降低梦想飞翔的高度，博畅文化引领学校的发展，是我们笃定的信念。

《文畅报》旨在记录花朵绽放的声音，记录探索求知的苦乐，记录师生生活的处处感动。她将和涓流一样，汇入六巷河，滋润六巷的孩子们在知识的海洋中茁壮成长；她将成为我们师生沟通的窗口，将学校亮丽的底色和飞扬的风采全面展现。

阳光，我们共沐；风雨，我们分担。幸福的含义有很多，共同成长就是一种！成长的快乐与艰辛，我们共同承载。我们对办好本报充满信心！虽力求完美，但必然会有诸多疏漏。但我们坚信，有师生的共同呵护，《文畅报》必将与我们一同成长。

铭记梦想，路在脚下。播种希望，收获成功。"个个进步、人人精彩"，我们迎接每一天的朝阳，六巷九年制学校和《文畅报》都必将满园馨香，幸福教育必将在六巷大地开花结果！

上面是我写给《文畅报》的创刊寄语，或许能够代表心里对这份小报的所有期盼。"文畅"还想"文昌"，时至今日，近四个年头，我们出了二十六期报纸，每一份出来后，我都会追着编辑老师把报纸给我送一份，如今都整整齐齐地摆放在办公室的茶几下，一份未丢。或许我们的老师不会太在意这份小报带来的些许改变，但我从和孩子们的交流中了解到他们还是很在意的，希望这点念想不会随着时间的推移烟消云散，因为这才应该是我们传承和发扬的文化所在。

春游

六巷是极美的，尤其是山羊坝和云山一带，山路蜿蜒、绿意袭人、溪水潺潺，这种意境可以让你忘却所有的不快。曾经写过的一段微博不知可否体现这种美，但的确可以让各位看官浮想联翩。

有一个地方，那里山花烂漫；有一个地方，那里蜂飞蝶舞；六巷，一个被上帝遗忘的地方！春诵夏弦，载飏淑声，日复一日，年复一年，用最真诚的心理积淀去体验乡村的美丽！远离城市的喧嚣，独守乡村的宁静，春日观花，遍地桃红柳绿；夏日戏水，山涧流水淙淙；秋日望远，触目皆是层林尽染；临冬火红的柿子挂满枝头，那种香甜又岂止在舌尖上呢？（原载 2018 年 3 月 24 日微博）

2017 年 5 月 20 日，在六巷已经工作半年多，工作在这片土地，却又不了解这片土地。趁着周末，携妻女与同僚远赴深山，来一趟郊游，在手机信号都没有覆盖的地方开始我们的美景之旅。妻女异常兴奋，未曾涉足的大山让她们满脸洋溢着笑容，乔校和陶老师一路介绍着我们听都没听过的中药，艾老师、周老师给同人们侃着我们从未听过的大山生活。采药人的艰辛，火山坑地貌的奇特都成了好奇的我们的话题中心。没有什么可口的饭菜，面皮、啤酒、西瓜就是我们最好的美食。山顶的风很大，王老师自个儿离开队列去挖盆景树了，会合的时候找不见人，心里的那种着急……

记忆很美好，一次春游给我一段时间的好心情。六巷河边麦浪翻滚的日子，我和陶老师闲聊着过往，忽然间发现，美好无处不在。

选择教师生涯就是选择清贫与寂寞，教师工作并非经天纬地的宏图大业，选择便意味着艰辛与付出。在我心中，教师是一种职业，更是一种梦想，我们苦在其中、乐在其中，改造的过程累并快乐着、痛并坚守着！

坚持

《世界文明史》（威尔·杜兰特）有一段情节的描述，大意是文明像一条河流，河流中流淌的是野蛮的人们厮杀、争斗的血液，往往却是人们关注的；而岸上生活的才是文明的载体：相亲相爱的人们建立的家园，那里有谱写诗歌的歌者和创作雕塑的艺术家……我想做的一切努力就是让荒蛮走出大山，让文明进驻乡村，这或许就是我的使命所在。

"治大国如烹小鲜"，博采众长、精益求精，治校亦是如此，尤其是乡村学校。六巷学校距县城较远，在很多人眼中，做出成绩也不会有人看见，辛苦自己辛苦同人又是何必呢？得过且过就成为边远学校治学的常态。我虽不能高瞻远瞩，但自许一个有着超前眼光的勤政者，始终认为，中国教育的希望就在乡村教育，只有乡村教育好了，教育才能实现真正意义上的均衡。均衡才能有效缓解"择校"，办好乡村学校必然会让"新生代"农民至少在情感上认同乡村的价值，选择回归，在乡村发展。

时间已经过去整整半载，天气逐渐转暖，草长莺飞的季节，坐在学校对面的山头上，俯瞰着远处正在细微处改变着的学校，感慨万千。打造学校文化体系、制订三年发展规划、倒腾专用办公室、归整安装学校功能室、力推分层作业和改造学校微环境，半年来，我在尽力做回本分，赢得尊重。"立大志，做小事"，要求别人的，自己一定做到，这是管理顺利推进的根本。看不到眼里的活太多太多，有很多都看不惯，但改变起来样样都非常吃力，不是三言两句就能处理妥当的。功能室的桌椅摆在储藏室整整八年，生产厂家已经无法联系，我约了七八个匠人，来看一眼就转身走了，不是嫌麻烦就是要价高。终于联系到原单位驻地的一个匠人，通过和邻校实验室一点一点地比对，总算套在了一起。这只是杂事里面很小的一个例子，其中的艰辛是其他人无法理解的。但我清楚地知道，改变的唯一方法就是坚持。

家长会

任校长以来，在家校协同管理上我想了些办法，做了些有意义的探索，不能说这些探索是没有价值或者没有成果的，实事求是地讲，因为有了家长的协同管理，我们的确解决了一些棘手的问题。我虽是个平和宽容的人，但不代表我在教育管理上没有自己的价值追求。与之相反，我一直试图通过教育实践，改变乡村学校中家长不情愿关注学校和体悟教师工作艰辛的现状。

学校的区位环境决定了我们服务的对象是六巷的老百姓，他们的认知能力则决定了他们不可能有和城里的孩子一样的文明言行和文化素养。因此，我在思考，通过怎样的一种方式让家长参与到学校的管理中来，让家长了解我们的学校和我们的老师所做的工作。

5月12日，2017年春季家校联席会议第一次出现在了六巷师生的视野中，此前没有这种称呼，家长对学校管理的参与意识几乎为零。其中还有一段小插曲，当我提出开一个和以前不一样的家长会时，我们的一个中层质疑道："家长会还能有什么不一样？"最终我愣是给他展现了一次不一样的家长会。家校联席意味着会议绝非一方举办，学校管理层绝非听听汇报，家长们必须参与其中，体悟学校管理和发展的愿景。我强烈建议我们的中层干部穿上西服，我们没有工作服，似乎勉为其难，但我想给家长展示学校最美的一面，包括我们的精气神。我带领家长代表们参观了半年来整理出的功能室，参观了学生学习生活的教室和宿舍，最后在学校的大灶上体验了孩子们的午餐。我们选举了家长委员会成员，在家长大会上，我庄严地向家长们承诺要办一所全县有名的乡村学校。我没有指望在如此短的时间内能听到家长的评价，但依然渴望能够听到家长们对学校工作的认可和赞叹。会后，四年级刘同学的爷爷颤巍巍地走进了我的办公室，告诉我他看到了学校短时间内的变化，他们当家长的能够感受到老师的辛苦。那一瞬间，忽然间感觉这工作干得真值。（每个人都有被充分认可的希望，有时候哪怕一丁点的认可都会换来工作的不竭动力，尤其是我）

家长会上我原本是想带着所有同人宣誓的，但在行政会上这个提议并没有通过，乡村教师可怕的自尊最终战胜了我的想法，把宣誓仪式改在了教师节。我在想，到底是谁无形中区分了人的阶级，还是阶级本身让人有了尊卑贵贱？我的理想化或许让我们的老师模糊了公共角色的价值，人与人之间的平等更多地需要我们这些当老师的引导。可任何改革不可能一蹴而就，和文化的认同一样，需要时间，需要大家的充分适应，这个过程除了坚持，我想还有老师自身的改变。可问题又来了，我们的老师如何改变才能让其过上完整而幸福的乡村教育生活？我想，除了阅历就只剩阅读。我是个极爱书的人，多么渴望阅读改变我们的老师，改变我们的学生，可走进学校的图书室看着那些老掉牙的书籍，忽然间感到非常无助。（整理这篇手记的今天，学校的全学科阅读大力推进，公益组织捐赠的各类书籍已经摆放在学校的书架上）

我常常在微信群或者大会上坦诚地向老师诉说我的一些不成熟的想法，为了让大家理解，我尽可能摒弃一切书面语，用最通俗的方言给大家讲，以期让每一个人认同我的观点。或许我的肺腑之言在有些老师心中只是浮光掠影，但哪怕是蜻蜓点水，我想都达到了自己期待的效果。人生不易，教育只是自己实现理想、实现自身价值的一个途径，我真正需要做的就是通过不同方式改变身边的每一个人，让每一个人生而为人都活得有尊严，这才是我的理想。

教学技能大赛

彼得·德鲁克（管理学大师）曾言，管理的本质就是激发和释放每一个人的善意。我是个新任校长，但我干过多年管理，我能意识到好的管理就是让每一位教师能够充分释放潜能，这种善意便是创造价值，为学生和老百姓谋福祉。

山区学校教师心理上一般比较自卑，感觉在很多方面不如城里工作的教师，尤其在职业素养上。办一所好的乡村学校必须要想尽一切办法，让教师看得见出路，虽然说要承担比城镇学校多得多的工作量，但好的管理必须要让教师不为生活和工作的平衡而烦恼。通过多种途径要让我们的老师变得有价值，而参加县级教学技能大赛就是其中一种，我得用自己的眼睛去寻找一两个亮点。

在教学质量领域，认真上课是输入，严格考试是产出，考试能够促进学习，道理似乎大家都懂，但好成绩并不一定来自好课堂。我敢说，如今大多数的乡村学校、大多数的乡村教师都沿袭着自己当年上学时老师授课的那种模式，甚至连那种模式好些年轻教师都不会，单纯的知识传授产生的成绩让我们无法鉴定教师素养的高低。我开始了一个人听课，听了四个人的课后，学校一应事务太过杂乱，我只有选择性地走进老师的课堂，用自己的认知寻找好课，卢老师和冯老师的课就是这样走进我的视野。卢老师亲和，一切课能够在非常轻松的氛围里完成；冯老师富含激情，能够把课堂当作自己驾驭的舞台，让每一名学生都能融入其中。

她们的确没有让我失望，5月22日，西和县2017年小学教师技能大赛县级决赛在西青永丰小学举行，选派的两位老师均进入县级决赛。卢甜甜老师荣获《信息技术》学科一等奖，冯秀平老师获英语组一等奖，她们通过自身的学习，在阅读、书写、表达等教学基本功方面表现出了独有的六巷品质！

她们都是善于学习的人，在冯老师值班的床上，我扫见她读的《给教师的建议》，这在六巷九年制学校是第一次。后来的事实证明，她是个非常善于阅读善于学习的人。

有人曾言，乡村学校的课堂是缺乏活力的，乡村学校的教师对待课堂是随意的。作为乡村教师，我不否认这一点，但我们已经在全力通过自己的努力改变身边的教育。乡村教师外出培训异常匮乏，且工作量奇大，乡村学校班额超量，乡村教师跨学科任教……这些也是现状，需要政策的有力支持。但凡我们有能力改造学校的现状，让师生过上"幸福而完整的乡村教育生活"（新教育理念），我们将克服一切困难。

坦率地讲，在学校我听的课并不多，人家都说，不进课堂的校长绝不是好校长，这话我绝对赞成，但凡有精力，我想校长们都是乐意进课堂的。以教学为中心的学校现在已经被太多的额外负担压得喘不过气来，教师要时时承担因为安全、质量、升学率，甚至家闹带来的一切责任。和全中国所有的乡村教师一样，六巷学校的教师每天都在六点半前起床，然后上课、批作业、备课、谈心，还有值周值班。我们的疲倦似乎成为一种状态，但因为监护人的缺席，这一切又是必然，孩子们是最无辜的，他们缺了父爱母爱，再不能缺乏师爱。教学是核心，育人更是根本，无数个普通的日子糅合在一起绝对会成为孩子们这一生最不普通的记忆，那个叫学校却超越家的温馨的地方，他们终身也不会忘记。

六巷学校或许在今天谈不上辉煌，在明天谈不上荣耀，在后天谈不上卓越，但有了这样一群向前寻变，心里有火、眼里有光的热血教师，我们就应该相信改变的力量。

我一直相信信仰的力量，所以把乡村教育的寻变与坚持当成一种信仰来做。乡村教育者需要一种怎样的信仰才能致力于身边微小的改变？这也是我至今一直在思考的永恒命题。但长期以来，我一直相信教育的力量，相信只要找到合适的办法、合适的路径就一定能够让我们的老师乐教，让学生乐学。仰望星空脚踏草根，以实打实的坚持与创新代替语言的争论或许会更好一些，或许才能让乡村教育早一点绽放光芒，早一点走出乡村教育不如城市教育的怪圈。

方向

一个人生命中最大的幸运，莫过于在他的人生中途，即年富力强时发现了自己的使命。

——奥地利作家斯蒂芬·茨威格

我曾说，让荒蛮走出大山，让文明进驻乡村，或许就是我的使命所在。从内心正视自己角色抱负的切入点，或许能够更有机会将自己的角色"演"得更像一个校长。纵观民国以来乡村教育的先贤陶行知、梁漱溟、晏阳初等人，他们以农为本，怀揣强国富民的理想，以浓郁的桑梓情怀开始了他们的乡村教育实践；然而他们点起的依然只是星火，乡村教育的燎原之火直到新中国才熊熊燃烧。但他们引领乡村文化变革的开拓精神、涵养乡风的乡贤精神和乡村教育的革新精神是吾辈此生应该追随的。我坚定地认为，这就是方向，这就是底线。乡村教育者应该坚守自己的治学理念，乡村校长更是如此。任何时代，都不能把生活在最基层的乡民们遗忘，如果教育都不能坚守这最后的底线，那么这个民族还有什么希望？

方向的航标灯已经点亮，身处大变革的时代，乡村教育者面临着视野狭隘的挑战，我们时刻提醒自己，学生品质的培养是多元的。因为多元才能让他们面对多变的未来。乡村教师就此背负着成绩提升与兴趣培养的抉择难题，但兴趣爱好本身就是奢侈品，教师自己欠缺的恰好就是这些品质，我们又有什么东西可以教给学生？

苏霍姆林斯基有一句名言："每一个儿童都是一个完整的世界。"读懂孩子、走近孩子、培养孩子，和孩子们一起编织愉悦的故事，让欢声笑语驻足于六巷学校的每一天，是我每天都在期望的教育幸福和理想。我喜欢把课堂当作舞台的老师，他们带领孩子做游戏，和孩子们一起朗诵诗歌，和孩子们一起唱歌跳舞；我会为每一堂拥有欢声笑语的课堂点赞。但我们的老师太矜持了，因为自身才艺的匮乏而刻意回避自己的短处，死气沉沉的课堂变成了知识的"教授机"，有时候特别害怕看到孩子们茫然的眼神，总觉得自己欠他们什么。无数次地引导，无数次地跟进，但课堂是教师的阵地，多方面的原因，改变真是很难。

节日演出

和许多乡村学校一样，六巷学校同样缺乏音乐舞蹈和美术教师，我来此四年，只遇到过一位特别优秀的音乐教师，但与我的重逢大抵不超过两个月就被调离了。每年六巷学校都会在六一前夕举办盛大的节日演出，这是六巷孩子的节日盛典，前前后后要忙碌两个月，虽然节目的质量谈不上上乘，但对六巷的孩子们来说，这已经是奢华的绽放。

2017年5月28日，艳阳高照，学校第二届"博畅杯"庆六一文艺会演在畅学楼前举行，全校各班共有二十五个节目的演出。说实在的，这么多的节目，这么热的天气，露天演出不是明智之举，我曾经给筹办的艾老师和杜老师提过建议，他们告诉我，以前也是这么多，最关键的是要让孩子们上台演一下，家长也高兴。忽然间我明白，我不经意间忽略了孩子们的渴望和家长的希冀。节目的众多导致的后果当然是节目的"粗糙"，这其中最大的原因就是艺术教师的缺乏，非专业老师编排的节目又岂能精美绝伦？但不可否认，对六巷的百姓来说，有自己孩子参演，排练了近两个月的节目是可以媲美中央电视台春节联欢晚会的。我来校之后，演出已经开展了两次，上次在元旦，多方面的原因，最主要是天气冷，参加的主要对象又是幼儿园。为了让博畅文化根植于学生内心，我选择在演出活动前冠名"博畅杯"，这次的演出按照时序已经是第二届。

在这次演出活动上，新组阁的团队（在此之前，学校团队工作非常薄弱）按照少先队工作要求，举行了盛大的入队仪式。学校少先大队辅导员杜老师宣布了新少先队员名单，并带领大家在队旗下庄严宣誓，老队员为新队员佩戴红领巾。上午十点整，文艺会演在有趣的舞蹈《MY OH MY》中拉开了序幕。此次文艺会演活动形式多样，参演节目异彩纷呈，舞蹈、歌曲、相声、手语操、情景剧……孩子们激情飞扬，用优美的舞蹈动作和婉转的歌声表达了内心的喜悦之情。一个个节目赢得了在场所有观众热烈的掌声。

应该感谢我们的女教师团队，因为她们是演出最大的后方支援，所有的节目她们边学边教，顶烈日、弃课休，没有足够的热情无法支撑这二十五个能够拿得出手的舞台节目。

傍晚，漫步于六巷河边，麦浪翻滚，脑海中浮现着今日演出的幕幕情景。同行的陶老师告诉我，对六巷百姓来说，这是全乡每年最大的节日，从门口摆的摊就可以看出。是啊，文化的繁荣绝非一朝一夕，它需要人才和经济强有力的支撑，就是这所乡村学校支撑的文化场域，都可以让远在十几里外的乡亲们赶场，我们还有什么理由丢弃掉艺术给学校带来的活力呢？

时已至六月，寻变的过程虽枯燥但踏实。

（当年的六月，我参加了国培计划北京师大培训，以朝圣者的姿态参观北京市八十八中、北京润丰学校等一批优秀学校，感叹于各校强有力的艺术师资配备，感动于七十二岁的卓立校长的治校情怀。春种秋收，秋实固然丰硕，但也是拜春之播种、雨之滋润所赐。不要给自己说这不行、那不可能，记着，一切皆有可能，你要做春天的播种者……）

博畅师者评选

多方面的原因，六巷学校的老师想要争取个荣誉非常难：一是因为学校规模较小；二是学校偏远，新教师较多，教学成果缺乏，县级荣誉还在其次，市级荣誉对这所学校来说，基本上是想都不敢想。

一年来，学校在梳理学校文化历史发展的基础上逐步明确了博畅文化的价值追求，并通过学校文化建设实践将其不断深化。在得到教师、学生及家长的广泛认同的基础上，我推出了土生土长的"博畅师者"评选，这是属于六巷九年制全体教师的最高荣誉，所有的外部荣誉在参评前首先看他有没有取得校内最高荣誉。

"博畅师者"肯定是六巷学校最值得尊敬的人，也肯定是六巷学校最敬业的人。基于以上两点，我们制定了细致的评选标准，最初我曾设想将参评工作年限最少定四年，后来才发现，四年以上工龄的教师其实都不太多，后面只能降到两年，起码可以让大多数教师参与。这也从侧面反映出这样一所学校欠缺的精气神是什么，培养教师付出的代价又有哪些。会上我提出要给"博畅师者"最好的奖励，但我也知道，最好的奖励除了物质上的，更多的应该是评优选先、职称评聘等精神上的。

教师是学校文化的建设主体，更是管理主体，学校文化建设进程的推进在很大程度上需要教师的积极参与。学生是学校文化的展现者，从他们身上可以终极展现文化建设的价值。很大程度上，文化建设不是出台个规划、建立个标识这么简单，真正的文化建设应该渗透到师生的血液里，甚至骨子里，从师生一举一动的行为中反馈出来，甚至影响他的一生，这才是文化建设的魅力所在。我们打造的博畅师者绝不是校务会上随意讨论出来的，要经过学生及家长投票、考核和公示等一系列环节。

在发布首届评选活动的倡议书中，我写道："为人师者，当以敬业奉献为先，他们以学校博畅文化为引领，用师者的力量逐梦生命的辉煌，用师者的柔情写下平凡中的伟大，用无尽的师爱温暖学生的心房！他们的课堂和谐严谨，他们的班级师爱绵绵，他们用细心与尽心去赢得家长的信任，用智慧为孩子的成长奠基。他们是六巷九年制学校的'博畅师者'，他们是学生心目中永远的楷模！"

"博畅师者"首先是我心中的楷模，他们的事迹和精神能彰显六巷教师的品格和形象，有这样一批至真至情的师者，我们才会有追随的目标。

三尺讲台育桃李，一支粉笔写春秋。首届"博畅师者"评选活动于6月15日启动，至7月13日新鲜出炉，作为学校的最高荣誉，我们是慎重的，对每位获奖教师都经过了细致的甄别。经过一个多月的教师自荐、家长纸质投票、网络民众投票、学校综合考核及校委成员投票等程序，艾老师等六位优秀教师脱颖而出，获得六巷乡九年制学校"博畅师者"荣誉称号，校务会决定为获奖者建设学校荣誉墙，让他们的事迹彪炳史册。教师节期间对获奖者进行最隆重的表彰，表彰他们为六巷教育的发展做出的贡献。名单公布后，后台家长的留言表示非常支持，我们评出的优秀教师经得起社会的检验。（时至今日，"博畅师者"仍是学校的中流砥柱，他们带领全体六巷教育人一路追梦，奋力地诠释着对自身教育信仰的一路坚持。）

2017年9月5日，首届"博畅师者"颁奖典礼隆重举行，典礼上，英语组教研组长胡老师（现少先大队辅导员）致颁奖词，艾老师等六位"博畅师者"荣誉称号获得者依次上台领奖。在雄壮的颁奖进行曲中,六位获奖者从乡长手中接过为"博畅师者"特制的奖杯。师者为师亦为范,他们的确是六巷教育人的师者典范、励学楷模。我曾经邀请局长参加本次活动,以增加"博畅师者"奖项的分量,但局长因为工作繁忙未能参加。典礼上,六巷学校历史上首次进行了教师宣誓。在政府领导、全体学生的见证下,全体教师统一入列,由校长领誓,以师者的尊贵面向国旗庄严宣誓,为六巷教育的发展做出了最庄严的承诺。整个宣誓过程肃穆又激动人心!我想这不仅是一份承诺,更是一份信念!

乡村学校的发展其艰难唯有自知,路人看到的更多只是学校表面上的变化,我深深地知道,对于乡村学校,真正欠缺的不是硬件,而是向前办学的理念与方向。有时候我特别佩服张平原(范家小学校长)这样的校长,就是在那样一所迷你型的校园里,诞生了全中国瞩目的"小而美"学校。或许这就是我的方向。学校的发展最终要靠内功推动、外力帮扶,且是一个长期自觉持续的过程。费孝通曾在《乡土中国》中提到文化自觉,我想,文化自觉才是包括乡村学校在内的所有学校践行文化管理的关键,确立方向,文化领导,使文化支配下的教育行为渗透到不被人注视的方方面面。我想,这样的教育应该就是成功的。

前进

若没有一个伟大的梦想或愿景,则每天忙的都是些琐碎之事。

——彼得·圣吉《第五项修炼》

涉足心中的乡村教育事业后,我把梦想拴在了云端。教育是爱的化身,有了方向的指引,前进便迫在眉睫。前行的路途坎坷泥泞，我们发动团队的一切创造力和想象力，试图呈现一所不一样的乡村偏远学校。有了愿景，便需全力以赴重振这个组织的张力，没有围观者，我们便孤芳自赏。

技术改变未来

乡村学校在信息化资源的搜集与应用上，较之城市学校似乎欠缺太多，但从我所观察的情况来看，问题在人不在物。乡村教师真正欠缺的是信息化素养，设备在目前已经不是最大的问题。AI 时代，我们如何做一个能够紧跟时代步伐的教师，这是乡村教师最应该认真思考的问题。

2017 年 5 月，举世瞩目的"人机大战"以阿尔法狗的获胜而告终，教育界关于人工智能时代技术革新的讨论随之也呼啸而来。教师这个自带光环的职业的未来也引起了部分人士的质疑。课堂教学是否会被人工智能取代，如果教师是知识的"传授机"，会不会毫不留情地被人工智能替代掉？

我是学教育技术专业出身，很多情况下因为我对文字的钟爱，好些伙伴以为我是汉语言文学专业毕业。这也怨不得别人，本身是个杂家，学了许多专业，不精不尖，谁又曾留意？六巷学校的信息化设施配备还是很不错的，从触控式教学一体机、电子白板和投影仪，基础的信息化设备还是非常到位的。我认为，从专业的角度讲，教师职业的特质决定这个职业无论何时都不会被人工智能替代掉。教育的价值本身超越课堂，教师的价值在于时时处处对学生都有影响。

技术是手段，绝不是目的。通过技术搭建乡村教育与城市教育之间的沟通平台，对乡村孩子来说是极其有益的，网络是颗透亮的心灵之眼，它能让孩子们瞅见另一头未曾涉足的世界。

2017 年 9 月 18 日，我以"技术改变未来教学"为题给全学区教师进行了第一次培训。这次的培训我准备了很长时间，调研需求，挖掘设备潜能，从网络资源的下载与分享、信息技术的广泛应用和移动学习与未来教育三个方面进行了讲授。这次培训历时两个多小时，中间没有休息时间，但没有一位同人中途离场。在现场，我能深深感受到年轻同人好奇的心情，当"形色"软件辨识出野花的名称时，他们的表情是何等惊讶。各位老师积极与我互动，不断做笔记。我从现实教学谈起，介绍了未来教学发生的变革、部分软件的优缺点，展示了如何使用移动软件提高工作与教学实效。老师们听了都觉得受益良多，培训结束时，学校会议室响起了久违的掌声。说心里话，内心还是很有成就感的，当老师是我自愿的追求，当老师的老师却能够赋予我向上和向善的超前力量。

一段时间后，我的年轻同人小试牛刀，各班都不同程度地跟进使用信息技术设备，感受信息技术带来的便捷。我也进一步对学校的网络予以大刀阔斧的改造，以迎合老师们追赶信息技术的潮流。如今在六巷学校，老师们能够根据自己的想法娴熟地使用多媒体设备，这对我来说是最大的欣慰。（2019年年底，我再次紧跟信息化步伐开展全员培训，试图进一步激起各位年轻同人的兴趣）

没有赶超不了的未来，没有逾越不了的过去。乡村教育也应该赶上技术变革的快车，均衡的前提是我们努力将自己的工作尽力做到最好。我们改变不了现行的体制（管理与考核体系），改变不了同人的待遇，但我们能够提升自身的领导力，全力以赴引领教师分享信息技术为学校发展带来的红利。率先垂范，这是根本！理念更新，这是前提！让他们感受信息技术为教学带来的快感！

胸怀家国之情，秉承传统教学，依附技术变革，循序渐进，以风靡名校为楷模，尽最大努力得到师生的支持，以一个教育管理者的最大努力去改变现状。尽其力用好设备，尽其行带好团队。让信息技术的使用成为一种常态化方式。

做好建言家，当好说客，向身边人展示信息技术的魅力，促使其重视信息技术变革带来的均衡红利。把学生的教育回归到人的教育，远离了"人"的教育，是丢掉了灵魂的教育，是死寂的教育。要让教育回归本质，就必须让孩子享受完整的教育。只有完整的教育才能培育完整的人，而不是只追求成绩。给我们的老师留出钻研的时间与空间。高手在民间，发挥集体智慧，推进学校信息化建设，能做多少做多少，有一颗信息技术改变教学的心，信息技术一定会回馈我们幸福的教育！（2017 年 9 月 15 日微博）

教学楼粉刷工程的启动

一所学校的文化建设一般都是从环境文化的打造开始。普通人想象不到我当时来到六巷学校致力于环境改变的迫切心情，教学楼实在是太旧了，三年级教室摇摇欲坠的隔板更是让人担心会不会随时倒下来伤着孩子们。

我最大的愿望是把教学楼好好地粉刷一下，因为经费紧张，这一"宏大的改造计划"只能分步实施。来校已近一载，我对这所学校的运转支出已经大体掌握，在充分核算询价的基础上，计划用两到三个学期完成粉刷任务。2017 年暑假期间，畅学楼一楼粉刷启动；国庆节期间，剩余楼层粉刷开始施工。我就像一个欣赏美景的痴人，呆呆地盼望着工人师傅赐予我一个整洁完美的校园。随着国庆假的推移，我渴望的六巷学校的"最大工程"总算竣工。

（补记：粉刷工程质量因为价格并没有达到我所希望的样子，我曾经不止一次地和施工队老板过招，但依然没有带来可心的改观。2020 年 3 月，在马云公益基金会李雨喆的促成下，"为爱上色"项目落户六巷学校，预算达 174 万元，他们承诺会用最好的产品为孩子勾勒一个温馨的家。在整理手记的今天，设计图已经出炉，我们满心期待一所美丽的校园横空出世。）

看着焕然一新的教学楼，孩子们开心地坐在教室里，心里的那种满足感，抑或是成就感让人不能自持，别人或许会笑话我这种表现，但只有我知道，对于改变我是何等期盼。我是个俗人，不会藏匿自己的情感，但凡心里想到的就想着寻找一种方式去实现。

国庆节过后，孩子们坐在崭新的教室里开始一天的学习生活。我和远方的一个挚友通电话，告诉他："乡村教育已经在我心里生根，属于我的梦想才刚刚起步。那个走在时尚一线的家伙'回归故乡'了。"

走近上海教育

今日小雪，申城郊区依然秋意正浓，晨起还秋雨潇潇，午后已是艳阳高照。这也似乎应了"雨城"这一别称，不是在下雨就是在酝酿下雨……

五年前曾来过这片热土，当时因忙于赶路，只在南京路上、黄浦江边与上海短暂接触，这次有幸再次与上海零距离接触，似乎又是冥冥之中的安排。对发达城市的教育，尤其是北上广的教育，我有一种天然的敬畏，这种敬畏让我不止一次地去思考我们落后地区的教育现状。我们不能否认教育对经济的促进作用，这种良性循环从根本上让发达城市一直引领一个国家的发展方向。

几天来匆匆忙忙，每天都在路上，每日我同样用心丈量着上海滩的繁华。上善若水，海纳百川，作为世界知名城市，印象中大上海永远是歌舞升平、灯红酒绿的。十几年前曾经多少次想着亲身走一走历史底蕴和人文特质深厚的大上海，如今二次成行，心中煞是开心。因为这个城市，我感觉自己离世界的距离更近一步！作为国际城市，虽然现在它已不复昨日之古朴深沉，但同时也收获了更多岁月的历练。

不要输在起跑线上，多少次因为这个理由，使越来越多的老师、家长让孩子在幼儿园阶段就开始超负荷学习，开始学习小学课程。上海力推的"零起点"教学、"等第制"评价，即"基于课程标准的教学与评价"，作为这一改革制度的关注者，我是极力赞成的。我们不应以多写几个字、会做几道题来挑选孩子，落实评价制度需要家庭和社会共同努力，破除"不要输在起跑线"的错误观念。这个长线工程不是一场靠抢跑就能"步步领先"的比赛，因此我有了自己的办学理念——做赢在终点的教育。

带着这种肤浅的认识，我认真地聆听着每一位专家学者的讲座，做一个好学生。葛大汇老师社会分层理论，人口分析见解独特，"人生而唯上智下愚不移"一语中的，更使我茅塞顿开，尤其对快乐的诠释更让人心服口服，何尝不是呢？我们每天都在埋怨命运，过着所谓暗淡生活，缺乏生机的人生何尝不是苦涩的？张万朋教授的上海文化注解再次印证了我对上海的看法，一流的城市一流的教育，作为教育国际化、信息化先行区，又何尝不是全国教育的风向标，尤其教授所言"橘生淮南为橘，橘生淮北为枳"之因地制宜的学习见解，从东施效颦、买椟还珠到邯郸学步三个层次的细致讲解，让人心服口服。他本是一个史学家，商鞅变法在我们的口中仅是一个事件，他却能深层次解读得精彩绝伦。梅陇中学的硬件并没有和崂山育才学校一样让我眼前一亮，但学校建设的每一个细节都值得我们推敲，管理、进步与成长都是一个过程，唯有坚守，才可能看到花开，聆听花开的声音。联想自己的学校与自己为学校发展所做的一切，倒也释然许多，大环境我无法改变，我能改变的我一直在做，我的同人、乡亲及孩

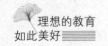
子们给予的肯定让我无法停下努力的步伐。

正如张玲教授所言，中国的学生很苦、教师很苦、家长很苦，校长也很苦，但苦得莫名其妙、苦得毫无价值！我将其看作"痛并快乐着"！德国教育学家斯普朗格说过："教育的最终目的不是传授已有的东西，而是要把人的创造力量诱导出来，将生命感、价值感唤醒。"马克思也说："教育绝非单纯的文化传递，教育之为教育，正是在于它是一种人格心灵的唤醒。"我们有义务去唤醒学生生命中的灵性和欲求，呵护和关怀人的这种生命的冲动意识，使学生在现实学习生活中能够大胆地去追寻自我、展示自我，在追寻和张扬中充分进步。

我珍惜每一次学习的机会，每一次学习都能够使自己进步许多。从北京到青岛，从青岛到上海，再到兰州，我自恃对教育还是知晓一些的，也一直坚守在前行的路上。我深知我们的教育最缺乏的是什么，每一所成功的学校背后，细致、敬业与再学习都是主线。我们需要一种改变，就像今天我给我的一个同人讲的，我们没法改变自己的收入，没法改变自己的家庭，我们唯有改变自己，提升自己的灵魂认知，方能幸福地工作生活在那一隅土地！

是为上海学习记！

2017 年过去了，点点滴滴中满是平凡，本想着把日子过得像诗一样，现实却像是把自己跌进了"五味缸"中一样。"我是个讲究的人，现实却很将就。"

彷徨

我在四所学校工作过，访问过不下百十所学校，干过不同学段不同岗位的工作，面对过数以万计的家长，体会过不同角色笼罩下的教育尴尬，但有一种强烈的感觉我一生都无法释怀——那就是现在的教育太累了，家长太忙了，教师太苦了，校长太难了……

教育承载的负担已经远远超越教育本身的价值，无论是家长期望的质量提升，还是领导希冀的政通人和，抑或是教师希望的幸福生活，更别说校长们盼望的海晏河清。每样负担都可以让教育失去它本来的面貌。窃以为，教育的很多问题根源就在权威，根源就在尊严。

从李镇西的著作中了解到，苏霍姆林斯基一天的作息时间非常规律，早上7点至7点半，他在校门口迎接学生，然后开始转校园。8点开始，各班检查作业，然后把部分作业情况反馈给他，苏霍姆林斯基便在自己的办公室检查，检查完作业再去上课，一节或两节。然后听课，和老师们评课沟通后，学生们陆续回家。中午1点到下午5点，校园里非常安静，这也是他阅读和写作的时间。5点多，孩子们回到校园开展各类活动，他和孩子们一起活动。晚上7点到8点学校还有晚会，晚会结束，孩子们开心地回家，校园又复归宁静，苏霍姆林斯基便又开了写作，如此周而复始。因为与孩子们零距离地交往，因为阅读和写作，才诞生了伟大的教育家。校园应该是最诗意的世界，苏霍姆林斯基的工作我想对有情怀的中国校长来说，应该是极羡慕的。面对着"XX进校园"、工作留痕、表册治校和安全压力的中国校长们，谁能说教育其实是最简单的爱之呵护、爱之交流？校园需要安静，校园需要朴素，这个要求并不过分。

教育应该回归心灵深处。

2017年，我在蜕变中成长，读了一些书、做了一些事，也明白了一些道理，我为心目中的乡村教育助威，但一年多来，我也深深体会到了农村学校这个群体在工作过程中的举步维艰，也算是寻变进程中的那点调味品，酸甜苦辣皆有的乡村教育生活才应该是完整的。

现实的残酷正在一点一点吞噬着我的教育梦想。昨晚，又一次迎接所谓上级检查，我这人不抽烟不喝酒，十足的酸朽文人一枚，只能努力用自己的笑脸维持这种微妙关系的平衡，我是极不擅这种场合的，时至23点50左右才脱离桎梏圄圄而睡。凌晨四时许，已无睡意。愣愣地盯着天花板，思绪万千，我是多么渴望我能够做一个简简单单的"校长"，就像我们的老师希望自己做一个简简单单的老师一样。近日，上级安排的各类琐事太多，甚至自己都无暇顾及真正的工作——教学，侧耳就能听到老师们的抱怨，我是极能够理解他们的。曾经我和他们一样迷茫，他们的人生定格以后，更多的是想要一份超越自己能力的报酬去回报家庭、回报亲人，而这一切又恰恰是最不容易得到的，我在尽我的能力改变他们的待遇，可似乎微薄的改观无法满足他们的胃口。

晨起，回想自己当年，优秀的确可能是通过"辛苦"和"努力"造就的。当个小领导，至少应该容得下这些小摩擦，但我依然决定调整工作分工，任何工作没有容易一说。好长时间没有见到阳光了，心情舒缓了许多，我仍会努力地坚守，只为了心中那自我慰藉的梦想！民风教化是个过程，最先需要改观的应该是我们的管理体制，没有竞争、没有矛盾，就不可能有进步！只有从基层改变、从点滴改变，才能大踏步前进！在六巷，最舒坦的就是这切切实实在身边的美的享受！君子有三乐，得天下英才而教之、而论之，或许是最大的快乐！可悲的是，身边优秀的同僚一个个演绎着断翅的故事，走了便不会再回来！人才走进农村，中国农业、中国农民或许才真正大有希望！（2017年10月25日微博）

有必要消除一个可能的误解，那就是校长是有绝对的权威与尊严。我没有体会过城市学校校长的权威，但对一个乡村校长而言，绝对的权威与尊严是非常奢侈的。除了乡村的孩子们的管理，我们的"官爵"大于班主任小于任何一个行政级别，甚至是孩子们的监护人，并且还要迎接各类督导与检查。或许有些人会认为，把相关工作做好就不怕检查。是的，我们从未惧怕过任何检查，但因各种各样的原因，我们的工作还不能做到尽善尽美，最直接的原因是学校的工作实在是太杂乱了，我们这些乡村校长并不能全面解决。比如，学校的食堂按照国家标准，连基本的备餐间和原料储存室都没有，改造过的更衣室等并未达到供餐的国家标准，但孩子们的餐饮供应不能停；班上的桌子无法采用同一高度的桌凳……诸如此类问题因为多方面原因一时无法解决。

月初随记

国家要发展，民族要进步，教育是根本。晏氏于20世纪20年代开展的平教运动给我更多的是震撼，是灵魂的启迪。"四顾茫茫，终夜徘徊，从事于平民教育外，无根本的事业，无最伟大的使命"，读着《晏阳初农村改造思想》，更加坚定了追求教育梦想的决心。儒家民本思想"民为邦本，本固邦宁"之古老理念落实在当今，落实在新时代中国特色的社会主义环境中，着实仍可强力推崇。实现中国梦，以我们这些小人物来看，从根本上要解决教育当前存在的问题。华夏儿女，五千载文化熏陶，中国农民不缺智慧与力气，缺的是精神层次的认知。可喜的是，农民的精神层次已经在陆续觉醒，文化兴国当属正道！遗憾的是，我身边的知识分子大多来自农村，却并不关心农村，他们的觉醒换来的，更多是关注比他们生活得更好的人或者与自身利益相关的东西，我的身边，我的同人，多是如此！改造人的事业，必须要有奉献与担当！近三年，县域范围内正在推进均衡发展，但成效甚微，一是作为贫困县，财力拮据；二是民力维艰。中国农民在中国社会阶层中向来最苦，古往今来，流血流汗最多的仍是农民，教育均衡发展最大的受益者是千千万万生活在社会最底层的农民。均衡发展，重在扶持，力在百姓，愚公移山，贵在持之以恒！（2017 年 11 月 1 日微博）

六巷的夜，出奇地静，除了假期，或许只有这熟睡的夜这么安静吧！人的一生或许就是一滴水，在时光的洪荒中一切转瞬即逝。我们每一个个体也不过是岁月流逝中的遗物，抑或是每一个时代祭祀的高级祭品，没有人能够逃脱！生而为人，我们无法选择，思想的存在决定了我们唯一能做的就是有尊严地、顽强地过好这一生！深夜里，大脑在奔跑，哭泣的依旧只能是灵魂！再过几小时，阳光重现，不管是最卑微、最执着、最真实，或者是最有韧性的自己仍将走上自己的舞台，摒弃目光，如同冬阳，去温暖身边的每一个师者、每一个孩子！不管明天的我温度高低，是不是仍然有温度存在，在自我传说中，活着本是坚不可摧的存在！

喜悦

梁漱溟先生曾言："没有志气的人，没有成败可说；有志气的人，没有二三十年奋斗不懈的经历，也不会懂得成功与失败是怎么一回事。成功是什么呢？成功是巧，是天，不是我。失败是什么呢？失败是我，我的错误，我有缺漏。"或许先生这句话能够代表我此刻的心境，我自许是一个非常自律的"苦行僧"，以自己的行事方式做着"良心活"；我所有的追求与快乐也一直渗透在我的教育梦想之中，可时不时仍被身边发生的意料之外的事搞得心力交瘁，阴霾终会过去，唯有做到努力承担，一切就终会好起来……

　　我坚信方向是对的。我告诉自己，方向如果是合适的，就不必畏惧路远，前行的路虽然坎坷，但终能抵达理想的彼岸。2017年过后，学校的工作进入了崭新阶段，全体师生以超常规的努力来迎接"城乡义务教育均衡发展创建工作"（以下简称"均衡工作"）。从骨子里，我感谢有这样的机缘与"义务教育均衡发展"工作同行，以往所有对学校管理的质疑，随着指标化管理考核体系清单的面世烟消云散，我不再需要解释为什么要做这项工作，更不需要解释这项工作推进的必要性。均衡发展创建工作使多数不知晓学校规范化管理的同人开始重新认识和定位学校管理的意义。

　　六巷学校是一所偏僻的乡村中心校，多数教师从毕业起一直在这所学校任教，尤其是民转公的老教师们，几十年如一日，兢兢业业地站在讲台上，从青春年少到华发丛生。他们很少有机会出外学习新颖的学校办学常识，在他们的印象中，三尺讲台是全部，更是他们教育生活的全部，上好课就是所有工作。我的到来，打乱了他们对乡村教育生活的认知，一个个新鲜的教育名词让他们质疑我的想法。他们曾不止一次地说这是"形式"，我则坦率地在大会上提出，一切教育活动都是从形式开始的，有了"形式"，才慢慢形成"仪式"，直到变为这所学校根深蒂固的"文化"。文化建设在细节，学生成长在活动，因为年轻，我渴望这所学校给予我力量，让我重新焕发出奔跑的热情与冲动。

　　我曾无数次地站在巨人的肩膀上学习和解读"教育"的含义，我明白，教育真的不仅是知识的简单传授，教育应该让孩子们在活动、仪式等轻松愉悦的氛围中学到知识、提升能力，从而全面提高综合素质，为终身发展奠定基础。

均衡发展创建工作

　　当前教育发展面临的主要矛盾是人民群众对优质教育资源的

需求与教育发展的不均衡，反映出的最典型的现象就是"择校热"，乡下的孩子进城选学校，城里的孩子去外面选学校。六巷学校也不例外，教学点的孩子想进九年制，九年制的孩子想转进城，校际的差距已经成为横亘在社会大众面前的特大难题，到了非解决不可的地步。

国家从稳定教育投入、优化投入结构入手，尽力让教育资源惠及千家万户，均衡创建工作则是最大的抓手。我县受自然条件、资源禀赋和地理位置等多种因素制约，发展基础薄弱，社会发育程度低，是全国 189 个深度贫困县之一。2018 年，义务教育均衡发展提上了政府的议事日程，我的第一感觉就是机遇终于来了，"好风凭借力，送我上青云"，终于能够在自己手中借力改变这所乡村学校。

教育均衡发展，能够让每个孩子都能有幸福的童年，让每个孩子都能受到健康完整的教育，知识与文化并重、品德与人格健全，无论贫穷与富裕……

各位同人，今日下晚自习后，我与各班主任拜访了一些校外住宿学生的"寄居地"，看了看学生的住宿状况，了解了目前六巷家长的陪读状况，心情甚感沉重。近期因为孩子们报名的事情，我与家长接触较多，深感作为普通老百姓、作为家长的不易和艰辛。我们走访了七个家庭，居住条件均非常简陋，多数的孩子都是奶奶在带，有的奶奶一个人带五个孩子，为了孩子的成长，居住在异常简陋的环境下，且不说对孩子的学习操多少心，光是孩子的饭都够老人家吃不消。家长对孩子的成绩其实是很着急和焦虑的，而他们面对自己的孩子又无能为力。他们把所有希望寄托在学校和我们这帮教师身上，虽然他们同样知道这是不对的。作为普通百姓，他们期望孩子通过考试能够改变孩子和家庭的命运，期望通过知识不要让孩子再过他们那样受苦受难的生活，而这一切，对他们、对孩子又是如此艰难。

我们的家长更多关注的是孩子的成绩，对学生的成绩着急，这和我们大多数教师一样，却很少有家长关注孩子的生理状况、心理状况和社会接纳状况。在我目所能及的家庭，父母和已经长大的孩子同床而眠，家里除吃饭、住宿的简单设施外，很少见到能为学生阅读准备的书籍和书架。绝大多数家长对教育不懂，对教学和学校知识知之甚少。通俗地讲，家庭的文化氛围和教育环境非常差，我们六巷家长的文化素质有限，很难为孩子的发展提供助力，他们目前仅能做到为孩子提供基本的生活保证。我们的孩子没有好的家庭教育背景环境，身边的家庭教育非常薄弱，纵使有的家庭管孩子，但管教仍然简单粗暴，这不是教育。我们的家长除了啰唆、埋怨孩子、焦急之外，没有更好的教育办法。各位同人，这不仅是我们六巷的现状，同样是大多数中国农村教育的现状，而能改变这一切的或许只有我们，只有我们这些当教师的一代一代的付出。

我们都是年轻教师，我们教书或许很专业，但我们的教育不专业。我们或许对教材、考点、知识非常擅长，但或许我们并不擅长教育，目前在学生的教育上表现出简单化、武断化，甚至粗暴化的特点，这不是危言耸听。我知道，作为一个校长，学校给各位给所有学生提供的学习环境和学习刺激方式均比较单一，除教室、教材外，很少配备更多丰富的学习资源和环境。从内心讲，我同样非常着急，我力所能及地改变着我能够改变的一切，可是在应试教育任务异常艰巨的今天，做任何工作都非常难，在管理上，同样能够看出大家的消极应对。我充分地理解各位同人的现状，但说句心里话，我们的敬业意识和职业的认同感真的无法让人理解。我们绝大多数人同样出自农村，知道一个家庭出一个"吃官饭"的重要意义。我记得在我念书的时候，我的老师不分上班休息不计报酬地辅导付出，我至今能够记得他们的好，纵观今天这个时间节点，回头看看我们的学校，休息时间又有几位同人能够进入教室、进入学生中间，又如何让我们的学生懂得感恩。

各位同人，或许我们对人生的追求有大不同，对职业幸福的理解有大不同，但我想，我们对充实生活的理解应该是相同的，那就是快乐地工作、幸福地生活，真心希望若干年后，我们的学生仍然记得你们、仍然爱你们。中国的家庭教育和学校教育无论在硬实力和软实力以及教育观念、视野和文化方面都与发达国家有很大的差距，从近期国家颁布的各类制度与今天的政府工作报告来看，上级部门已经意识到公平而又有质量的教育的重要性。所以，我真心地希望年轻的你们能够走近学生，走近书籍，走近高境界的精神生活，唯有此，你们或许才能过得幸福。或许家长、学生和我们一样都需要一起学习和成长。教学相长不仅适合学生和教师，同样适合家长；不仅适合教材知识，还有对教育的理解。我强烈地建议你们和身边有见解的家长、关心孩子的家长做朋友，他们若干年后会感激自己的孩子遇上了你们。

各位同人，强硬的制度管理不是我的管理理念，人性化的刚性管理才是我最崇尚的。我们每个人都喜欢被人尊重，这种尊重让我们时刻感到职业的满足感。但这种尊重的出现需要我们认真地面对所从事的职业，在我们无能为力改变现状的今天，唯有认认真真地工作方能赢得身边所有人的尊重。希望各位能够尊重教育的规律，加强学习、走近学生、认真工作，充实而开心地生活。六巷这片贫穷的土地需要我们的汗水与辛劳，我们应该为这片土地留下些许财富。夜已深，感触随性而发，晚安！（2018年3月5日微博）

这是我发在学校工作群的一段话，简单的描述中可以反映出六巷学校面临均衡发展工作最为窘迫的几个方面。一是住宿紧张，孩子们只能在校外寄宿；二是师资紧张，留守儿童的关爱机制不健全；三是经济落后，教育投入捉襟见肘；四是办学环境复杂，硬件条件改善不佳。而这些，都是迎接均衡发展创建工作的硬指标。那夜，漫步在六巷河畔，心似流水，感叹于天地间处处是一种心情！常常执着于某种完美，却往往忽视了事物本身的局限，明心而安心，事事难矣！佛曰，凡夫终有我相、人相、众生相，执念超越，便难以拨云见日。知我者谓我心忧，拂去世俗尘埃，初心难弃啊！

于是我开始了长达半年的艰难跋涉，在仅有条件下超常规开展工作。学校占地面积和建筑面积两项大指标严重不达标，我带头搬离畅源楼，把房子腾挪给我的同人，以换取大家的充分理解。虽然这样，房子的腾挪却花了整整两个月，直到 5 月中旬，建筑面积东拼西凑才达到了均衡工作的要求。占地面积却无法达到检查的要求，我一直在设想通过土地租赁的方式解决，但到均衡工作验收结束仍未如愿……

欠缺的何止是这两大项，各项指标掰开揉碎已经了然于胸，但政府的各项配套迟迟不能到位。可喜的是厕所改建和校园硬化项目在满满的期待中上马了，粉刷工程收尾，厕所重建，校园再予以硬化，六巷学校的硬件建设可谓进入了全新的时代，天天盼望着，盼望着改变，这次终于要变了……

3 月中下旬，均衡工作开始全面筹备。清明节前，全县所有学校开始迎接攻坚，此后的日子没有假期、没有周末，开始了属于我们的奋战。军平来看我了，看到学校的现状，他未曾表述过一句肯定，他告诉我不应该来，或许职业中专更适合我。挚友的离开令我心里闪过一种难言的不舍，在灵魂深处我是孤独的，需要一位这样的兄长做我灵魂的伴侣。或许正如梁漱溟之言，"行动之后无悔难"，终其一生，我所追求的所谓完美，或许经不起丝毫的推敲。得一日斋，过一日充实；结一时缘，度一生满足。

梦想何时照进现实……

　　3月17日，第一次全校性的卫生大扫除，玻璃、旮旯死角每一寸空间都没有放过。3月19日，学校环境布置开始，和同事们用炒面片解决温饱。3月21日，六巷学校历史上第一个文科、理科办公室面世。3月27日，赵局长来校检查。4月6日，召开均衡工作第一次全体会议。4月14日，完成教学楼前花厢的安装；各功能室进入室内装饰布置阶段；后勤保障组统筹规划，完成楼道灯修理与更换、破旧玻璃及安全出口牌的更换；宣传组完成学校彩页简介、展板的最终定稿，已经开始制作。4月15日，档案建设复核组全面进行档案建设复核工作，争取在近期内全面完成档案复核工作；后勤保障组组织教师完成体育器材的安装，督促学校厕所建设尽快完工，争取一周内完成学校硬化项目；各功能室进入完善美化阶段，校园文化氛围营造继续进行。4月19日，电教馆配发第一批教学仪器。4月20日起，全县均衡工作督查组入校督查。5月3日，市均衡工作督查组入校验收……

　　崭新的校舍、忙碌的同僚、想念的孩子们，苦与乐交织的生命盛宴，这是一场关键时刻的关键"战争"！信任、支撑、能力、信念、坚守和奉献，每一个沉甸甸的词语诠释着人心向背，镌刻着世事冷暖！在充满挑战的一生中，脚踏荆棘，亦为幸福；有泪而落，亦不是悲凉！

　　5月3日，随着市工作组的初验通过，均衡工作进入了迎检的新阶段。凌晨时分，本想睡个天昏地暗，却又辗转难眠！当疲惫遭遇失眠，此种心情何言舒畅？静谧的夜，不平静的心绪，致力于改变，虽苦亦甜！曾经并肩奋战的日子，历经数载，一并会和泪水欢笑载入六巷乡村教育的史册，虽然舞台不大，但仍会和时代的弄潮儿一样，在煎熬中孕育一段辉煌。若干年后，忆及过往我们一定会无怨无悔，因为我们同为这片土地辛勤耕耘过。

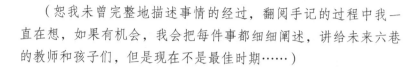

（恕我未曾完整地描述事情的经过，翻阅手记的过程中我一直在想，如果有机会，我会把每件事都细细阐述，讲给未来六巷的教师和孩子们，但是现在不是最佳时期……）

宋秀岩来校了

烟雨蒙蒙，薄雾萧萧，大美六巷，僻远仍不失其意境。身边走过的孩子礼貌地向我问好，转身的瞬间，四年级教室传来冯老师教给孩子们的英文歌曲《音乐之声》，心情忽然间出奇地好，这歌声是对每一位心系乡村教育的师者形象最好的诠释！不再思考艰难应变的尴尬与窘迫，从容应对即将到来的一切！因为均衡创建工作的突出成绩，六巷学校工作赢得了社会各界的一致好评。在第 69 个六一国际儿童节即将来临之际，时任全国妇联党组书记、副主席、书记处第一书记的宋秀岩带领全国妇联调研组在西和县调研期间，专程赴六巷乡九年制学校看望和慰问少年儿童，与同学们共度六一儿童节！这是属于六巷这所学校的极高荣誉，这所名不见经传的学校，很少有重要领导参观访问，这种荣幸让我和我的同事们喜不自禁。

那天，晴空万里，除了宋书记，省政协副主席、省妇联主席、市委书记、县委书记等领导一同来到了这所学校，我们已经提前知晓她要来，但真正来的时候心里又是那样激动。宋主席一行抵达学校的时候，适逢学校举办庆六一文艺会演，当主持人介绍宋主席一行来到演出现场以后，现场响起了热烈的掌声。少先队员们为宋主席和其他省市县领导佩戴了红领巾，宋主席亲和的笑容让少先队员们至今记忆犹新。随后，宋主席和其他各位领导一并向同学们发放了短袖、学习用品等价值 12 万元的学习生活用品，勉励同学们一定要好好学习。

离开时，宋主席开心地与孩子们一起合影。孩子们大声喊着："感谢宋奶奶，感谢叔叔阿姨们！"

宋主席的看望让孩子们感到无比暖心，孩子们纯真的笑容、质朴的答谢也同样感动在场所有领导和老师们！含苞待放的期许、春暖花开的眷顾，因为这次的到访，六巷教育人备受鼓舞，这或许会是六巷学校历史上最高光的时刻！

于漪曾说："一个教师真正的成长就在于他内心深处的觉醒。"我想乡村校长也是如此。或许我在整理手记的过程中，应当更多地突出管理案例和教育心得，但我深知自己是卑微的，我的教育观点仍经不起推敲，我只不过是很努力地走在前行的路上，我会把"步入新境"当作一种追求、一种需要。那天，我彻悟了，或许我会再把它整理出来，让后来者感受"新晋者"成长的过程。

我有幸能在六巷工作，并能够通过自己的努力，尽可能地将自己关于乡村教育的见解与想法付诸实践，与这所偏远的农村学校共同成长，无疑我是幸福的！这种喜悦穿越了我所有不堪的过往。我对乡村教育的认知，大多来源于自小成长的环境，父母是乡村教师的先决条件决定了我能够站在一个乡村教师的角度充分思考乡村教育。在教育均衡的背景下，如何借鉴发达地区的办学经验，走一条适合乡村发展的教育改革之路，将会是我一生思考的命题。

整理这些碎片，心中时常会有一种忧虑，这些粗略的手记会给我带来什么？没有完整记载的乡村教育生活是不是欠缺什么？且行且记吧，留待以后有机会完美展示，现在应该还不是最佳时机……

素描

掐指一算，我已经整整工作了十九个年头了，应该说，我从一定的程度上明白了些许教育的价值与教育的意义。每每回顾在校园里度过的每一天，虽累，但心中总会升腾起丝丝温暖。我是适宜这个行业的，无数次在夜阑人静的时候设想过一所学校在我心中的样子，好多文字也是为了教育而写，说到底就是为了用文字记录那段经历、留下些许回忆。读书的样子其实很傻，但因为阅读、因为写作，我才从骨子里感到不孤单……

法国哲学家、教育家阿兰在《教育漫谈》中不止一次诠释了关于阅读的价值，"教师首先是需要学习的人"，"阅读才是学习的最终出路"。阿兰是一位非常推崇阅读的教育家，他行文简浅的文字背后是哲学的表达，诠释的是教育的本真。2018年下半年随着均衡创建工作告一段落，我终于腾出闲暇来涉足阅读教学的促进。现在的乡村学校，多数教师被困围在一个茫然的状态里，之所以迷失，是他们感觉在自己的职业突破上找寻不到一个合适的出口。

在六巷学校，教师们所表现出的累是显而易见的，除了工作本身的繁忙，深入其骨髓的却不是机体上的生活需要，而是刻在骨子里的精神境界的荒芜。身体上的累或许一瓶啤酒、一只烧鸡就能解决，精神上的累却不是简简单单的靠食物能够解决的，需要教师本身对自己的精神境界或追求有一个全新的认识。

有人说："一个人的视界见证了他所了解的世界。"乡村孩子们没有太多外出的机会，如果他们的视界需要补充的话，我想最好的方式就是阅读，没有任何东西可以替代缺乏阅读的成长岁月。书籍可以见证一个人的青春岁月，留驻诗书年华；阅读可以让一个人心生温暖，充盈丰富人生。我尝试着为师生搭建一个平台，让阅读成为一种风尚，师生彼此之间留下特殊的精神密码，让校园多一抹诗意、温馨和从容。

2018年4月，好友建华、大学同学正雄分别向我推荐了北京的芸熙语、雷霆应急公益组织，有了他们的爱心支持，源源不断的儿童书籍自北京等地寄往我们这所偏僻的农村学校。一年多来，我们接受捐赠的图书上万册，图书良莠不齐，我一本本筛选剔除，把最适合孩子们的书留在书架上。2018年10月15日下午的例会上，我系统阐述了未来学校"大阅读"开展的细枝末节，核心只有一个，那就是师生必须开始大量读书和写作。智慧的教学必须从阅读中得来，我们不能为应付明日的上课而开展阅读，这不是教师阅读的初心。一个人真正成长的过程，在我的眼里大抵只有两个途径，一个是"阅历"（研学），通过自己的脚步去丈量世界，通过自己的眼睛观察世界；另一个是"阅读"，通过书籍来了解这个世界，了解这个世界目前的状态。我不知道这个观点是否正确，但我想，成长大体上就是这两个核心环节吧。对乡村的师生来讲，外出研学本来是件很奢侈的事，剩余的一个途径只有阅读了，通过阅读让学生充盈一种思想，面对大数据和人工智能交错的世界能够从容地面对，我想这就是我阅读的愿望所在吧。

阅读的开展同样有质疑的声音，"课外书占用了学生做功课的时间""课外书质量参差不齐，对孩子们有不好的影响"……我们看似读的是无用的书，却在孩子们的世界引起了波澜。课间闲暇，因为手机的禁用，孩子们开始耐心地翻阅杂志、图书。《文畅报》的稿件质量一月月逐渐开始转变就是最好的例证，阅读过的书中文字在孩子们迷茫、困惑时不经意间从笔尖悄悄地溜出来。阅读开始浸润这所偏远的乡村学校，滋养师生们的精神与生命。

书架旁边的孩子慢慢多了起来，这些看似微小的细节，我却是喜不自禁，一所有阅读力的学校才会是恒久的，文字将会使他们追求美好生活，积累对未来的美好期待。我开始全方位构建阅读教学推进的架构，群文阅读也在我的期盼中跟随我所期待的"大阅读"走进了我们学校。"大语文"教学环境下，群文阅读将是促进语文阅读教学的绝佳手段，这需要教师扎实地进行备课，需要学生大范围地阅读，这种师生共促的方式将进一步提升阅读的影响力。

2018 年 11 月 5 日上午，"甘肃省中小学语文群文阅读实验与推广研究"课题推进会暨甘肃省 2018 年中小学语文群文阅读种子教师培训会于省城兰州第五十四中学举行。甘肃省教科院党委书记、院长靳建设，甘肃省教科院义教所所长许文婕，重庆树人教育研究院院长程浩，全省群文阅读实验校的教师代表三百余人参加了会议，研讨会的举行为我县群文阅读教学模式的有序推广奠定了坚实的基础。

阅读教学长期以来在语文教学中占据半壁江山，阅读教学直接决定着语文教学的成功与否。平时的阅读教学，我们将更多的时间用于一篇一篇地教课文，更多地关注生字词的掌握，但每一位语文老师都知道光靠课内的课文阅读远远达不到孩子们对阅读的需求。我们或许会推荐课外书，但我们如何要求他们，他们真正看了吗？效果又如何？

一直以来，我认为阅读本来就是一种能力的培养与锻炼，大量阅读无疑会成为课堂教学时间的有力延伸。百度一下可知，"群文阅读是群文阅读教学的简称，是最近两年在我国悄然兴起的一种具有突破性的阅读教学实践。群文阅读就是师生围绕着一个或多个议题选择一组文章，而后师生围绕议题进行阅读和集体建构，最终达成共识的过程"。

语文群文教学把阅读教学由"单篇"引向"群文"，给我们语文教师以及学生带来了新的发展空间和思维空间，同时也给语文教学带来一种新模式。将语文教学从"少慢差费"推进到"多快好省"，对学生语文核心素养和教师教学质量的提升有着极其重要的意义。笔者看好群文阅读项目，它的确有其不可逾越的价值。打破以单篇独进、深探细究的精读教学的模式，让群文阅读最大限度地培养学生的阅读能力，或许无形中就提高了学生的语文核心素养，减轻了教师的阅读教学负担。

不可否认的是，群文阅读最大的难题在于教师的群文组织，教师必须经常性地学习并提前做好功课，以应对更加复杂的阅读教学，学生同样需要带着任务提前完成指定文章的阅读。我所在的六巷学校班额大，语文教学的开展因为各种原因问题不少，但群文阅读从根本上解决了大班额下教学面面俱到的风险。近年来日益增加的课外图书为群文阅读教学的开展提供了得天独厚的条件，只要我们年轻的教师同人用心领略群文阅读教学的魅力，领悟群文阅读教学的价值，群文阅读教学将会为农村孩子语文核心素养的提升锦上添花！

内心忐忑，好的东西需要一个长期的认知过程，日渐繁复的非教学任务让我的同人疲惫不堪，本能的任务排斥能否让他们接受群文阅读项目我不得而知，只能边走边看……（2018 年 11 月 5 日微博）

一年多后的今天，我力排众议，坚决推进以群文阅读、师生共读和教师共读为分支组成的全学科阅读，尤其是数学、物理、化学等理工学科的阅读推进，能够让全体师生以科学的态度予以审慎深入的辨析，并在实践中不断地更新与完善，使全学科阅读成为推进和深化阅读教学新的契机和生长点。相信我们一定会在阅读理念、阅读资源和阅读方法上产生新的探索与改进。

教育的作用在于开化民智，一个国家一个地区的发展潜力也与教育水平休戚相关。六巷的贫穷有其地理条件的限制，但也不排除我们的教育的确有一定的问题，穷山恶水虽然能造就子民的坚韧毅力，但也束缚了六巷百姓进取拼搏的坚强意志。遇到好学生，听话的学生，我们高兴，因为我们过得舒服；遇到后进生，习惯差的学生，我们就教得困难，认为管不了。其实我们的工作就是要解决这类孩子的问题，让他们通过知识改变命运，是否考取大学不是教育的终极目的，培育有风范的国民素质，构建有良知的社会秩序才是教育的根本目的。我们中的个别教师通过教育改变了自己的处境，甚至家境，但他们忘了本，他们丢弃了作为一个教师应有的良知，把教师当作一个纯职业工作去完成。所有六巷土地上生活的百姓要催生变革的勇气和信心只有靠教育，也只能是教育，常说民风，我们不能成为乡风民俗沦落、礼仪道德滑坡的"帮凶"。我们想想山羊坝遥远的上学路、为了接受好的教育而进入九年制大班额班级，老百姓穷，但他们对教育还未失去信心，他们虽然在有些地方不能和我们的老师做到想法上的一致，不能在教育上给我们的老师一些帮助，仍然是因为他们穷；他们但凡有好的出身、好的生活环境，就绝不会让自己的孩子有这样那样的缺点，他们内心仍希望自己的孩子能够走出六巷。我们所做的工作，小到影响六巷的发展，大到影响民族的振兴！我们有幸来到六巷工作，我们有义务把光和热播撒在这片热土上！

中国人"不患寡而患不均"的心理在各行各业体现得活灵活现，在六巷学校问题上也是如此，其实当今中国的社会问题的大半仍来源于此。我们虽然拥护普惠式的政策，但绝对普惠式的政策换来的只能是社会的贫穷与落后，计划经济时代的大锅饭难道就不能引起我们的警醒？各行各业需要有创新，有创新才有发展，需要一批真正能干事、会干事的精英，只有他们才能引领我们的发展，让我们的国家不再贫穷，我们的工资才会有保障。

任何工作开头不易，坚持也难，发展并坚持更是难上加难。我们搞学校文化建设、搞分层作业、搞工作评比、搞阅读教学，只为了在六巷这片土地上出现一所与城镇优秀学校相媲美的标准化学校，就是为了缩短六巷的孩子与其他优秀学校学生之间的差距。卫生今天能打扫好，明天能打扫好，但我们长期坚持难；安全我们今天操心好，明天操心好，但长期坚守仍然很难。物化的外在表现容易做到，但人真正的幸福感是最不容易构建的。但是明天起，我们又会和以往一样，开始我们爱得深沉却痛得难受的工作，不管结果如何，我们努力去做了，便无愧于这个时代，无愧于这里的孩子们！

烟霞之气流离，山水贫远，闲风诗情，难掩胸中落寞；赏日暮云飞，幽居空谷，箪食瓢饮，休论行途跌宕！才有限，情有尽，夏虫难语冰，冷暖须自知……千年学脉的绵延赓续，乡村教育的厚度温情无不诉说着我们这个群体工作的意义！思想从未停滞，灵魂从未落寞，感悟生命始于足下的跋涉！执着坚守，苦心孤诣，蜡炬之光依然堪比日月，躬耕不辍，这场修行的终点必将是活着的价值所在！

行走在六巷，心中总有一种牵挂，总有一种难言的温情，一种既让人开心又有点悲壮的牵挂，一种割舍不了却又无法放下的温情。时时刻刻浮现在脑海的孩子们信任的眼神，从孟豪、马磊、韩文轩、李朝晖等这些孩子身上，我领会了办好乡村教育的意义，更看到大山的希望……

倦倚寒窗，丝帐玻屏静掩，惆怅心事在天涯；三载春秋，夜寒雪飘景逸，万事皆休征途中。余生何往，宵小鼠辈焉能笑我鸿鹄天志？重拾斗志，砥砺阔步，装点青春。回首间，怎一个倦字了得……（2018年12月22日开完初中教学质量分析会后的心情随记，是为后记）

……

系列手记完成于2017年2月至2020年1月

唤醒教育的价值，你我同行

真正的教育在于唤醒，唤醒认知、唤醒思维，使受教育者能够适应生活，以教育的力量改善自己的生活。古往今来，国人智慧的力量一次次让学校让师者处于风口浪尖，接受历史与人民的检验。

我们所处的时代是幸福的时代，也是复兴的时代，伟大的中国梦牵引着十四亿同胞砥砺前行。而十四亿同胞中，我认为，最需要教育改变生活的是我们近一半的农民同胞。

六巷，一个只有五千多人的小乡镇，它同中国许许多多偏远的小乡镇一样，在中国版图的某一陌，从未引起人们的过多关注，因为人口基数，也因为落后的生存条件。全乡共有四所学校，七百多名学生，中心校容纳绝大多数的学生，他们和教育点的七十二名孩子一道享受着国家义务教育。这里民风淳朴，矿业开发曾给这里带来无数荣耀与震撼，时至今日，家家户户仍在传颂着昔日的繁华！但随着环保监管的强化，这一切已一去不复返⋯⋯

陶行知先生有言，大意如此：改造社会不从办学入手，便不能改变人的内心，改变不了人的内心，便无法改造社会。对先贤观点我是极其赞同的，教育本是唤醒内心的认知。从事乡村教育的教师，必须要有对农民兄弟的深厚感情，方能真正投入乡村教育，否则，我们只能是知识的传授者⋯⋯

在农村，在六巷，尤其是和六巷一样的乡村，最缺乏教育机会的是现时正在受教育的孩子的父辈。公众教育的根本目的在于让受教育者以教育的力量培养新的力量。他们欠缺了曾经的系统教育，虽然他们已经意识到教育带给自身的巨大差异，但又无法给予自己的孩子新的教育力量。人的一生，不论在何时何地都应通过各种方式接受再教育，国家近百年社会生活急剧变化，促使全民均应跟随历史进程随时随地接受再教育。对我们的孩子的父辈来讲，呆板的知识已经不太重要，做人的态度、实用的技术当为教育的根本。

当前农村学校最让老师头痛的是沉重的教学负担，这种负担无人能够分担。大多数孩子都是留守儿童，孩子所有教育几乎均来自学校，多数孩子的监护人都是爷爷奶奶，没人能够帮助孩子们分担学业上的疑难、成长上的忧愁，同时家庭教育的缺失，也让孩子们天然失去了应该幸福的童年！他们艰苦的生活环境，父辈们的语言及行为方式，已经潜移默化地影响着正在成长的孩子，我们的老师却在用他们仅有的教育能力一次次颠覆着孩子认为正常的认知。教师苦，乡村教师更苦。本应寒门出学子的乡村教育，如今又成了我们共同的不可负担之重。教育作为农民们最关心、最重要、最需要的公共服务产品，却同时在制造着差距，制造着新的不平等，甚至制造着新的贫困。

教育改革，一直在讲百花齐放，教育者也一直在尝试各种各样的方式。不可否认，几十年来，国家的发展证明我们的教育至少不是失败的。我们每个人都知道教育的问题在哪里，而我也同样知道，可我们似乎难以改变。我所崇尚的教育同样是幸福的教育，课堂充斥着笑声与音乐，每个孩子都在自己喜欢的领域做着自己喜欢的事情。可作为管理者，我需要用成绩说明我们的教学质量，需要用成绩改变孩子们的未来，没有人会以此为代价牺牲孩子们的未来。

原想避开红尘，寻一静处反省、著书、终老，然，风动、月移，终至心动。此生终不能逃脱梦想的桎梏！因为教育，我改变自己的生活，乡村本是舞台，虽小，但仍然能够翩翩起舞！同样因为教育，我试着改变别人的生活，坚守便是成功，虽慢，但内心充实、收获满满！

2020 年 6 月 14 日

家长会上的那声叹息

今天又是学校学期规模家长会，为了这次家长会，我们的老师认认真真准备了近一周。每次家长会召开前，我都会思考怎样以一种较好的方式让家长了解学校、了解孩子。年年思考，年年都没有答案，家长会仍在程式中度过。

我们的学校是一所农村寄宿制学校，大部分学生都是留守儿童，孩子的父母外出务工，孩子的监护职能只能由学校教师替代。作为学校教师，渴望和孩子的父母进行一次零距离的对话，但往往事与愿违，家长会必须按时召开，来的更多的却是孩子的爷爷奶奶。

上午 11 点，家长委员会会议按时召开，我们和各班优选的最年轻、最有学识的家长进行了深层次的交流，但似乎一切都不尽如人意。家长们关注的除了学校节节攀升的成绩表以外，剩余的一切都交给学校。"楚王好细腰，宫中多饿死"——任何时候，群众需要的才是我们努力的方向。

家委会上，我们想知道的家长似乎给不了，没有任何办学建议与意见，但我知道，没有意见并不是没有问题。我一直认为，在当前农村学校家长会召开的关键在于家长培训，一支好的家长队伍将能够全面支撑学校的革新与发展，每个希望孩子能够正常成长的父母都应该有自己的家长"上岗证"，否则，不称职的家长又能带给学校什么？今天在学校大会上，我用半小时的时间给家长们讲述了一个合格的家长给孩子带来的终身影响，尤其是在"家长垂范"环节上，我讲了许多案例，下面的家长似是有所顿

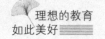

悟，但不知明天是否依然会我行我素。

可悲的是，大会结束不到十分钟就发生了一段小插曲，须臾之间我明白，家长教育和孩子的教育一样，是长期而复杂的过程，不可能单凭一两次家长会就有改变。在班级分会场捣乱的是一个孩子酒醉的爷爷，为了将这次家长会开好，我要求班主任想方设法要让本班家长出勤率达到80%，达不到这个比率的班级要另行组织家长会。当天，班主任对孩子进行专门的叮嘱，我们的孩子是负责的，中午回到家，估计孩子的爷爷在别人家吃酒席不想来；但孩子不依不饶，于是孩子的爷爷带着这股怨气来了学校，大会上，怯于人多没敢发作，回到教室便发生了令人瞠目结舌的一幕——趁着酒劲张口一股脑把怨气撒给了学校……事情发生的现场我没有去，但我一直在脑海里勾勒着这个五十多岁长者的丑态，在众多孩子的眼里，如此长者又会给他们留下什么样的印象。我们天天教育孩子要尊老爱幼、孝敬父母，但这样的老者是否值得别人尊重？

是的，无可厚非，作为乡村教师，因为良知与责任，因为大多数家长的认同，我们肩负着父母和老师两重身份教育着我们的孩子，守护着我们的孩子。但如果没有理解与尊重，我们背负的是否太多太多？

在校外寄宿生查宿中，我们不止一次地见到慈祥的爷爷或奶奶辛苦地拉扯着自己的孙子，而孙子的数量往往不是一个两个，因为有孙子、外孙，他们在一口不大的锅里要做至少四五个人的饭菜，平时还要给孩子洗衣服；他们在简陋的宿舍用最传统的生火方式做饭，一家人在巴掌大的床铺上和衣而眠。正是这种境况，我和我的同人用尽全力付出心血，教育孩子努力改变贫困的代际传递。但往往在许多时候，我们仍然感到有些无助，尤其在教师不能被理解与尊重的时候。

在学校我们通过组织孩子们进行个人卫生清理和卫生大扫除等方式来培养提升他们的生活技能，就是让他们改变观念，从养成教育的角度让孩子们学会生活，但我们的家长又能理解多少？他们中的个别除了关心贫困补助应该给他们发多少，甚至认为老师是孩子的"保姆"外，又能明白什么？

我们的孩子大多数是优秀的，看到每天晚间十一点后仍在走廊里背书的孩子，看到教室里仍在埋头苦学的孩子，作为师者，我们心里有了一丝释然。改变不了家长，我们尽全力改变孩子，孩子长大后或许会明白师者的良苦用心，这种文化差异经过一两代人定能有所改变。

在今天五年级的分班级会议上，班主任老师提前用心给孩子们录制了"想说给爸爸妈妈的话……"的视频，一个孩子因为想念父母，在倾诉中泣不成声。看到这些，作为老师，我们有一种难言的苦涩，这揪起了我们内心最脆弱的地带，任何时候，亲情都是不可替代的。

中国的教育振兴在农村，农村的教育问题解决了，中国教育的问题将不复存在。农村教育问题的根源在于民众的支持，在于国家的支持，在于农民兄弟国民素质的提升。我们乡村教育工作者不说空话，只有硬干，方是上策。教育确能改变生活，或许有一天教育不能给个人带来可观的财富，但至少可以改变精神境界的匮乏，依此而论，生活便是美的。

愿在家长会上再没有那声叹息，不管是来自老师，还是来自家长……

2019 年 11 月 10 日

让教育返璞归真

晚上，难得有一点闲暇时光，继续起草学校全学科阅读教学的实施规划。随着群文阅读教学在学校的落地生根，我期待的全学科阅读推广也有了植根的土壤，不管对未来抱有多大信心，但心底还是有一些隐隐约约的担心存在。惴惴不安的岂止是心态，还因为年轻教师那渐渐丢失的教育信仰。

快节奏的生活让如今的教师慢慢开始丢失本应坚持的"师者姿态"，回馈给课堂的已经逐渐简约成"有效"。这个时代，好些东西都在追求高效、追求简洁，只要是省事的、方便的一定会受到大家的欢迎。而我恰恰认为，唯独教育在任何时候都不能图简单、图省事，老祖宗留给我们的关于传统教育的美德在任何时候都不能丢。

李镇西校长在中国教育三十人论坛上演讲时讲道：好的教育就是好的校园，是充满真爱的教育，是尊重每个孩子未来的教育。他从自己的从教经历中详细列举了一系列事例，成功的教育里面，爱和尊重贯穿始终。而当下，我们缺乏的就是这种耐心与坚持……

曾经的课堂，我们作为学生时，课前要唱首嘹亮的爱国歌曲，老师会站在门口等我们唱完再进教室；老师会非常严肃地让我们站端正，让我们要声音洪亮地喊"老师好"，站不端正、声音不洪亮或不鞠躬的学生老师都不让坐下；我们当年的数学老师还会提前三四分钟进教室，检查我们的练习本和尺子是否准备到位……如今，我们年轻的同人对这些似乎都不太在意，有的甚至因为耽搁时间而省略了课前的礼仪问好，对这些环节仍有细致要求的老师越来越少了。有时候老师甚至会给孩子们说："咱不来这些虚的了，把学习搞好才是正事。"课前礼仪发展到现在，我们是否应该静下心来想想，这样的课堂是不是缺乏什么？课前准备和课堂礼仪真的是在耽搁时间吗？

这段时间，因为天气寒冷，私自逃课的学生比以往多一些。我安排班主任和科任教师家访，把孩子叫回来，但最后几乎无一例外地把家访任务落实到我这个校长身上。前天早上，六年级的刘同学逃课，家长送到学校后抽身离去，刘同学就自己在院子里，包括班主任在内的老师谁叫都不回教室，我未及穿外套就去院子里叫刘同学。起初的几分钟，任凭我说啥，刘同学依然如故，不表态也不说话，孩子小自尊心强又不能强拽，索性我也和孩子共同站在院子里，并告诉她我很冷，但她不进房间我也就不进房间。随着时间的推移，孩子看到我身上单薄的穿着不忍心我挨冻，遂陪我回到办公室。办公室里，我给她讲了我曾经上学的故事，并告诉她，在老师心中，她仍然是懂事听话的孩子。短暂的沉默后，孩子倾诉了心事，我们约定，她告诉我的我不会告诉任何人，她有任何困难都可以找我这个校长。这种信任让我感受到了做教师的快乐。我一直在想，我们是否欠缺了做教师的坚持，欠缺了对孩子的赏识与尊重，欠缺了爱心与耐心。曾几何时，中国乡村讲台拿几十块钱工资的民办教师是否从深层诠释了坚持与爱的意义？我们读书的时候，老师会打我们，也会把自己做的饭盛给我们吃，我们从心底爱老师、尊重老师。那时候，老师的工资少得可怜，只有同时种地才能维系一家人的生活。

前段时间学校组织公开教学，因为信息技术，许多教育传统慢慢被边缘化，语文老师很少用感情朗读课文了；数学老师的解题步骤也很少一步步地展示在黑板上了，有的甚至直接在例题上计算；龙飞凤舞的板书和教学一体机的演示课件取代精美的粉笔字；现场绘图的、工整写字的老师越来越少；课堂上的时间有限，能忽略的似乎都在被忽略……回想起某一节语文公开课，我和我的同事注视着四年级艾同学用错误的笔画步骤写出正确文字时的惊讶，我心里越发地不安，这个时代，当下的乡村教师是否欠孩子一些什么？

几年来，我看到我们的班主任给孩子的通家书上的评语越来越少、越来越简单，教师的穿着越来越随意，奉献精神越来越欠缺的时候，我真的为我们的乡村教育着急。高效的教学是我们追求的方向，但这些真的是教育的全部吗？学问之道何在，教师理当示范。先生的"学高为师，身正为范"在教育发展的任何阶段都不会过时。

教育是理想者的事业。在物欲横流的今天，教师职业本身就缺乏足够的吸引力，招考的教师也大多不具备渊博的学识。乡村教师唯有把爱心与情怀奉为自己的信仰，积极主动地去学习，用爱心与耐心加持自己的初心，才能够改变偏远山区的现状。

我们来自乡村，在乡村搞教育，没有什么比爱心与耐心的意义更大！让教育返璞归真，理解传统教育背后的价值，从习惯养成到课堂教研，做教育命题中最简单的事。我想，这是当前乡村教育最应该做的……

2019 年 12 月 24 日

若有人兮山之阿

几月未发只言片语，今日因公再赴六巷，心中波澜起伏，索性写下文字以表心迹。但愿沉默不是我的防卫，温和亦不要成为我的致歉。

——题记

终于还是离开了，虽说早已知晓聚散无常，但心中依旧"情之所钟，唯在吾辈"，终是不能若无其事，心中惆怅自是难免。

六巷的春天较之小城，似是春意更浓。晨起，小雨淅淅沥沥一直在下，突然意识到赴六巷将成为职业生涯中的另一种奢侈。那里并非鸣泉素琴、朗月清风的世外仙地，心中常忆及的纯思至理，将不再包含身先垂范和坐言起行。

"在美的国度里，人们彼此只作为自由游戏的对手显身，这里唯一的法则是把自由贡献给自由。"在六巷供职已近五载。离开后，有许多同人和家长能够念及袍泽之情，打电话发信息告知我在六巷的存在。以此知，五载岁月的黉门耕耘不会湮灭于时间的无情风沙，我把思想的自由献给了精神的自由。然而，我还是做了逃兵……

此次再赴六巷，生疏却不陌生，人性原本有它自然的生长，六巷学门稀有的仁厚与至善将慷慨地解决所有遗留之事。我们这些经历过幸福，历练过黑暗的师者，不害怕所有起起伏伏掩藏的决绝，我们完全能够体会人性的坚韧。聚是一团火，散是满天星，微弱的星星之火，必将驱散漫天黑暗。

我本该是寂寞之人，或隐于市，或藏于林，天意弄人，却不留心做了追光者，偏要逐光而行，向美而生。"从道不从君"，志远者无论其外表如何煊赫，也只是横亘于空间，或许只是更有理由言说更高价值的存在，请原谅我对另一种活着的表达。

一切熟悉得不能再熟悉，无论是黎明时分，抑或是暮色四合时经过的高速路，还是山风渐起、朝夕观望的如黛远山；无论是水晶般纯净的向晚天空，抑或是平添几分绚丽的晚星倚云，一切熟悉得我无法拒绝，我能感知所有在六巷度过的每一个日日夜夜。

"若有人兮山之阿"，我的确在那里经过，今日得见诸位战友，心绪自是难平。几载起起伏伏，2019年的高光时刻，2020年的人生低谷，是与我同一个战壕中的兄弟姐妹在偏远一隅抚慰了我开心抑或是苦闷的心情，而我不能带给他们什么……

我逃了，逃得义无反顾。启程那天，天微寒，内心却很是平静，或许我的离开，有些人会鼓掌，有些人会惦记，但至少我以自己的方式改变了一所学校，虽有残缺，但此生无憾。其实，在内心，我依然想言说珍重，过了这个阶段，我依然波澜自阔。

旧年，曾心血来潮，着手撰写乡村教育手记，写至第十章时世事难料竟无法继续。坎坷过后，"光芒"竟然绽至北辰，冥冥之中，或许该相信春日的力量。在未来，忙碌之余我依旧会完成手记，使命决定我必须与忙碌为伍。

这世界终是可爱的，正义的光始终会若隐若现地留存于人间，我应该感谢所有给予我关爱给予我支持的长者智者。人在烈日刺激下，总是不敢抬头面向太阳，只能低头看看太阳在地上的影子，但绝不代表遗忘和忽视。你们永远在我仰望的高度，只有在夜晚，面对文字我会痛快地倾吐。

北国的春日不甚暖和，已至深夜，心中似是平静了许多。积一生之学，秉持平实之论，以坚实的心性完成教化之心愿，乃是吾毕生之追求。眼前的文字似是闪烁的光斑，在记忆的黑洞中探寻前行的路径，凭借杂乱的回忆打捞往昔岁月的痕迹，主题论坛上的慷慨陈词、共读会议上的散漫游说、远足路上的游玩嬉戏、趣味运动会上的开怀大笑、办公室里的蓝图漫谈……想到这一切，忽然明白，我终是来过！

谷雨过后，小城微暖，岸柳已由鹅黄变成翠绿，如同成长路上的我们，会变得更加坚韧。今日的言说，只为自己一息尚存的无上的尊严，人一旦意在为奴，心便从此惨遭桎梏，我必须让自己的肉体焕发出一种精神，一种超越别人想象、坚韧向前的逐光精神。此生，我不会在黑暗的荒原上载歌载舞……

2021 年 4 月 21 日

光荣与梦想——马云乡村校长终评感悟

甚喜烟雨飘零、落叶纷飞的日子，让我能够摒弃喧嚣，让思绪在笔间尽情绽放。从长沙回到故乡整整一日，匆匆忙忙处理完手头事务，才有闲暇写写这几日的所思所想。

不可否认，我是个感性的人，过去的两天听到的校长故事让我感受到的不仅是震撼，还有感动一直在心中伴随。我把我们的微信群起名为"遇见美好"，这或许就是我的另一种表达。整整六年，作为一个见证者，我目睹乡村教育的寻变过程，三年前，我又有幸直接参与了这场变革。路虽曲折，但一直都在朝着我所期待的方向发展，我似乎又是幸运的……

校长们描述的丝丝缕缕场景我们都似曾相识，每一个片段都诉说着汗水与不易，我用尽全力提起笔，却无法把这最简单最平凡的事用语言描绘出来。经济贫穷、文化落后，每一位参加终评的校长都在为改变乡村的现状而付出所有努力，都在为中国最偏远的农村地区带去希望！

教育本质上是理想者的事业，尤其是乡村教育，每一个钟情孩子的乡村教育者满载情怀与梦想，用近乎自虐式的付出，成就了每个渴望飞翔的孩子！

到达长沙的第一个夜晚，我和同室居住的安徽萧县赵金亭校长睡得都比较迟，我们从地理环境到教师素养、从教学质量到学校管理，絮絮叨叨聊了半个晚上，以致我当晚严重失眠。他告诉我，在他们学校，老师们周课时平均量在二十二节，师生5点40分起床一直要工作或学习到22点；每月老师的平均工资所有加在一起只有 3000 多元，而当地的县城房价已经在 7500—8500 元一平方米，老师结婚彩礼达 20 万，还不包括有县城的房子和车子，因为婚姻，乡村教师又成为当地的赤贫人士。乡村教师唯有背负着卸不掉的责任与良知默默地驱使着自己前行！我们又是幸运的，我们庆幸自己有着比他们稍好的经济报酬和生存环境。

生命的年轮磕磕绊绊，感谢这个伟大的时代，让每个校长几乎都能够历经贫穷的年代在现世找寻到自己的价值坐标，巴桑罗布、扎西求戈、索南才让、班玛多杰……他们骑着摩托追学生，至今学校仍在发电，抛开自己的孩子把自己交给学校……我无法想象在这如电影般的现实中发生的细节故事。从校长专业化的角度讲，他们甚至是不合格的，但不可否认，藏区的孩子正因为他们才能深层次地认识这个世界，未来才能走出大草原！

无法忘记江浙校长们的自信与专业，他们所绘制的治学坐标或许在未来的几十年都是我们中西部校长所仰望的。但因为有了方向，我们中西部的校长才会脚踏实地去追赶他们，因为距离，所以靠近！

叶尔兰、王平、何文英、包瑞、杨桂全、孙良忠、罗桂平、董雪峰……每一个名字我都不会忘记，他们用自己的智慧与品格不遗余力地改写着乡村教育，他们用自己的实际行动表达着对中国乡村教育的坚守。

遗憾未能聆听另外一组校长们的精彩讲述，但我想，我们内心是相通的，我们都是为了更宽广的视野、更丰富的视角而来。因为有心，每一位校长都会向乡村教育、向乡村生活把心打开，在精神的境界中我们从未分开。

远见者，稳进！未来前行的路上，我们定能摒弃"高大上"，脚踏实地做我们的教育，也相信一定会苦尽甘来。我会进一步思考我们到底应该办什么样的教育，思考是否该让乡村孩子用自己的努力媲美与城市孩子之间的差距。

我是知足的，也是幸运的。从2159名到40名，足以证明我没有丢弃自己的精神图腾，曾经所经历的痛苦抉择和与过去意味深长的告别，都值得我义无反顾地去忘记！没有什么可以改变风雨晴晦、涅槃重生的未来乡村教育的美好图景！

感恩遇见各位卓越的评委老师，王建利、王伶俐、熊国朝、伍松、姚淑华、石建辉、潘波……你们的乡村教育情怀又何尝不是我们一直奋斗的动力！感谢遇见的优秀公益助力者，李雨喆、徐薇、秦智斌、李里……还有毛主席母校的志愿者，为更多乡村学校的发展鼓和呼，这又是何等情怀！

那天我在自述中曾言："在中国农村，还有亿万个没有双亲陪伴的留守儿童，未来乡村教育者能留下一些什么样的孩子，我们便能留下一个什么样的中国！"美国作家威廉·曼彻斯特写了一部名为《光荣与梦想》的书，详细勾勒了20世纪30年代至70年代美国发展的断代史，是一部场景宏大、描写异常细腻的历史巨著，如今的美国已然成为世界上最发达的国家之一。这篇文章我用了这部书的书名，作为乡村教师，我期望有一天通过我的手也能写一本乡村教育的发展史，把这份光荣与梦想载入史册。

马云先生是一个伟大的人，感谢他能够为中国农村教育的发展慷慨解囊，感谢他不遗余力地奔走高呼！使我们这些乡村教育的践行者有"被看见"（沟通会上周国平校长言）的光荣，"我深信石头愈滚愈圆，路越走越宽……（张伯苓）"，我曾经无数次梦想把自己融入蓝天、融入大地、融入我所梦想的生活……

2019年11月5日深夜

写在南国风暖时

南国的暖风已渐行渐远，北国的寒流阵阵袭来，在火车一路向北的行进中，我确定自己已从梦幻三亚回到了久别的故乡。不管工作有多忙，我都习惯无目的地观察与思考，生活的感悟便如滔滔不绝的江水在心中汹涌澎湃，笔触落定的每一个瞬间，我才会找回最自信的自己。

2019年4月以来，我追随马云先生的乡村教育发展步伐开始申报"2019马云乡村校长计划"。8个月后的今天，当我哽咽着抚摸那镀金的"新乡村教育家"徽章时，才发现我完成了这辈子许多人都无法企及的愿望！这个愿望通过密密麻麻的工作点滴、日复一日的艰辛付出和对乡村教育的无尽思考与探索才得以实现！感谢这个时代能够肯定我的存在，任何一个时代都有自己的底色，我认为这个时代的底色可以命名为"奋斗"，而中国教育的底色偏偏就是以乡村教育发展为蓝本的基石所打造的。很幸运，这场颁奖典礼让我第一次能够切身感受到自己的强大。追着时代奔跑，赴青海、蹚京城、上金城、下六巷，寻他山之石，听千家之言……我始终都在为自己勾勒奋斗的画像，从未停止。

狂欢过后趋于平淡，在脑海中，我像放电影一样开始回顾一周里每天发生的点点滴滴……在粗糙的沙砾中，我捡拾颗颗耀眼的珍珠进行收藏，害怕经过时间的筛子，把这些本该铭刻在骨子里的记忆抹杀掉。

是啊！2020年的发端，我经历的精彩又岂能轻易丢失。

　　南国春暖，下飞机的瞬间，阵阵微风吹拂身裹棉袄的我，真正体验了"你在北方的寒风里裹着棉袄，我在南方的艳阳里露着蛮腰"。基金会安排志愿者前来接机，无微不至的关怀从此刻起从未间断。

　　马不停蹄地办理入住，宾馆的奢华超乎我的想象，天下有钱人甚多，或许也只有马云先生有这样的手笔，能够在香格里拉这样的地方给乡村教师如此礼遇。每一个乡村教育者的脸上洋溢着的笑容就是最好的证明。望着窗前绿树成荫、环境清幽的花园和远方蔚蓝色的大海，我的心情久久无法平静。

　　彩排、走台，接下来基金会的日程安排以半小时为单位进行，很忙但心里异常兴奋。

　　当晚，县教育局局长座谈会如期举行，遗憾的是我身边没有娘家人一同见证这自豪时刻。局长们的发言高屋建瓴，畅谈地方对乡村教育的高密度支持。是啊，身边每一位校长的成功何尝不是来自组织的精心栽培和倾力支持。

　　元月6日，第一个活动是和校长们去看大海日出（活动安排的作业），我是见过大海的，但三亚的海还是要去看一看的，我从内心珍惜在三亚的每一分每一秒。有些校长难掩第一次见到大海的兴奋与激动，大声呼喊着、奔跑着……回到康提奇餐厅，校长们穿梭于每一个餐台，享受着大家难得一见的人间美味。

　　餐后，再次按照基金会的安排，开始下午论坛和晚上典礼的彩排，一遍遍地走场、一次次地往返只为了精益求精、分毫不差。这或许就是极致的企业家精神吧！

　　下午，"校长领导力圆桌论坛暨新乡村教育家授徽仪式"在海山厅隆重举行，著名主持人张丹丹主持仪式，这是属于我们二十位校长的高光时刻，我们会见到马云先生，会听到专家们关于领导力提升的真知灼见。两点，论坛正式开始，马云先生出场时，会议厅一阵骚动，论坛大咖如云，教育部教师工作司司长任友群、经济合作与发展组织教育和技能部部长 Andreas Schleicher、联合国教科文组织国际教育局局长 Mmantsetsa Marope、全国最优秀的校长委员会委员们、各省厅政府主要领导和包括李连杰在内的明星代表，出席的每一位成员都是重量级的。论坛播放了基金会为包瑞校长、班马多杰校长拍摄的视频《校长的一天》，每一个细节似乎都映射着乡村校长的艰难，他们和我又是何其相似。任友群司长说："我们要继续筹建一个更为完善的教师表彰体系，教育质量是靠尊重出来的，教师的地位是靠尊重出来的，教师对孩子的教育成功也要靠全社会的尊重。"马云先生在演讲中第一次讲到百年前鲁迅先生提出救救孩子，他今天在会上倡议帮帮校长，尤其是乡村校长！瞬间让人泪目。各位教育大咖发表的各类见解让人耳目一新，我专注地聆听，每一个字都不想放过，他们的观点值得深入思考。

马云先生的主题演讲后，最激动人心的时刻到来，2019马云乡村校长授徽仪式隆重举行，二十位校长满怀着兴奋与喜悦接受马云先生和任友群司长佩戴给自己的"新乡村教育家"徽章。当马校长为我佩戴完徽章后，面对无上荣誉，我热泪盈眶，那时候有太多的感谢、太多的滋味，但似乎都无法表达，脑袋里一幕幕回忆着各种艰辛的过往；回忆着父母的辛劳、妻子的体贴和"战友"的配合，这个奖项不仅属于我，更属于我们。张丹丹老师宣读的每一位"新乡村教育家"的名字都充满魔力，值得吾辈敬仰，他们都是我以后学习的榜样。

晚间，2019马云乡村教师奖颁奖典礼准时启幕，我们被安排与明星合影、走红毯。偌大的颁奖舞台、绚烂无比的烟花让人阵阵晕眩，众多明星的到场时不时在队伍中引起短暂骚乱。在这属于乡村教师的高光时刻，每一个人的激动都无以言表，整个颁奖典礼精彩纷呈、美轮美奂，主题、氛围相得益彰，明星、演员配合得天衣无缝，精英团队倾力打造、匠心独具气势恢宏的演出必将成为乡村教师们三亚之行最美好的记忆。

元月 7 日，我和我的同人重新回到课堂，开启了最美的课堂之旅。言到最美，有三层含义。一是教师足够优秀，体育老师王占海和李连杰、语文老师王崧舟、音乐老师胡彦斌、化学老师向波，班会课由班主任马云老师主导。二是学生足够出色，孙俪、李连杰、朱永新、徐匡迪等众多大咖，一百名优秀的乡村教师和二十名乡村校长，或许只有马老师这样的班主任才可能震得住。三是教室足够先进，超大屏幕、震撼音效和炫目讲台，哪一样不是当老师最渴望得到的？一上午的课倏忽间流逝，触动我的思考非常多，我是如此珍惜这个课堂，如饥似渴地摄取着属于我的能量，好校长、好班主任和好教师的重要性在这样的课堂上不言而喻。我们也许可以断言：正是各位教育大咖们以人文主义为基本特征的显性教育，引起了受教育者的共鸣。从根子上讲，良师维系了中华文明于五千载而不坠。在这个意义上，中华文化之源就在师者，教师将是关乎民族未来的基石。

这是一个长达三日的狂欢。随后的日子，我们游览了蜈支洲岛，举办了明星参加的篝火晚会，品尝了美味的海鲜大餐，欣赏了精彩绝伦的 C 秀演出……每时每刻都在感动，惊艳的每一瞬间何尝不是三亚之行最开心的记忆。

8 日我们参观了人大附中三亚分校，9 日参观了包瑞校长所在的琼中湾岭学校，从侧面我记载了他们的优秀。两所学校从学校、教师和学生身上所体现出的办学气质，足以给学生的一生提供精神支撑，从这点讲，包括湾岭在内的所有农村学校都必须更加努力，才能媲美城市的学校。衡量一所学校好与不好，不在于它的大楼和占地面积，我仍然可以把这两所从硬件到软件有大区别的城乡学校拿到一起比较，若干年后，我就是要见证这样的两所学校能培养出多少个具有独立思考能力的学生。

在湾岭学校的座谈会，二十位农村校长畅所欲言，开诚布公地谈了许多好的观点，相信包校会认真甄别，寻找到最适合自己的发展之路，湾岭的明天必将更加美好；我也相信包校会创造更大的辉煌，比肩于人大附中三亚分校。任何时候，一所优秀的学校培养的学生能够经得起时代的检验，有自己别具一格的文化，师生有着良好的行为习惯和出色的交际能力。拿硬件进行比较，只是平庸的学者和趋附的弱者之借口。

回程的路上，每一个参与者在群中都深情地表达着自己恋恋不舍的心情，由于航班订得比较迟，我抽空参观了位于海口的海瑞故居。安座在故居的石阶上，望着这个清贫一生、颠沛流离半个中国的清贫官员雕像，我问自己，这一生到底是为了什么，什么才是我们最应该做的。在前行的路上，我们二十人心存感恩不可能走不远，我想我们所要做的就是尽可能飞得更高，这样才能对得起我们深情以待的乡村孩子，我们必须做最好的自己。

教育的价值就在于引发每个人对生命价值的终极思考，尊重师者的独立人格，才能引发学生关于未来的想象。马云老师的乡村教育情怀，其实更多的是给乡村的学生无限的希望。我也相信，那些看似平淡如水的乡村教育岁月，早已在指尖上如花朵般翩翩起舞、娇艳绽放。

春天，让我们期待乡村教育满树繁花的日子……

后记：纸短情长，年末事急，匆忙间加塞草就这篇短文，谨以此文作为2019年的耕耘见证！来自农村的我，未曾感受过奢华，自小父母教育我受人雨露必心存感激。临近年根，学校大小事宜仍繁杂琐碎，心中亦不能释然，很多时候的身心疲惫只能靠理想与情怀支撑！除了性格要强外，更多的我仍然要感谢和我一道同行的战友！明年，我会去西藏，看巴桑罗布兄

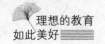

弟织就的藏式教育风景；我会去浙江，倾心求教于师傅般帮助我成长的国平兄和恩忠兄；以后的几年，我会辗转于每一位优秀的乡村教育家的乐园，学优秀的你们，做最好的自己。

2020 年 1 月 12 日

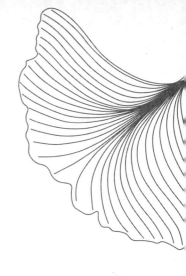

厚积而薄发

　　未来学校，似是遥不可及，但其实就在身边，关于美的存在、美的表达只要不扼杀儿童的创造力，这样的学校就是未来学校。要培养儿童的创造力，教育者本身不需要付出太多，创新与创造本来就是儿童的天性。只要我们不以成人的偏见去否定儿童奇特天真的想法，在此基础上，能够给儿童提供一个把自己的想法自由表达出来的平台，这样的教育就是成功的。

回归为生活而准备的教育

在写这篇文章的时候，我看到朋友圈李镇西、詹大年、肖诗坚正在转发日日新学堂遇困的近况。童书妈妈三川玲《昨夜是个流泪的年夜》一文中透露，日日新的校区面临着搬迁的困局，李镇西老师的文章证实了这一点。但根据张冬青校长给李老师的微信留言，日日新校舍的租期2029年才会到，事情的个中原委我无法知晓，但国人"契约精神"的缺失却是司空见惯，不足为奇。内心只是祈愿日日新顺利渡过难关，我们的身边不能缺了这样的"个性化"学校。

提起华德福学校、日日新学堂、田字格学校和丑小鸭中学，大凡对教育走向稍有关注的同人都应该知道，他们在不经意间改变着中国教育的格局，影响着中国教育的走向。

这些学校有一个共同的特点，就是做与现实生活紧密联系的教育，注重发展学生的创造力、创新力和思考能力，尤其是社会交往能力和情感智力。他们摒弃了死记硬背的记忆式学习，通过教育实践回归生活，回归教育本质。

多次在北辰例会上讲到"为生活而准备的教育"，讲到华德福，讲到尼尔的夏山学校，只是为了让我们的课堂更加"厚重"，能够拓展到生活的细节上，沉淀在具体的生活中，因为"只有忘记了课堂上的一切，剩下的才是教育"（怀特海）。

我接受了整整十八年的学校教育，从小学到硕士毕业。这十八年的历程，我的老师先后给我传授了大量的"知识"，这些"知识"其中有99%为"学科知识、教材知识、课外辅导资料和应试资料"，它们在不同的阶段与我结下了深厚的缘分，并让我取得了"骄人"的学业成绩。可十八年的学习历程，除了中专时有稍微正规的体育课，我仍然没有很好地上过一节音乐课、体育课和美术课，更不要说社会综合实践课。我认识排球，是在我上中专一年级的时候；接触足球，是在1998年法国世界杯的时候；我喜欢钢琴，可是连基本的五线谱常识都不知道……

二十多年后的今天，我将自己定位为一个"无趣的人"，我依然像健忘症患者一样，忘掉了很多老师含辛茹苦传授的"教育内容"。能够沉淀在心上的，已越来越少。我苦恼于自己的浅薄，当年的学霸已经悄悄地退隐"江湖"，凝结了无数人心血的"精神食粮"，因为我的无知消失在了历史的虚无之中。

人生如戏，或许是祖传的基因作祟，当年那个毕生一定要远离教育的家伙，阴差阳错地入了教育这个门，且又实实在在地爱上了教育。于是，我日复一日地反思：为什么花费十几年学习过的"知识"，有的消失得无影无踪，有的却顽强地在岁月的淘涤中存活下来？

忆及曾经的求学时光，我能够想起的，除了一堂堂抵触内心柔弱的好课，就是一个个存活于记忆中参与"实锤"活动的片段，因为这些瞬间从未远离我们的生活，要么外在于耳熟能详的社会生活，要么内在于师生参与的课堂实践。

在华德福学校官方网站首页上，有一篇鲁道夫·施泰纳在1920年7月24日的演讲，其中有这样一段话，触及每个人的心灵：

我亲爱的孩子们，接下来，我要和你们谈一下华德福学校存在的意义以及你们在这所学校学习的意义。你瞧，你们将会成长为这样的一个人：身体、灵魂和精神都健全的人。你们每个人都有身体、灵魂与精神。当一个人刚出生的时候，他非常小，身体、灵魂与精神是不完整的。你们现在还是不完整的，但是，你们应该使其完整。在华德福学校，你们的身体会逐渐拥有娴熟的技能，以便能够应对生活中出现的任何事情。你们的老师已经在这样努力地培养你们了；你们还会上优律司美课，它会告诉你们，哪些活动能让你们的身体机能越来越娴熟，这样，当你们面前同时出现很多事情的时候，你们的身体完全有能力处理这些事情，并且还能应对自如。你们小时候都非常笨拙，你们必须变得娴熟起来。灵魂也一样，它存在于你们每一个人身上。但是灵魂也需要好好培养，以便它能应对生活中的各种问题。这就好比要解开一团纠结的纱线球——必须先把你的灵魂理清楚，才能理清生活中的乱麻。灵魂就是这样培养起来的，这样之后，你们会更有魄力来处理自己生活中的事情。必须要培养灵魂应对生活的魄力。还有你们的精神——是的，我亲爱的孩子们，如果我们不培养精神，我们就根本不能成为一个合格的人。必须要培养精神，我们才会成为善良的、有能力的人……

教育无法脱离生活，更不能脱离生活。"在华德福学校，你们的身体会逐渐拥有娴熟的技能，以便能够应对生活中出现的任何事情。"根据人智学理论，华德福始终把学生的体验由单一的智力开发转化为"全人"的教育，他们会根据学生不同的身心发展特点全力培养其生活技能，比如一年级刚入学的学生，他们会玩过家家、基础烹饪，和学生一起做家务、看动画片、唱歌、跳舞、做游戏……甚至全面开展户外活动，以上能让学生学习到有价值的社会生存技能和生活技能。

教育不就是这样吗？人从哪里来，到哪里去，人的价值到底是什么？这些终极拷问一直在我的脑海中回荡，无一例外地联系到我自己关于办学理念的种种思考。

教育就应该是为人的幸福生活服务的，如果教育无法带给学生生活的幸福或幸福的生活，它的价值与意义便没有存在的必要。

回归为生活而准备的教育，必须围绕学生的全面发展。在田字格学校，肖诗坚的"立人堂"让学生回归民主，"立人"从"校园公共议事课"开始。和社会上许多的议事会议一样，学生自己组织、自己主持，提交的各项议案逐一充分讨论，回归民主、回归公民生活的议事会议让学生真切地感受到自己是这所学校的主人。他们的混龄研学、自主体验更是让每一个学生无限度地接近生活……这些学生是幸福的，"乡土人本教育"让教育回归到了最温馨的状态，他们模拟的各种社会形态，让师生回归了共同管理、共同经营、共同学习的正常社会生活。

回归为生活而准备的教育，必须让"活动"渗透到育人的细枝末节。在日日新学堂，张冬青和致力于自然教育的同行者一起研发教材，从文字汇解、儿童文学到戏剧、音乐、美术和武术等各类课程和各种活动，学生许多时间是在玩，游戏是他们开展学习的重中之重。他们构建了自己的教育理念，起名为自然而然。他们充分尊重儿童成长的自然性、模糊性、隐秘性和自主性。这里的学生没有压力，自信、阳光、活泼，在这样的游戏环境，他们的学生仍然能够考取李希贵校长的北京十一学校实验班。他们有聚会，可以自由地交朋友，同样会闹矛盾、摔跤、哭泣、说悄悄话……回归生活真实的教育仍然存在于我们的身边，离我们不远。

回归为生活而准备的教育，必须让问题解决于"肇事者"关乎爱的相互理解和彼此包容之中。在丑小鸭中学，詹大年和他的"问题"学生已经相处了近十二年，但生活在其中的"问题"学生却从未给詹大年的生活带去多少问题。逃学、喝酒、夜不归宿、打群架、偷母亲手机……就是这样一群被贴上"问题孩子"标签的学生在丑小鸭却生活得很好。这一切源自回归真实生活的教育，源自以爱为前提的管理支撑，让詹大年和他的团队做到了别人无法做到的"教育"，他们会让学生全力以赴地去做力所能及的事，他们会用心设计一些与社会全面接轨的活动，比如策划学校艺术节，策划一场特立独行的晚会和运动会，他们会尽可能调动学生一切的积极性，让他们的优点展露在同伴的面前。普通话说得好的学生做主持，文笔好的学生写台词，每一个学生都不是旁观者，就是音响、灯光这些事也由学生自己调试。"问题"学生回归到正常的生活，重新认识到自己生命个体的价值，在相互理解和彼此包容中能够正常快乐地成长。

教育的理想和理想的教育都应该是回归生活的教育。尽管如此，理想中的教育在现实办学中仍然是一个美好的词语，只要有应试之苦，学生仍旧无法逃脱"功利"的桎梏。就像我的文学梦想一样，成天想着"从世俗中来，到灵魂里去"，却依然没法洞察这个谜团一样的世界，文学依然不会带给我精神上的愉悦。

虽然如此，我仍然坚信，教育必将回归生活化，因为脱离生活的教材只会让学生厌烦，无法唤醒学生的认知，更不会满足学生的生活需求。

在北辰，为了推进"全人"教育落地，我身处"学校成绩考核"与"为生活而准备的教育"两者的夹缝间，但我分明看到自己已在移向生活化教育的天平。无论是跨学科研学、PBL 项目化学习，还是服务于全体学生的各类社团，我决绝地以教育常识的立场说服自己。我相信只有这样，北辰的学生才能在未来有更大的竞争力。

请相信，书本来源于生活，但生活却是最真实的书本，最好的教育一定是生活化的教育。

值得欣喜的是，《2023 高考蓝皮书报告》指出，信息识别与加工、逻辑推理与论证、科学探究与思维建模、语言组织与表达、独立思考与质疑、批判性思维等关键能力已经成为高考考查的重点，以核心价值、能力素养、情境载体的三线串联为框架，命题呈现出"无价值，不入题；无思维，不命题；无情境，不成题"的典型特征。这充分表明以批判性思维为代表的关键能力已经成为高考命题的主要方向和要求，而这些关键能力全部源自生活。

我希望我们培养的孩子最终得到这样的评价：不是最聪明的孩子，却是最有思考力的孩子。那时候，我们的办学就成功了。

2023 年 1 月 24 日

为美的存在而设计的未来学校

随着时代的发展变革，教育的美学趣味也在发展变化，从单一的空间容纳到如今的品位呈现，学校外在建筑的设计、环境的创设和绿化的推进等方面，已从"无我之境"向"有我之境"无限转化。

近年来，"未来学校"成为教育界的热词，许多学校从信息技术支撑的层面，也在多样化地尝试教育改革与未来世界接轨。但今日我所构思的未来学校除了信息科技层面，更多考虑的是美学层面，即环境设计与呈现方面。

未来学校不同于社会上的其他任何场所，它必须在有限的空间里做表达的无限延伸，其建筑和景观与其他地方有太多的不同，本质不在于表达的形式，也不在于是否精致高端，其更多想要表现的是顺应师生的审美需求，延伸师生的学习空间。以个性化的美的方式缔造属于自己的表达文化。

一个称职的学校管理者应该是未来学校的设计者，设计者应该从师生那里了解勾勒未来的校园将如何更好地支持他们，让他们拥有一个像家，甚至超越家的学习生活空间。未来校园不应该只有新技术的应用，同时兼备的还有令人舒适且能够感受到力量的交互设计空间。

未来学校的管理者应该是一个为美的存在工作的"小型城市规划师"，把学校空间的公共领域和创设的校园文化进行无缝衔接；应该是一个能够突破原有的僵化设计，形成开放性空间，打破传统教室，形成走廊模式的创新者，让所有在那里生活和工作

的人能够通过环境的创设进行身体和情感的互动。

在这点上，北欧已经出现许多前卫的学校。例如丹麦哥本哈根的"无墙学校"，其设计的理念就是开放式的合作学习空间，围绕学生所做的设计，将学生作为空间的主角，让处在"触觉敏感期"的儿童能够更好地探索世界。

接触关于校园建筑设计的一些知识后，我一直尝试在有限的能力范围内，较前卫地做些传统设计的变革与改观，力图把建筑学与教育学两者做一些有机的结合。在接手北辰学校后，我携手同行者，大胆通过色彩、造型、文字和绿化四个方面着手"未来学校"的改造。面对资金短缺与舆论的压力，虽然有较多的质疑，但完美地通过自己的方式展现了一所不一样的学校。

色彩，美的最简单表达

色彩是目前在资金相对紧缺的背景下，表达校园空间美感的一种重要手段，不同的色彩能够恰到好处地调节师生的情绪与心理，激发人的思维。站在学生的视角，彩色的世界符合现代孩子的身心感知规律。

以前从事平面设计时，我的师傅曾告诉我，越是简单越长久，在色彩的使用上尽可能不要超过三种颜色，以防色系显得杂乱，除非个人对色彩的驾驭能够达到炉火纯青的地步。这点，在其后的工作和学习中我深有体会。按理说，好的学校，关于标准色系的选择非常单一，比如宁夏银川回民二小的灰色系、清华附小的紫色系等。我在北辰学校标准色的选择上有些优柔寡断，从最初的红色系一直在到现在的三原色标准色系，可谓自我煎熬。我一直在构想色彩的充分表达，因为再也没有比色彩更为廉价的视觉表现形式了。

果不其然，无论是一楼蓝色系的"宇宙与科技"走廊，还是二楼红黄色系的"我和我的祖国"爱国主题长廊，都在试图通过较为简单的形式寻找一种视觉突破。只愿接下来的三四楼走廊，通过精简的色彩表达能够超越一二楼的直观感受。

造型，美的视觉冲击力表达

有时候，未来学校的设计者对传统学习空间的改造也是力不从心的，因为在所有设计师的心目中，未来学校的建筑应该彻底改变过去的扁平化空间，应该是能够支持多功能、动态交流的多感官教学空间。

在北辰学校，最直观的改造是模块化的阅读空间，不同的异型书架的缔造是基于儿童好奇心的阅读表达。不同造型的书架均来自网络商家的店铺，定做者微乎其微，主要原因是资金的短缺。在有限的资金范围内，通过网络寻找相对廉价的空间造型方案，有助于后续的空间构建，有助于在各模块化的阅读空间为日常师生的偶发性交流提供一种可能。

北辰很小，目前唯一大范围直观展示造型的空间只有走廊和功能室。从新实验艺术到孟菲斯风格，从平面展示到立体构造，在造型空间上，我试图通过创新激发元件，将通道空间与交流空间有效整合。以北辰教师书吧和特色走廊为展示的空间虽然没有深层次地表达我的想法，但相对完美地展示出我所构思的视觉表达效果。

充满期待的是未来北辰的图书阅览造型空间，我将其命名为"北辰书香苑"，参与设计，才会充满遐想。在我的构思中，这是未来学校的图书阅览与学习的共享空间，这个空间更多的是便利性、协作性和连通性，应该围绕"学习共享"这个主题而建，师生置身其中可以有一个共同学习的空间。

文字，美的文化力传承

文字的价值在于记录与传承，我们用优美的语言文字做媒，把涉及与学生对话的空间与视觉表现，如图形元素、图像字体和色彩表情，进行精练的文字表达，这些文字信息浓缩了美的视觉意象，成为师生与视觉呈现进行对话的接口所在。以此而言，文字同时成为美的文化传承的最好媒介。

北辰关于精神理念系统的设计者和修改者不少于十个人，但办学理念的传达却只能出自学校的掌舵者，校训的构思持续了近一个季度，以"逐光而行，向美而生"为校训的理念拓展征服了区域内热心教育的各界人士。我应该感谢我身边所有致力于教育创造美好生活的人，毫无疑问，他们是未来学校的坚定支持者。

最能代表力量的仍然是文字，书写与阅读可以改变一个民族的战斗力。文化最好的表达方式仍然是语言和文字，就像《北辰语录》一样，已经从量变走向质变，文字已发生效能，让美的文化通过文字进行直观的表达。"北辰，必须是方向的代名词！""在北辰，处处是机会，只要你努力，就一定会发光发热。""世间所有的惊喜与幸运，都是你累积的美好与善良。""做最好的自己，成为最亮的星。"……我在坚信文字关于美的表达的同时，更相信文字对文化传承的力量。

绿化，美的环保表达

现代社会，面对学生与大自然接触相对缺乏的事实，构建绿色环保校园显得非常重要。教育要回归自然，同时也要融入校园，人毕竟是自然界当中的人，大自然的教育功能无可替代。在现代教育的推进中，事实证明，参加户外实践的儿童在心理健康，甚至整体健康水平上要高于不喜欢参加户外实践的儿童。把学校打造成一所绿色学校，为学生成长提供一个与户外自然实践环境一致的学习和生活空间，把鲜活的生产活动、文化娱乐带入自然，有助于学生在绿色灵动的自然环境中找回人类原本遗失的生存空间。绿化设计全方位改善了学生的学习和生活，形成了一个相对丰富、相对多元的室内外绿色活动空间。

未来，北辰会打造自己的绿色生态学习空间。这个空间不是劳动教育的专属空间，它应是以生态种植、养殖和农耕文化为一体的互动学习空间，以劳动教育需求为出发点，利用一切可利用的绿化空间，结合陇东南深厚的农耕文化，因地制宜，力求打造一个最接近自然的多样化教育空间。

未来学校的设计不会只为了创新，更重要的目的是让置身其中的师生更好地生活、更好地成长。好的设计是朴素的，这种朴素能够让学生更好地显露童真。在我的治学理念中，学校设计只要能唤醒儿童的好奇心和创造性，这样的设计就是成功的。关于美的表达、美的看法仁者见仁，智者见智，但未来学校之美，应该更多地遵从儿童成长的特性，站在儿童立场，尊重儿童成长规律。儿童视角应该成为未来学校的主要评价视角。

未来学校，似是遥不可及，但其实就在身边，关于美的存在、美的表达只要不扼杀儿童的创造力，这样的学校就是未来学校。要培养儿童的创造力，教育者本身不需要付出太多，创新与创造本来就是儿童的天性。只要我们不以成人的偏见去否定儿童奇特天真的想法，在此基础上，能够给儿童提供一个把自己的想法自由表达出来的平台，这样的教育就是成功的。

2022 年 7 月 29 日

相信师训的价值

在我的潜意识里，教育生态本身就是一种小型的社会生态，而师生关系就是这个社会中最基本的人际关系。我的认知里，所有伟大的教育思想均立足于人与人、人与社会、教育与社会之间的关系梳理。北辰要得到好的发展，每一个北辰人都得研究和梳理基于本土教育的发展因子，其本质就是师者的自我提升，拒绝和寻找所有阻碍发展的借口与理由。犹记得成长美学有一个特征，就是从苦到乐。其实所有行业的专业成长都是如此，能吃苦，吃得了苦，是任何人取得真正意义上成功的必要品质，才能在某些方面超越他人结出硕果。

教育的价值就是充分地激发一个人的想象力和创造力，师训的终极目标在于塑造师者的价值观和使命感。硬件设施从无到有，从简单到繁杂，其过程看似艰辛，但"钱能解决的事终究不是难事"，最让人揪心或者最大的困难就在于"硬件搞上去了，软件资源无法配套"。从未涉足师训的学校不是一所好学校，终身学习是关乎师者境界的命题，尤其是对一个想要全身心办好的学校来说。

3月11日，北辰首次师训启动，时间就选在周三晚间。我们无法选择在工作时间开展师训，因为学生如果在校，教师无法做到全身心开展培训。计划中的师训是一项富有思想力、创新力、生命力的教育培训，能够建构学校基本的规范管理。多年来，我发现，我们潜心寻找的培训模式其实没有那么复杂，穿梭于教育实践，探索教育管理，实践质量提升的命题都是好的。一次师训哪怕对教师有一丁点的帮助，再经过教师对师训的主题不断地总结、凝练、升华，最终还是能够形成符合提升自身素养的教研范式。设想中的北辰师训，拒绝传统培训中的"短平快"的快餐文化和"高大上"的收益预期，以"办好本土教育"的态度、理念、方式培育属于北辰的教师职业文化。我，逃不了建构者的角色，作为管理者，我责无旁贷。

我选择了做讲授者，培训促使我再忙都要备课，讲授的过程也帮我找回了自我价值。我试图通过讲授自己对教育的理解去改变听者的心智模式，改变所有受众心中关于教育的定义、关于课堂的定义、关于孩子全面发展的定义。我发现当自己不断去影响人、帮助人的时候，也有了一种师者的成就感。我的价值包括自尊、自爱和自信，但是更重要的是找回了自己的初心，因为能感到重任在身的感觉。这种感觉无时无刻不在影响别人，我会把别人、把这所学校带向什么方向？重塑的方向感，让我们开始越来越明晰北辰的未来要走的路。师者必须是一个有德之人，否则一定不会走远。

我们从课堂常规、少先队基本知识开始，坚持走了半年，开始涉足 PBL 项目式学习，涉足综合课程实践，看似先进的教育前沿理念，其实都没有脱离教育的本质。我们对所有工作的定式思维直接决定其创新和发展的走向，在现实生活中，我们一直在思考所做事的利与弊，每一分每一秒都在考虑这件事的利己性和利人性。但只有走出这个怪圈，坚守教育的本质就是为了让人更好地生活，我们对自己的改变才有价值，师训也才有价值。

管理学大师德鲁克认为，固定型思维模式妨碍人们的发展和改变，只有成长型思维模式才能相信能力是可以被培养的。或许在相当长的一段时间里，我们都会认为"知识的传授者"是教育的常态，在"应试教育"屡禁不止的背景下，"智育至上"仍然会兴风作浪。但通过师训，我想让更多的人明白，教育不是培养

"精致的利己主义者"，不是让更多的学生失去童年的幸福而追求所谓的"分数"；教育就是要培养孩子健全的人格，让其树立终身学习的意识，高扬开启智慧、涵养精神与灿烂生命的信念旗帜，过幸福而丰盈的社会生活。

行动，是为了剿灭空想。先动起来，再说价值。

2021 年 11 月 4 日

学校公开课类型多样化的原因

在整个青少年时期，我所向往的且最适合我的职业应该是一个诉讼律师，或者是一名行业记者，我渴望肩负使命、收获正义。我的父母都是教师，耳濡目染中见证了教师职业的繁忙与琐碎，内心期盼着能够逃离师道尊严的桎梏，选择一份自己喜欢的职业。可事与愿违，直到自己无法选择脱离时，我才静下心来思考自己的职业去向。

我无法解决心中对教师职业本身的纠结与困惑，因为我见过太多枯燥无趣的课堂和机械的知识传授，而自己终是走上了教师的岗位。我告诉自己，要做就做有温度、有光芒的教育，将幸福与美好还给童年时期的学生。

刚开始走上讲台的时候，我十分幸运地遇到了从天津来支教的韩老师，他毫无保留地给我分享了自己的教学心得，使我能够快速地成长。因为我是非师范专业的毕业生，说实话，连基本的授课类型和上课方法都不知道，又如何能让教学活动变得更加有效。我只能在课堂上凭借以往所学，使用一些屡试不爽的教学方法和策略。我无法找到对学困生有效教学的干预措施，更不可能凭着自己的理解去完成学生评价系统的设计。

终是因为欠缺的太多我走上了继续求学的路。在师专，我才第一次深层次接触教育专业，开始思考教学实践与教育梦想之间的差距，才明白干巴巴的课堂源自我们从来没有一种崭新的方式和高超的学养来替代传统的"满堂灌"。只有积极教学干预的理念指导，我们才能尽早地施行教学干预，避免学生因厌学和放任

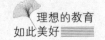
不管而导致的学业溃败。

经过十多年的教学接触，我才清晰地发现，任何一个优秀的教师，其教学模式、教学风格，甚至教学理念都是没法复制的，只有领悟了优秀者的教育情怀，后进者才能做到课堂各具特色，而不仅仅是优秀者的课堂翻版。

这么多年，从管理的角度来看，许多课堂都是简单的知识讲授，而学生又缺乏相应的定力（坐不住），教师又对这份令人着迷的职业产生了不切实际的期望，希望我们的付出让学生收获不一样的成果。师生之间的这种矛盾愈演愈烈。我希望通过管理的方式来引导教师改变课堂，改变我们对课堂的固有思维。有人说，改变了课堂就是改变了教育，改变了课堂就是改变学校，基于此，"公开课"活动责无旁贷。

北辰的公开课类型是非常繁杂的，每种课型都有主导解决的一个最重要的问题。我希望每种课型都是对项目式教学的一种引领，让每位教师试着去改变自己的课堂，让其变得更加饱满更加充盈。我们开设了绘本阅读教学公开课、数学计算能力专项课、社团活动公开课、养成教育班队公开课、心理健康教育课、数学计算能力专项课、英文绘本阅读课、美术实践教研课、科学实践教研课、基础课程常态公开课、音乐社团公开课、数学解决问题专项课、高年级群文阅读、信息技术应用公开课等十几种公开课类型，每种课型要解决的问题都非常单一，但每个都必不可少。比如，绘本阅读教学公开课，要解决的就是低年级学生绘本导读、阅读意识培养的问题；数学专项公开课，要解决的就是数学学科思维训练和问题解决两个最重要的应用问题；养成教育班队公开课，要解决的就是生活中司空见惯的收纳整理、个人卫生、食品安全和少先队知识普及等方面的养成习惯培养问题；科学和美术学科实践公开课，要解决的就是平时教师懒得做实验不走入自然的问题。

倡导某种教学理念的公开课，类似于专题汇报会，是理念化的，也是实用化的，似乎有些不能模仿，但绝对能够让同事意会。公开课似乎有一种表演的成分在里面，但我相信，表演是一种态度，也是一种手段，它让教师明白，课堂原来还可以这么有意思，学生坐得住，教师就讲得有意思，此时公开课的价值也就体现出来了。这些公开课活动才刚刚开始，我们用一个学年来安排公开课教研活动，将公开课比赛、新教师入职汇报课等相关活动统筹到学期公开课安排之中，每周都有不同的公开课，可以用不同的视角来观察课堂的延展，来观察学生的进步……

我们的课堂可以在校园、在教室，也同样可以在实验室、在大自然。请相信，一切有积极影响的教育元素都是课程，不同的教学风格、不同的教学方法一定会成就不一样的人。

2021 年 11 月 7 日

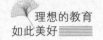

行事历——教师的"清单革命"

　　都说当教师辛苦，当教师忙碌，要是遇上一个管理严格的校长会更忙。每学期的期初或期末，教师便进入工作开展的艰难时节，学校工作也迎来最忙的阶段。在我看来，这种忙碌来源于两个方面：一是学校顶层设计出现问题，安排的各项事宜太过烦琐，无法在短时间内完成；二是教师能力欠缺、不能胜任，个人的素养无法支撑当前的忙碌状态。不可否认，当前学校的各项行政事务过于繁杂，各项工作的落实需要管理者给予高效的统筹。问题的解决方案就是，如果学校顶层设计没错，那就是教师的工作缺乏一张看得见、行得通，能够自我统筹的"行事历"。

　　2022年10月，杭州萧山银河实验小学的朱雪晴校长，在师训讲座中给我和同人推荐了印裔美籍外科医生和新闻工作者阿图·葛文德的著作《清单革命》。认真阅读后，我结合近年来的工作习惯，认真思考后忽然茅塞顿开，清单——这不正是解决工作忙碌的最好方式吗？书中阐释的是用清单的方式尽可能持续、正确和安全地把事情做好，如此能够摆脱现实生活中的混乱不堪、无序生长和迷茫无助。我的风格就是从入校起建立顶层架构——做好规划，秘诀就是行事历——逐步实施，方式就是自我评估、及时修正，尽可能今日事今日毕。

　　有人说，教师只要上好课就可以，但事实上，教师的工作并非只有上好课。上好课是前提，但除了"教书"，教师更重要的使命还有"育人"，而且"育人"比"教书"还要重要。"育人"的本质就是让学生成长为一个人格健全的人，给学生寻找一条通往幸福的路；"育人"不仅要关注当前发展，还要关注孩子的长远发展和全面发展。因为"育人"，教师便有大大小小的事情需要去做，跟早读、上课、批作业、解决学生纠纷、放学、组织各类活动、写计划、交总结……每天的生活可谓焦头烂额，但这些工作绝不是多余的。学校也是一个小型的社会集体，我们必须通过示范、通过活动、通过解决各类问题让学生得到成长。怎样去规整这些琐事？怎样整合并从根部解决一些问题，不至于经常忙着忙着就会忘掉一些重要的事？行事历应该是一种不错的解决方式。

来到北辰，我用近两月的时间完成了学校初期发展规划，通过校务会议的方式让每一个中层管理者置身北辰发展的框架中，要求每个管理者围绕学校的规划梳理部门的行事计划，比如教学管理中心：什么时间进行教学常规督导，什么时间进行教学质量评估，什么时间开展学情分析等。有的教师说，学校的总导演一定是校长，所有的工作校长应该计划在前、胸有成竹，这样认为是没错的。但在很多情况下，决定学校发展质量的却是执行者，司空见惯的未必是对的，部门落实中如果与校长一贯倡导的教育理念相违背，那基于规划的工作落实便成了空中楼阁。当然，成就校园内每一位师生的成长应该是一校之长的终极使命，但学校的核心价值观却不可能凭空产生，它萃取于置身学校发展之中的实践者。我们需要让身处管理核心的每一位成员找到它、践行它。

部门管理者依照行事历的方式，开始定位自己在学校规划发展中的坐标，明确每个阶段要做的事，要完成的重点工作。行事历便成了指引团队前行的北极星，同时也成为约束我们教育行为、开展各类工作的紧箍咒。

两年来，我们的部门管理者开始逐渐认同这种管理风格，并在找到准确的定位之后开始思考：自己应该做什么，应该怎样做好。以教师发展中心为例。经过半年多的适应，他们明晰了部门的职责定位，也明确了管理的职责定位。各部门开始依照学校的

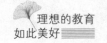
发展规划手册来准确地完善各自的行事历，教师也依照工作历分阶段完成学校安排的各类工作。

行事历也成了学校管理中最显性的工作量化指标，回过头翻一翻自己一学期来基于"教书"基于"育人"的工作琐事，也成了自己工作日志或工作反思的一个重要见证。每年年末，作为学校管理者，我都会督促行管中心完成学校大事记的记载，并起了一个很好听的名字叫"北辰年轮"；它成了我的另一种"行事历"，以反思一年来学校发展的点点滴滴，那里面有汗水、有失误、有荣誉，也有对来年的期望。

在学校的例会上，我曾给我的同人推荐过行事历的工作方式，不知有多少同人开始了自我工作的统整与规划，也没有做过详细的调查。因为有朱雪晴校长关于"清单革命"的推荐，再有我关于行事历的价值阐述，我想还是会有人去尝试。只有体会到其中益处的人才会坚定地支持"清单革命"，让自己的工作生活更加有条理，而不是一地鸡毛。

我仍然要通过自己的方式给教师同人提些建议，请辩证地吸收所谓的"专家"和"学者"的观点。从人性的角度来看，学校不可能会成为至纯至真的社会存在，我们必须要让学生从多个方面学会成长，通过活动和课程等一切积极的元素让学生变得更加优秀，成为更好的自己。"育人"要永远重于"育分"，我们不能只"上好课"，绝对要摒弃教育的短视行为。

让行事历成为一种工作和生活方式，我们变革的必须是自己陈旧的观念。理解行事历的价值，便能提升工作效率，确保生活有条不紊。

请规划自己的工作时间，安排好固定的工作时间，比如每日的执行课程、每周的班队会、每日的备课和作业批改。这些是我们最重要的工作，这些时间没有理由被占用。既然是最重要的工作，就应该安排在效率相对较高、干扰较少的时间段去完成。

　　请规划好自己的工作时间，把每一次活动都当作一次非常态的课程去完成，把活动大任务拆解成众多小任务，认真规划，让学生充分参与其中，得到成长；而不是独自去承压，把其作为一种负担。

　　请规划好自己的工作时间，利用碎片时间完成一些小事情，比如基础数据报表、办公室卫生打扫，解决一些小的纠纷……就当是工作中的一些放松。

　　请规划好自己的工作时间，尽可能今日事今日毕，自己设定某件工作任务的完成时间，而不是到办结时间就潦草地完成。

　　生活不只有工作本身，我们需要通过规划工作时间来给自己留出休闲时光。好的行事风格、有计划的行事方式能让我们感受到忙碌以外的幸福。开学初就做好学生基础数据的建构，便能够准确及时地上交学校通知的各类数据。平时规划好工作时间，便可以在下班后留给自己一些娱乐和学习时间。提前利用碎片时间完成几周以后的活动方案，便有足够多的闲暇去享受生活……

　　行事历就是教师的"清单革命"，规划出自己的工作、生活、学习和娱乐的时间，职业本身就不会显得那么忙碌无序。师者本是学养立身的，我们还要尽可能接受新事物、学习新知识，懂得用新技术让工作更加轻松高效，比如用好信息技术。保持良好的状态和心情，让教师职业变得异彩纷呈，过幸福完整的教育生活。

　　心态的改变，既要我们用情，还要用心。唯有改变，才能让我们的教育生活充满生机与活力；唯有理想，才能让我们感受生命的向上与蓬勃。

　　祝愿每位师者能够在学校的发展规划里找到自己奉行不悖的价值观，做出与自己价值观相一致的教育选择，去拥抱更好的自己。

　　期待每位师者能够生成自己的工作清单，生活不再浑浑噩噩，希望能给辛苦的您带去一点点帮助。

2023 年 1 月 23 日

变革的前夜乌云密布

几年来，在应对学校变革的挑战中，慢慢开始有了一些教育管理的感觉，体悟到一些有关教育的理念。尽管我很用心，也很敬业，但我知道，我不能只从教师的角度来理解学校。智慧横行、个性精彩的校园必须依靠不断地创新和变革……

初识"读思达"教学法是在三年前的《中国教育报》上，福建莆田的一位老师围绕当前试运行的"读思达"教学法谈了许多自己的看法，核心就是老生常谈的高效课堂构建。当时内心并无多少波澜。两年前，有幸读到余文森教授《核心素养导向的课堂教学》一书，又一次接触到"读思达"教学法。后来时断时续从朋友圈看到朋友转载的关于"读思达"教学法的各类文章，偶尔也会品读，但至少已经有了些许印象。今年四月底，在新的课程方案出台后，核心素养成了新课程方案的关键词，我脑海里忽然再次映出"核心素养导向的课堂教学"这句话，忽然有了再次研读这种教学法的想法。

这一读，就是整整一个多月，查阅了许多资料，心中也释然了许多。作为以"核心素养"为导向的教学法，把阅读、思考、表达糅合成了教学的基本，三者既是学生学习的基本能力，也是所有学科学习的通用能力。

多年的课堂观察让我明白，当前迫切需要改变的是教师创新力的问题，关键更在于学习力，可以有争议，但最害怕停滞不前。一堂课下来，如果学生自身的阅读能力、思考能力和表达能力没有显性的任何改变，那么这种课堂教学绝对是可怕的。无效的课堂导致师生无效的付出，无效的付出更无法成就教师成就学生。如何确保一堂课是有效的？最可怕的莫过于作为学校管理者本身也不知如何评价。

从知识获得方面讲，阅读是获取新知的主要手段，也是学生智力发展的重要路径。从学习力方面讲，阅读是最基础最根本的构成要素，应能直接决定学习效果的好坏和效率的高低。当前，学生在阅读方面没有自己的方法，低年级学生在教学评估时不读题目，竟然就做不出来；期末精心辅导学生，从复习要点的归纳到反复讲练，老师似乎都在代劳，看似非常简单的题目，在最终的考核阶段中却仍然丢分。相反有些孩子还把简单问题复杂化，不好好审题，不理解题意。而这一切的问题就在学生的阅读理解能力方面有欠缺，能读懂题目、能分析题目，才能解决问题。阅读绝对是提高教学质量的关键所在。

从知识理解的角度讲，思考是消化阅读的必然路径，所有的阅读需要思考来转化为学生内心的素养。学科教学中，思考能力非常重要，没有思考力的学生是没有学习力的。教学活动开展中，发现问题才能提出问题，直至分析和解决问题，深入思考才是有效课堂的重要保证。教师需要多启发学生提问、思考，引导学生能够主动参与到课堂的探究活动中。当前的课堂教学中，知识的程式讲解和机械记忆促使学生懒得去深度思考这样做的原因，由此思考力便越来越弱。

从知识运用的角度上讲，表达是本体性环节，任何一种知识素养的显性展示，最好的方式莫过于表达。表达就是用自己的方式陈述、画出或者演示出自己对问题的看法。能够从不同的角度以不同的方式阐述自己的看法，这是表达成功的核心标志。表达可以加强记忆、强化思考。现实生活中，一道数学题目，学生如果能够以自己的见解用缜密的逻辑讲述出来，那么这个学生对知识素养的巩固要比不表达的解题方式深刻得多。从教育学的角度讲，每个学生其实都有强烈的表达欲，我们完全有理由以多种形式给学生表达的机会，以此鼓励他们大胆讲述、舒畅表达。

阅读、思考、表达既然是学生学习的基本能力，那就意味着"读思达"教学法的推进必然比想象的课堂程式易于理解。且因为它们都是基于中国学生核心素养导向，那么这种课堂程式就算是与时俱进，可以将其理解成为指向核心素养的全生态学习。"读思达"教学法看似简单，但其呈现的教学方向、教学过程和教学评价可以给需要创新的教师无限的张力。我们可以把"读思达"教学法看作一种教学主张，一种剔除现阶段"知识靠记忆、例题靠讲解、表达缺平台"弊病的课堂变革主张。

任何一种改革都需要付出代价，毋庸置疑，变革必然会带来一系列的问题，也必然会让一部分人丧失既有利益，但不管是否成功，我们依然要认真地考量不变革所带来的平庸与无助。商君当年以自己的生命助推了秦王朝的崛起，而我们的变革不需要承担太大的风险。我相信，我们的组织里的每一个人都是希望我们走向强大的，都是能够顾全大局、舍弃一己私利的……

革故鼎新，我们才能创造学校美好的未来。变革的前夜，方向尚未弄清，愿景尚未勾勒，似乎有许多的不确定性，但我们一定要坚定信心，请相信古往今来，所有的波诡云谲和气象万千都是变革的历史，我们需要用改革的思路解决改革中出现的一切问题。

我们的学校、我们的学生有太多的一样，让多数的学生朝着共同的方向前行，也是班级授课制的长项，对于学校管理来讲，这没什么不好。但如果想要孩子们"做最好的自己，成为最亮的星"，当前的状态只会让我们离真正的教育越来越远。真正的教育应该是个性化的教育，每个孩子应该都是独特的自己。我们必须得考虑突破当前这种课堂教学状态，尽管以现有的能力想要实现这些仍然有很大挑战，但不做，我们就只能看着别人前行，看着别人变得更加优秀。

"读思达"教学法本身的内涵没有那么复杂，但其潜在的张力却能够保证课程的丰富性和课堂的有效性。基于这点，我认为，这种教学法完全可以支撑课堂上各种不同需求的孩子的个性成长。我们可以不将其作为一种模式，只作为一种课堂的指导思想，课堂的教育过程自然就会变为可圈可点的生命成长历程。

请相信，只有变革与创新才会创造历史。我依然想当然地认为，未来我们完全有能力去打造理想中的幸福学校，尽管成长为这样的学校要经历许多艰难痛楚，但有这个追求本身已经是崇高的，令人尊敬的。

2022 年 6 月 12 日

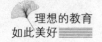
把任性关进制度的笼子

一直以来，我认同一个观点，即在一所学校，制度永远是为少数违规者服务的。成功的校长只需做好一件事，就是把任性关进制度的笼子，让制度约束教师的行为，促使学校正常有序地发展，直至实现"管理"到"领导"的华丽转变。

我们希望，农村学校在制度管理领域要形成自身的共同价值，在遇到任何需要解决的问题时，不是追问如何解决，而是查询对应的制度，通过制度快速地解决问题。这也是制度文化的魅力所在。尽管在制度出台后，因为触及部分教师的核心利益会引起其一段时间的抵触，但管理者正确把握发展方向，学校发展必然会越走越快，久而久之，制度文化必然会成为大家都认同的基本办学价值观，价值体系的确立也将成为指导教师实际教学行为的思想基础。为此，在经济和教育欠发达的西部农村偏远学校要实施价值引领，制度是根本，执行是关键。这或许与一些提出"相信教师的任性、考勤是最不靠谱的管理、我们不刷卡我们只刷良心"等观点的所谓"教育专家"的看法不一致，但是，大凡这些所谓的专家来到这些学校，面对这些教师，他们的看法马上会有很大转变。

学校制度是约束教师行为的最基本保证，任何一所学校的管理体系都应该从正式制度和非正式制度两个层面来建立和完善，尤其是在情况特殊的偏远农村学校。

这里的情况特殊是指，一是收入及硬件设施条件不足以支撑师生"爆棚"的生活幸福感。笔者所在学校是县域内最偏远的农村学校之一，月工资平均在 4000 元左右，而当地县城的房价已是 6000 元一平方米以上，市场经济环境下教师的工资收入和物欲影响让教师难以安心从教；师生们上厕所得"注意时间"，宿舍离厕所有一段距离，不注意时间，那后果将不堪设想。笔者的所在学校，一顿像样的午餐、一次痛快的洗浴都异常奢侈，学校想给教师较为体面的收入都无能为力，上级拨付的经费捉襟见肘，且不得用于教师福利。

二是教师素质的良莠不齐不足以支撑理想中的学校发展规划。西部农村教育发展到今天，必须感谢一个伟大的群体——民办教师，如果没有他们牺牲大好青春扎根祖国最偏远的农村地区，国家人才的断层与紧缺将是一种必然。但依然绕不开的一个问题是，随着民办教师年龄的增长，及其受教育的局限性，对新事物、新知识的接受能力也制约了学校创新性管理的快速推进；加之如今社会大环境对教师这个职业的敬畏变弱，师范院校招收的学生底子越来越差，非师范院校毕业生因为就业需要进入学校，导致当前西部农村学校教师的质量良莠不齐，后期的教师培训负担越来越重，学校的发展便雪上加霜。专家们曾言"相信教师，不要考勤"。可真实的现状是，现在的农村学校大多是年轻教师，多数毕业于省内一般高校。近几年，大多高校宽进宽出，毕业生质量堪忧，到学校就业后，敬业意识淡薄、不能按时上班、违反制度私自外出等现象屡禁不绝。没有制度支撑，何来正常工作的保障。为促使学校沿着良好的轨道发展，学校必须根据本校实际情况，建立健全的制度体系，把发展的愿景划分为一个个小目标，分步实施。对于很多农村学校，提出愿景和方向似乎都不难，最难的是在变革的过程中、在艰难的环境中如何实现价值观的引领；如果没有强有力的制度保障，发展的愿望便是空谈，让教师能够直接感觉到如果没有按照学校管理的方向执行便是损害自身的利益，或许这才是共同办学价值观形成的关键。

　　三是家长素质决定家校共育的质量。经济欠发达偏远农村学校面对的一个共同难题是留守儿童的教育，如何在学校发展转型的过程中解决好留守儿童的教育问题，成为一所农村学校管理转型成功的关键。农村学校家长普遍缺乏文化自信，他们既希望自己的孩子接受最好的教育，又不愿为孩子付出相应的陪伴和教育时间，且我行我素，在行为上不能做出很好的示范。这种任性，现今的学校却找寻不到制度的笼子，基本的学生惩戒办法都未出台，学生的管理却需要更多的"教育艺术"，这不啻为讽刺，老祖宗几千年都未寻出除"戒尺"外最合适的教育办法，而如今没有惩戒的教育是否缺少什么？好在近几年，学生教育惩戒办法呼声似有抬头之意，且有些地方政府已经出台，这倒是令人欣慰的。或家长的任性也应该关进笼子，教师才能有一个较好的教育大环境。

　　四是教师缺乏学习的原生动力，制度是引导教师继续学习的根本。前几日，甘肃省委对省人社厅的任性用权进行了问责处理，且在全省通报批评，大家无不拍手称快。当前政府层面的"放管服"应该落实在实际行动上，制度出台后，坚决予以落实才真正有利于发展。农村学校管理的尴尬之处，在于上级主管部门赋权但学校管理者却不敢大胆地用权，原因是多方面的，但资源的严重不平衡却是不敢用权的关键问题所在。偏远农村学校师资短缺，一个萝卜一个坑，大凡有违反制度的人存在，学校能够做出的处理方式是及时教育、带病上岗，学校唯有权衡利害关系，尽力保障教师和学生权益平衡。当前管理中，绩效工资制度是各校进行质量管理的法宝，但教师内心认为绩效是工资的一部分，执行绩效幅度不能过大，过大容易打击教师的积极性……在工作量本来繁重的情况下，教师学习本身就缺乏原动力，大多数人凭老本生存。如果不以强硬制度作为支撑，何言教师专业成长？

制度文化的内涵在于增强人对制度的敬畏心理，管理者应身先士卒，制度面前不能有特权，从内心敬畏制度，才能促进学校良性发展。幸福感、人性化本来都是不可量化的"伪命题"，我想，当民主、公平、公正和公开的制度渗透学校的每一个角落时，才会产生真正的人性化和幸福感，而不是所谓的专家提倡的让教师感受到的自由与任性的"人性化"管理。

当前环境下，农村学校只有在制度的约束下，教师通过严格的自律，用高尚的人格感染学生、用精湛的教学吸引学生。通过制度督促教师做出的最好示范，才能够影响孩子全面发展。

随着乡村振兴战略的落地，未来农村教育"高大上"的发展便有了一些强有力的支撑。这些支撑来源于家长（产业的落地，家长可以在家门口就业，留守儿童便越来越少），来源于政府的支持（东西部教育的均衡发展促使政府在最高层次改变师生的生活环境），制度体系的保障便不需要担负过重的使命，教师的幸福感也会随着工作压力的减轻和收入的增加开始"爆棚"。

尽管如此，制度保障发展，我们依然在路上……

2019 年 11 月 4 日

从"读思达"教学法说开去……

从遇到余文森的"读思达"教学法，到今天试着把其作为一种教学主张引入北辰，已经足足两年了。一直想粗略地表达一下自己对"读思达"教学法的看法，但没有实践的浅谈又有何意义？所以一推再推，时至今日。

提起课改，我的教育同人就会想起"杜郎口模式"，当年轰轰烈烈的课改我不知道是否给大家带来感触和改变，但有一点可以肯定，因为杜郎口，我们坚定了改变课堂就是改变学校的信心。我们无数次地说服自己改变课堂，但在多年后的今天，我们自己仍然是课堂改革的最大阻力。由此可见，教师要改变自己的教学风格有多难！

从"學"字的起源上来看，《说文解字》释：觉悟也。从教，从冖。冖，尚蒙也，臼声。我们可以将其释义为在交往中成长。"學"字的上半部分，两个"×"表示交往，上面的一个"×"表示与知识和文化的交往，下面的一个"×"表示学生之间的交流与沟通。将"×"的两侧理解为成年人的手，试着想方设法引导孩子们的交流与沟通，促进其成长。我无法断定这就是古时"学"的本来意思，但通过自己的理解想要表达的是，学习应该是充分的交流与沟通。

回归我们现今的课堂，老师在三尺讲台上指点江山、激扬文字，以自己的付出诠释着"教师"的含义。我们以老骨熬旧汤的方式，一遍又一遍在课堂上滔滔不绝地讲授着"知识"，学生一脸茫然地听着，直到考试的那天才明白，我们在课堂上费尽心思地讲解，仍然有部分学生不明白。

课堂是什么？课堂绝不是简单的你讲我听，"教师讲——学生听"的模式无法适合每个孩子的成长。课堂除了讲解，应有高效地阅读、深邃地思考、勇敢地表达。我们常常埋怨我们培养的学生不灵活，可却忘记了学生木讷的始作俑者其实就是我们自己。我们应该反思，在课堂后给过学生表达的机会吗？有没有想方设法地给学生交流思考的空间？有些人会说给过，可学生一放就乱，根本就不是教师想要的讨论场面。那我们再反思，我们了解孩子吗？我们提出的问题有讨论的价值吗？安排的小组符合团队建设的标准吗？正因为我们的教学素养没有达到高效推进合作学习的程度，所以我们没有能力"放开"课堂。有些人还会说，我们应该尊重学生的个性，给学生一个随心所欲的学习空间，比如，所谓的课堂常规就没有价值。但在我看来，课堂规则的制定，其实就是为了尊重学生个性不放任劣性，让学生知道哪些行为是对的，哪些行为于己是不利的；就是为了让我们在仅有的教学水平下能够通过规则有效地驾驭课堂。如果我们的教学素养能够让我们有能力改变课堂、有序地推进合作学习，"以生为本"就不会只是一个口号，我们的课堂质量就能更加高效，所有的规则就只会为我们的课堂服务。

所谓的模式只是一种一成不变的教学方式，教学应该是"百花齐放"的事，每个老师都应以自己喜欢的方法来开展教学，只要这种方法对学生来说尽可能高效即可。问题的关键就在于尽可能高效，既然我们现在的教学方式不是最有效的，为什么就不能改？改革本身就不是对传统的全盘否定，何况无法否定；改革就是反思我们的低效，改变我们固定思维下的程式化认知。

我不知道我们已经开展过的三十三场教师培训能否让我们对课堂与治学两方面产生一定的思考。一所好的学校绝对有好的课堂，这毋庸置疑。如果只把我们当作知识的传授者，始终不如

"百度"。所以，在这个复杂多元的时代，教师更多的是教学生学会学习，学会做人，或许这也是教师这个岗位与机器授课最根本的区别。智能时代，教师更应该是向导。所以，师训给我们最大的帮助就是让我们教师顺应时代发展大趋势，构建有趣的学习常态，做谦虚的向学者，用自己的学养和气质改变孩子。

把"读思达"教学法引入北辰，源自其本身也是传统课堂的常态，不需要大刀阔斧、披荆斩棘地改变现状。况且我也未曾考虑通过行政力全校推进这种教学方法，只把其作为一种教学主张，或许这样才是一种相对稳妥的改革。

放眼北辰，我们不缺敬业的师者，不缺温馨的环境，不缺资源的支持……我们唯独缺少改变自己一心向学的决心。我们害怕改变，把学生认知能力的培养和生存技能的训练作为我们的职业根本，重学不重用，重结果不重过程；我们总是认为课上课下做出的一些创新都是形式，都不如最终考个好成绩来得实在。殊不知，活动即课程，只有平等地对待学生、尊重学生，才能激发学生的主体意识，才能唤醒学生的责任意识；走下讲台，学会倾听，引发思考，欢迎表达，我们培养的学生才不会木讷，才会有不同的"大脑"。

"读思达"教学法的根本不在于其宽泛的理论支撑，不在于其程式化的教学引导，更多的是要让我们克制自身"以讲代练""以讲代读"全盘灌输的教学行为，让学生有充分的自我学习空间，低年级学生在教师的引导下在"玩中学"，高年级学生学会互学、群学和独学。教师要充分发挥组织、协调和点拨的作用，创设生动、民主的课堂氛围，让学生敢于表达、擅于思考、长于阅读。

那教师该不该讲？"教"是为了"学"，教师当然得讲，但"读思达"教学法的精髓就在于给学生更多的"其他"时间，那我们的老师当然得少讲精讲。要讲，就讲关键；要讲，就要解决学生不能解决的疑难，这也是课堂改革的价值所在。

　　未来的教育，不该只有"传道授业解惑"；未来的课堂，不该只有教师的话语权。我们对自己的重新定位，不是对传统的颠覆。我们需要换个角度来认识教师这个职业，才能俯下身子立足教学实践，做到适度讲授、经常倾听、及时评价。

　　既然"读思达"教学法在北辰只是一种教学主张，那我自始至终都不会通过行政手段来推进课堂的改变，课堂改革绝非捕风捉影地"东施效颦"。我相信北辰的师者，他们有智慧去站在自己的角度践行另一种"读思达"，只要学生能够做到声色并茂地诵读、严谨缜密地思考、流畅生动地表达、阳光自信地交往，那我们的学生就是优秀的，就会破茧成蝶、华丽蜕变。

　　教育创新与改革从未停滞，课堂变革的浪潮终究一浪掀过一浪。但有一点我们必须明白，学习始终不是一种单一的行为，更不是脱离生活的自我对话与反思，只要夸美纽斯的班级授课制还存在，学习就一定要变革为与教师、与教材、与同伴、与环境的深度交流，只有个体间的相互启发才能真正地让学习与思考更深更透。

　　　　　　　　　　　　　　　　2022 年 12 月 10 日

践行新课标，赋能新课堂

2022 年 3 月底，教育部印发义务教育新课程方案和课程标准。作为一名学校管理者，我敏感地意识到新时代教育教学将面临全新的机遇与挑战，要办好一所学校，必须强化新课程标准的学习、理解、实践和运用。可以预见的是，新课标对学生发展、对未来教育教学质量的提升将产生重要影响。

时间已经过去九个多月，我利用多种方式带领我的同人积极主动地学习、调整、适应和实践，以自己的方式迎接新课程标准的实施，自觉适应新课标的进阶时代。

落实新课程标准最有效的方式就是改变课堂、改变评价，只有增强课程实施的情境性与实践性，才能促进学习方式的变革。新课标颁布后，我开始了一个管理者"应为"的工作，通过全面"师训讲堂"的方式开展新课标学习培训。如何改变课堂，怎样组织学生进行自主、合作、探究性学习，怎样以"学习任务群"的方式实现跨学科学习，如何引导学生勤于思考、乐于实践、勇于探索，养成良好的学习习惯？这些问题都在新课标解读和研读中找到了答案。不少于二十次的新课标学习实践培训，从刘恩樵主讲的《课标·课本·课堂·新教学样态》、王益民主讲的《从课标到课堂，虽远尤近》、程建平主讲的《义务教育艺术类课程标准文本解析》，到李霞主讲的《2022 版义务教育科学课程标准解读》，学校未来新课标的学习实践思路在培训中逐渐明晰。

"纸上得来终觉浅，绝知此事要躬行。"学用结合才能更有效地促进新的课程标准下的教学实施。我带领学校的骨干教师开始了基于新课标的跨学科学习实践，按新课标的要求实施跨学科主题教学，刚开始还是有点费时费力，找不到头绪，但通过多轮的培训、研讨学习，围绕大单元主题教学的跨学科实践逐渐有了清晰的脉络。我们按照各年级学生的年龄和学习特点，设计了新课标背景下的课程方案，形成了趣味活动场、环保研学、远足、乞巧始祖和秦文化之旅、小城说教、社区实践不同的跨学科主题综合课程。例如，二年级的环保研学综合课程，从认识植物、变废为宝、分类计算、垃圾分类、实验课堂到生活测量，研学实践覆盖了几乎所有的学科。五年级的老师们则经过细致的课程实施打磨，决定带学生以"小城说教"式开展学习，通过写小城、话小城、读小城、阅小城、绘小城等方式体验小城不同群体的艰辛……结合实际针对各个学习环节设置开放性情境，班级外出乘坐公交车的距离计算。如本次外出距离目的地档案馆 7 公里，试着让学生以不同的方式展示到达目的地的时间，请学生自行设计交通方式等，配合小城从业者职业调查、小城人文历史研究，既让学生体会到小城劳动者的职业艰辛，又融入语文、数学、美术、地方史等多学科的综合教学，完成了指定的学习计划。这样的实践教学，让学生有高度的自我代入感，能够使学生积极主动地参与问题讨论，激发学生解决问题的思维。学生的创新意识和解决问题的能力也会得到锻炼和提升。

我的新课程标准实践一直在持续，2022 年寒暑假，我们又试着推进新课程标准下的教学评价改革和《有效作业集》研发。其实这都得益于新课标对我的教学管理的指导和启发，《课程标准》就像景区观光索道一样，带领我和我的同人升往高处，放眼远方，不只教会学生基础知识和学习技巧，还从更高的角度和更广阔的视野，为学生的人文素养、综合素质以及终身发展指明了方向。基于新课标的教学变革正在我的身边悄无声息地推进。

师训，请允许再说点什么……

自去年三月起，北辰师训讲堂已经开讲 33 期，从少先队知识、计算机应用基础到项目化学习，从校长讲堂、线上视频到如今的名师讲座，个中滋味只有我这个师训的主导者知道。

这其中有质疑、有抱怨，也有无动于衷。嗷嗷待哺的婴儿、年老体衰的双亲，家庭成员的怨气、时间匆忙的就餐……北辰周三的夜，充满了艰辛与泪水……

作为一个教育者，我喜欢师训讲堂上一张张聚思凝神的面庞，这种情景和实验室里求知若渴的身影、声乐湾里袅袅不绝的美妙旋律、前院场地上穿透云霄的武术操呐喊一样，是我最喜欢的校园状态。但我也知道，理想的状态仍有许多缺憾。郝晓东老师在其著作《教师发展力》中有一句话：只有领悟到人性的不可改变，才有可能影响人、改变人。北辰师训走到今天，除了我的坚持和固执，更多的是我的教育梦想。我想通过自己的方式领悟人性，让能够改变的人和环境发生改变。我坚信，硬件的改变不会成就一所好学校，只有教师素养的提升才能成就北辰的发展，才能让教育变得更专业。

我们都熟知陶行知，听过先生"四颗糖"教育孩子的故事。故事说有一天，先生看到一名男生正想用砖头砸另一名同学。他及时将其制止以后，责令男生去自己的办公室。先生没有直接批评这个男生，而是在外面充分了解了情况后回到办公室，发现那名男生正在安静地等他，便掏出第一颗糖递给他："这是奖励你的，因为你比我准时。"随后又掏出第二颗糖，"这也是奖励你的，我不让你打同学，你立刻就住手了，说明你很尊重我。"男生将信将疑地接过糖。先生又掏出第三颗："据了解，你打同学是因为他欺负女生，这说明你很有正义感。"这时，那名男生已经被感动得哭了："校长，我错了。同学再不对，我也不能采取这种方式处理。"先生这时又掏出第四颗糖："你已经认错，再奖励你一颗。我的糖分完了，我们的谈话也结束了。"先生自始至终没有对男生进行严肃的批评，却用这种方式轻易地改变了学生的行为。

在和老师的谈话中，我经常听到"某某同学无可救药""某某同学根本没法教育"这样的话。我们一直在寻找懂事听话的孩子，但不可否认的是，任何年代任何时期都会有"与众不同"的孩子，他们的"与众不同"才让我们的教育显得更有意义、有价值。其实无论是学校管理者，还是教育教学的实施者，需要做的就是和问题的解决者一样，时刻反省和改变我们自己的行为，只有这样，我们才能通过自己的方式影响和改变孩子。

我想，师训需要解决的素养提升问题便是如此。从纯职业的角度，能让我们学会更好地解决教育难题，提高自己的教育水平；从情怀的角度，能让我们以自己的方式"开化民智"，让国民生活得更幸福。我们不用非得学到如何高超的教学技能或者超前崭新的教育理念，师训需要改变的就是我们从未试图改变、安于现状的教育窘态——一群不积极向上的教师却在要求孩子们努力向上。不管是尝试创新，还是尝试改变，我们应该明白，只有行动才会收获奇迹。

有人问我，每周一期的师训讲堂我是否能感觉老师们收获了什么。说心里话，我真的无法站在自己的角度准确地解答这个问题。关于收获我和同事们深度沟通过，最令人欣慰的是，每一个和我交流的同事都告诉我，在师训中听过看过的一些做法，他们自己一直在尝试着去做，师训改变了他们对教育的一些看法。虽然自己的做法没有和那些名家一样娴熟，但我想，教师试着改变已经达到了师训的终极目的。

其实，我们最不愿改变又唯一能改变的就是我们自己。因为天生的惰性，我们不习惯走出自己的舒适区，更不愿检查自己是否有做错的地方并及时予以改正。当出现问题的时候，我们固执地认为自己是绝对正确的。面对问题，我们通常寄希望于对方能够改变。事实上，不管是要好的朋友还是至亲的家人，如果没有我们的主动提醒，面对问题可能一样糊涂，即使是错了，也不会轻易意识到，因为每个人都活在自己认为对的世界里。

对师训资源的选择，我感到很是棘手，虽然我手里有许多可以支撑的讲座视频，但仍然希望能找到最适合北辰教师的。北辰的教师是异常忙碌的，精心选择的资源才有可能让我们的教师花较少的时间得到最大的收获。视频资源我会先看一遍，再予定夺；我也会想方设法联系名师名家为我们这所初建校打气鼓劲，朱雪晴、何其钢、刘长铭、华应龙等一批名师名校长直播的加入，给了北辰师训讲堂足够的学习底气。这些视频与讲座，暂时解决了北辰师训讲堂集中学习的资源匮乏问题。未来，或许新教育网络师范学院将会继续成为北辰师训讲堂的强力支撑，我们有理由相信，"北辰师训"会成为一个响亮的宣言，通过学习，我们可以收获一个在逐渐改变和成长的自己。

其实对于师训，我也有一种说不清的负罪感，行政力推动的学习其实真不是我所希望的，但没有行政力的推动，教师的再学习几乎没有可能。北大陈平原曾在一次毕业典礼上讲："如果半夜醒来，你发现你好多年没读书，令人问心有愧，证明你已经堕落了。"从教这么多年，有太多的教师不愿读书不爱读书，以各种借口排斥阅读、排斥学习，未曾将读书当作一种内在需要，可不读书的教师如何依靠自己的学养获得别人的尊重？我们只是把教师这个职业当作一个工作而已，摒弃了为人师者当以终身学习为己任的定位，胸无点墨何以支撑我们的教师身份？

我依旧是痛苦的，也一直试图在教师职业的幸福感和责任心之间寻找一种平衡。写这篇文章时，正好听到某教师对当前忙碌工作状态的抱怨。我深知，当前的忙碌更多是因为某教师本身的素养不及格，但我又得顾及某教师的尊严，予以感情沟通和心理劝导。此前的一天，我家访遇到一个目不识丁的祖母带的孩子，刚上一年级就存在各种各样的问题，老师把其列入了校领导家访的名单中。当我看到"贫穷""畸形"和"弱者"这些词语都能体现在这个家庭时，我有一种深深的挫败感，唯有用"善心"和"善行"去告慰教育的无助。

在北辰教师办公室，有一张"达克效应曲线"图，我不知道我们的教师在空闲的时候有没有琢磨过我的意图。达克效应指的是能力欠缺的人在自己欠考虑的决定的基础上得出错误结论，但是无法正确认识到自身的不足，并辨别错误行为，这是一种认知偏差现象。我们的生活中，很多人都没有认识到自己的能力不足，又错误地低估了别人的能力，自然而然就产生一种大家能力相当，甚至自己更胜一筹的错觉。北辰教师的状态何尝不是如此，我们总是想当然地认为大学毕业后自己的知识筹备已经达到可完全胜任教师的能力，不需要再继续学习。可我们却忽略了一个最为重要的导向，办教育不是"育分"，传授知识，办教育更多的是"育人"，教人成长。我渴望北辰的师者能够顺利通过愚昧山峰、自信崩溃区、开悟之坡区、持续平稳高原四个阶段，收获一个强大的自己。开悟绝对意味着我们能够成为最好的自己；意味着作为师者，我们可以"学养立身"；意味着我们可以游刃有余地驾驭自己的课堂，以自己的方式站立。

行政力推动下的北辰师训和繁星读书会或许还会继续，同时也欣喜地看到了部分同人的主动改变，我一直在想，在最适合奋斗的年龄、最该开悟的职业黄金期，我们去做最有价值的事，那又该是多么美好！作为教师，学习本身就是职业使命！学着和学生一起成长，让自己变得足够强大，用优秀和成功颠覆所有的质疑。

坚持该坚持的，比如我们温暖善良的师者之心；改变该改变的，比如我们愚钝的师者之行。在北辰，最快的脚步不是跨越，而是日复一日的坚持，期待量变到质变的那一刻。

2022 年 11 月 25 日

写在孩子脸上的喜怒哀乐

——刍议教师评价用语对学生的影响

　　记得在我上四年级的时候，遇到了郑碧英老师，时隔多年，每忆及她对我的关心与帮助，就像蝴蝶飞过花丛、泉水流经山谷，我依然能够清晰地感受到童年的愉悦。她深受班里同学的喜欢，原因就在于她不仅教育能力超群，性格温柔，就连作业的批改都有她的"爱心"评价，不会像其他老师一样粗暴地打分，而会留下一段鼓励的话，并配上可爱的卡通图像。一个简单的图画就能让我们意识到自己哪里不足，相比较粗暴的对叉，一点也不会排斥，对我们起到了很好的教育作用。

　　时至今日，我成为一名老师，成为一名学校管理者，越来越感受到评价用语的重要性。好的学生评价用语直接反映出老师的工作态度和方法，用心做好学生评价，方能推进学生的健康成长，甚至改变学生的成长方向。因为老师是学生成长过程中最重要的那类人，师者能力及素养直接会对学生产生影响和改变。

　　经常会听到有些家长说，自己教孩子一些东西，但孩子就是不听，老师要求一下便会奏效。可以说，学生心智尚未成熟时，老师本来就是影响他们的重要人物。年轻教师如果充分运用自己年龄的优势，走近学生感染学生，用剔除代沟的评价用语更能让学生喜爱。

　　北辰在推进"学科分项等级评价"的过程中，勇敢地改进了学期总结方式，学科评语由各学科教师自己编写，得到了家长的好评。针对不同的学科，一针见血地予以细致的评价，可以充分地考虑学科的特点与优势。

很多时候，我们都要认同教师评价语言对学生的充分影响，在教学的过程中，教师要尽可能做到积极有效地评价学生，把握好学生评价语言，通过设身处地的评价来调动学生的学习积极性，提高学生的自信心。评价中，更要尊重学生个体的差异，运用不同的评价用语，为每个学生创造出彩的机会，促使其最大可能地实现自我成长、实现全面发展。

具体来讲，首先，准确的评价用语可以让学生心理产生共鸣。不同的鼓励、表扬、赞许和肯定用语能够多角度激励学生向学阳光、自我管理和自强自立的信心。大多数学生喜欢某一学科，最主要的是源于老师口头的赞许和鼓励，在心理学上，所有的鼓励和肯定等表扬性的语言可以引起大脑皮层的愉悦，可以让注意力更好地集中。我们可以让一个内向的孩子在我们的语言鼓励下参与班级组织的各项活动，也可以对学困生哪怕一丁点的进步给予口头的表扬，更可以用亲和的姿态和身边的孩子和蔼可亲地对话。评价语言的确能够改变一个孩子。

其次，我们应该明白，鼓励性的语言可以影响学生性格的改变、心理的认知和价值观的形成。我们经常会说到积极阳光的心态，在很多教育教学活动的开展中，我们会通过多种方式表扬班集体中表现出色的学生，不断通过多种方式鼓励后进的学生，评价语言的力量不言而喻。

评价用语从深层次反映了教师的师德素养，一个知书达礼、语言文明、亲和敬业的老师，就是一本完美的教科书，可以潜移默化影响学生的心灵，使学生的性格与心理得到健康快速的发展。

事实证明，把德育语言中的对与错写在墙上是容易的，但要把它变成学生言行的准则，在面临交往中的各种诱惑、压力，甚至是困惑的时候，用评价语言中的做法来指导和约束学生做正确的事，其实是非常不容易的。

　　我们也不要试图通过一两次所谓"正确"的说教就想改变一个学生，评价语言只是评价中最重要的一部分，评价需要从多维度多方面来开展。但作为老师，我们必须要严于律己，和学生一起努力营造一个被善待、被尊重的校园，因为只有一个充满阳光、充满亲和、充满爱的校园，教育才会发生。

　　　　　　　　　　　　　　　　　　　2022 年 4 月 4 日

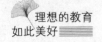
一所好学校应有的模样

虽在暑期，但学校繁杂的各类事宜仍让人无法得到充分的休息，时不时还有突发事件影响心情。好在年近不惑，对事情的判断与理解已在不计较的层次。

这段时间以来，一直在翻阅家校沟通调查问卷、学生作业本、教师备课本、工作总结与质量分析等材料，这也是我多年来的习惯。从这些基础材料中，我可以寻找到学校管理的倾向性问题，利于思考和解决北辰在治理过程中的诸多缺陷，从学生养成教育、课堂管理、教学艺术、职业规范到行政管理样样不落，尤其是办学中关于教师的绩效管理，顶着妻子的埋怨躺在学校查阅了好多资料。好在文字可以治愈受伤的灵魂，通过大师的足迹解决了一些心中的疑惑，印证了北辰教育管理本身的价值体系是正向的，是符合管理的基本规律的。基于此，这段时间的付出或许也是值得的。

其实，在学校治理的过程中，作为管理者，我们最容易犯的错误就是不能站在儿童的视角去思考儿童的管理问题，大多数情况下，我们更多地以成人世界对美、对好的评判标准来定义正确与否。作为小学教育从业者，我们应该经常思考一个问题：假如自己是一个七八岁的孩子，会怎么做？假如自己是孩子，会喜欢吗？如此好多问题也就迎刃而解。我知道，包括我这个管理者在内仍然难以做到和学生同跳、同唱、同悲喜。比如大课间的三操，或许是性格使然，这一点我很失职，唯一能做到的是尽可能地去督促身边的同人能够站在儿童的立场去思考和解决问题，去敏锐地发现每个学生身上的闪光点，让他们尽可能替代我的存在。

小学阶段的管理，最大的难点应该就在"小"上。因为孩子小，我们会忽略他们的感受，不能够非常精细地去呵护稚嫩的成长；因为孩子小，我们会把许多的问题归结在他们太小，无法达到管理的诸多要求；因为孩子小，我们会丢掉童真的矜持，以成年人的世界衡量正面积极的影响。犹记得特级教师于永正五十多岁了，在课堂上仍然"装猫扮狗"，逗学生在玩中开展教学，课间还能够走近学生，和他们一起做游戏。这种爱的教育的确超越了管理本身的重要性。

好学校应该是什么样的？学校管理者的宽容是否应该以"精细化管理"为前提？向美而生的好学校有没有一个充满趣味的品质存在？

好学校的定义是非常艰难的，如果只将其定义为好校长、好老师和好学生是有失偏颇的，甚至无法定义。学校本身所围绕的主体价值、系统生态、智慧管理、文化情怀等关键词无法简单用一个"好"字来表达。在我看来，教育的终极价值就是人的发展，如果一所学校能够准确定位办学的方向，能够挖掘每一个学生的最大潜力并让其得到充分成长，我想这就是一所好学校。在这一点上，我更多强调办学的人文性，但事实上，身边的优秀学校只追求高分，准确地讲，他们摒弃了教育是为生活而准备的思想遵循，把教育与谋生画等号。如果让我来定义，这样的学校不应该是优质的学校。

我非常认同新教育关于学校生活的定义："过一种幸福完整的教育生活！"看似简单，但其蕴含的文化价值超越了教育的功利性。文化打底，统整科学知识学习与人文生存关怀共在，通过幸福空间物态的构建，实现基于生活的思考、学习和实践，实现师生主动的学习与发展，实现每个学生的个性化成长。那什么是幸福完整的新样态教育生活？我的理解是，从知识育人走向文化育人，建构符合自身实际的学科课程、社团活动课程和特色项目课程三位一体的课程体系，推进多元开放的教育评价方式，让每一位师生都能发光发热。在教育存在的终极意义上，一切都是为了学生更好的发展。在探索和建构"星光教育"的过程中，学校必须摆脱应试教育的束缚，一步步走向符合教育价值的真正自觉。我们必须深刻理解教育的本质，摒弃我们定式思维中所谓的"形式主义"和"唯分数论"，学生方能全面发展。在学校精神建构的过程中，一是要建立基于实证的问题意识，二是要建立基于数据的探究分析意识，让每一名师生发光发热。这看似容易，实则前路迢迢……

好学校应该塑造好习惯。在北辰学校的电子屏上经常会出现这样的一句话："世间所有的惊喜与幸运，都是你累积的美好与善良。"每个人精神成长的密码来源于日常的学习、工作和生活，无论是体育锻炼、琴棋书画，抑或是发展爱好、与智者对话，这些日积月累的良好习惯构成了强者的核心竞争力。归根到底，这种竞争力就是人的习惯。许多美好事物的出现，绝对是一种习惯的长期潜在，且转化为修养后的成果显现。在北辰学校，管理层力推作业规范，抓好习惯养成教育，从路队管理到秩序建构，可谓事无巨细，共同推进。为了培养学生的精气神，学校专门开展礼仪教育，让师生见面问好成为一种日常。作为城乡接合部的学校，学生的卫生习惯一般，我们便把个人卫生习惯的培养也纳入了学生的日常管理，从衣物增减与洗涤，让学生站在审美的角度去理解整洁的存在。要相信，好的习惯是一个养育和浸润的过程，就像教育本身的成长一样，需要通过时间来打磨，文火慢炖的过程本身也是美好储值的过程。好学校就应该塑造好习惯。

好学校应该打造好课堂。在和朋友的一次聊天中得知，好的蜂蜜来源于蜜蜂所叮花种的种类，在采蜜中，叮的种类和数量越多，蜜的质量便越高。感觉教师对课堂的钻研也是如此，好教师必须要多"叮花"，方能多"酿蜜"。在学校，无论多忙，就是间歇性地听几分钟，我都要听听看看教师的课堂，因为我始终相信，决定一所学校未来品质最重要的因素就是课堂，好的课堂是一所好学校的最关键组成部分。听课，也是管理者曲线性的再学习、再提高和再度剖析教材的过程。优秀的教师在课堂上绝对是明星，学生的一举一动、学习效果尽在他的手掌心，他们通过充分地了解学情，扎实地推进教学设计，试图让每一个学生吸收最充分的营养。所以，好学校应该最大可能地让教师听课评课观课议课，听名师课，开眼界、长知识；听同行课，找问题、窥短板；再结合自己的课堂，融会贯通，教学水平提升便指日可待。研究课堂的过程也是学习提升的过程，围绕专业的写作、专业的啃读、专业的交往，教师的素养不可能不提升。当然，在学校管理中，课堂常规的落实、课程结构的调整和研学实践的开展，都应以课堂常规要求来实现结构性保底，以利于当前学校在课堂质量管理的底线要求。

好学校应该建造好环境。车尔尼雪夫斯基有一句话我非常认同："任何东西，凡是显示出生活或者使我们想起生活的，那就是美的。"在时间的流变中，美散发着经久不衰的光辉，好的学校在美的诠释上也是相通的，虽然说在很多时候关于美的表达仁者见仁、智者见智，但只要不脱离学生视角的美总是表现出无限的生命力。环境的创设需要管理者审美的品位，用心去设计学校的每寸空间，将丰富的作品与内容糅入和谐的形式之中，满而不溢，学校真正的欣赏者——学生给予的所有肯定便是学校好环境的价值追求。在北辰学校走廊设计中，我眼中的美也曾引起争议，但有一点坚定了我对美的认知，因为几乎所有的孩子都非常喜欢"彩色的表达"，丰富的色系足以承载学生梦中的"童稚园"。

好学校应该营造好氛围。幸福完整的教育生活需要有温度的学校管理存在，这种温情，可能就是管理者和教师的那颗诗心。回溯所有名校的起起落落，因为管理的温度存在，爱的种子便能够在学生身上播撒，等到时机成熟的时候，幸福师生便一个个瓜熟蒂落。好的氛围是制度的公开公平；好的氛围是生活上的照顾，工作上的严格要求；好的氛围更是欣赏别人的优秀，自己的奋起直追；好的氛围更是业绩劳动成果的量化分割……起初的质疑和不理解，到现在的准确定位，再到未来的向美而生，需要情怀、需要行动，更需要坚持。

学校是教育发生的地方之一，但不是唯一，教育应该比任何职业都崇高神圣，教师应该比任何工种都富有诗意，有情怀的师者绝不会沉沦，他的武器就是他的笔和语言，甚至他的师者模样。杏坛之上，弟子群读，为师抚弦鼓琴，师者乐趣大抵如此。

好的学校，应该是美好发生的地方；好的学校，应该是酝酿梦想的地方；好的学校，应该是温暖人性的地方。

2022 年 7 月 20 日

一堂群文阅读课引发的
关于乡村学校办学活力的思考

在今天学校的群文阅读公开课上，学校优秀青年教师刘嘉子在课程的导入环节问她的学生："孩子们，你们喜不喜欢昨天下午的运动会？"全体学生异口同声地回答："喜欢！"刘老师继续问学生："你们知不知道昨天下午举行的是什么样的运动会？"学生争先恐后勇敢地站起来回答，"绑着腿走路""钻袋子里跳"……没有一个学生准确地说出他们参加的运动会和比赛项目的名称，即使这样，却仍掩饰不了他们脸上洋溢着的幸福表情！刘老师接着通过 PPT 展示了昨天趣味运动会现场比赛的照片，他们显得更加兴奋，一张张照片显示着学生参加比赛的精彩瞬间。当刘老师指向教师参加比赛项目的照片时，学生努力地辨认着上面各位老师的面孔，好奇地回头看听课现场是否有参与比赛的老师……

这个场景发生在我们学校的一节普通的群文阅读公开课，但我的心情却久久不能平静，这节公开课引发了我对乡村办学活力的思考。任何时候，我们所掌控的学校从发展本身应该服务于教师、服务于学生。

乡村教育是艰难的，乡村教育也是复杂的。

乡村教育的艰难在于硬件设施的落后和软件资源的欠缺。在很多情况下，校长能够做到的就是力所能及弥补这一切不足，而充满活力的校园就是最好的突破口。乡村教育的复杂，更多是来自人自身的复杂，教师专业化素养是首要因素，复杂多变的时代需要信任感的回归；扑朔迷离的环境需要价值观的改变。这次趣

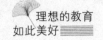

味运动会就是最好的证明。

在我们这所偏远农村寄宿制学校举办趣味运动会，我想解决四个棘手问题。一是解决乡村教师生活枯燥的问题。学校本身离城比较远，年轻教师又非常多，同事们每周只能回一次家，课余生活非常单一，超负荷的教育教学和脱贫工作让他们产生相当程度的职业倦怠。趣味运动会与爬山比赛一样，就成了我们师生生活的调节剂和润滑剂。二是运动场地缺乏的问题。我们学校占地6600多平方米，学校小且似乎不太美，连一个像样的操场都没有，畅学楼前院的一千多平方米的空地便成为运动场的首选。学生没有见过，更没有参加过一次像样的运动会，小规模的趣味运动会便成为首选，从小在他们心中播下竞技的种子，若干年后才会成为他们最美好的回忆。三是体育精神引领的问题。我喜欢运动，但似乎缺乏运动细胞，样样会样样不精，一天忙忙碌碌却抽不出时间好好锻炼一下自己的身体，举办这样的运动会就是想让和我一样的教师走出办公室，好好活动活动筋骨，但结果仍不理想。老教师为了"师者的尊严"怕丢掉面子不参加比赛，同因穿着的麻烦懒得去参加比赛，当然还有部分因为"老师"的面子问题不敢去参加，这些都是不能勉强的，只能引领与鼓励。四是让学生释放一下学习的压力，给沉寂的校园带来一些活力。不可否认，当我听到学生声嘶力竭的呐喊声时，内心是幸福的，因为我梦想中的校园就应该有笑声、歌声，有诗、有远方……

我们的教师的确不是最优秀的，但他们却是最努力的。他们不能像名校的体育教师一样短期内能排练出活力四射的韵律体操，不能像名校一样设计出高大上的趣味比赛项目，但他们却依然能够凭着自己的"两把刷子"给偏远的农村学校带来欢乐与笑声。

诚然，一所有活力的学校不能只依靠这样的活动，任何时候教育都不能成为孤独者的事业。今天的群文阅读课又成为最好的例证，课上，刘老师展示了一张小蚂蚁搬骨头的图片，让学生看图猜猜小蚂蚁在干吗。有个学生快速地站起来讲小蚂蚁在咬小女孩的手臂，听课的教师会心一笑，实际上是小蚂蚁在搬骨头，但我们有什么理由去扼杀学生天真无邪的想象力？随着问题的升级，回答问题的学生越来越少，我们是不是应该思考，作为教师的我们是否哪里做得不好，是否因为我们才让学生不能勇敢地说出来、站起来？让学生从挖掘身边的资源做起，发挥他们天马行空的想象力，比起城市的孩子，我们又缺什么？

趣味运动会已经举办了四届，群文阅读课我们的教师已经越来越拿手，教师也越来越体会到专业成长带来的成就与满足。看着朋友圈各学科教师晒的学生的作品，看着他们充满活力的课堂，我没有理由去怀疑这所学校未来的走向。分层作业、分层教学、群文阅读和全学科阅读不会只成为这个学校一个硬邦邦的名词，因为我们都是践行者。学校管理团队的每一个成员的人生必将同时因为学习、发展和创新而变得异常闪亮，引领别人，成就自我！

从点点滴滴做起，踏实回到教育的原点，安静读书，认真教学，努力让学生拥有完整的教育生活，这或许才是我们真正的"职业幸福"！

2019 年 11 月 27 日

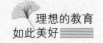
有效作业实施的价值就在于减负

两个月以来，"双减"火了，沸沸扬扬蔓延至教育界的每个角落。有意用"火"这个字眼，只为了表达一个很现实的问题，就是这个政策的时尚程度和关注度之高。其宏远的背景、深远的意义正为越来越多的教育人所认同。

大家都知道教育"内卷"已经到白热化的程度，需要改革，需要从国家层面动真格使狠力，"双减"带着大家的期望横空出世，来完成多少教育人梦中都想解决的"内卷"难题。不过有个问题无法忽略，除政策外，"双减"还应该以什么样的方式实施？

政策层面上，校外培训机构轰轰烈烈地关闭了，课后服务一夜间在所有的中小学实施起来了，各学校都在研究自己的实施办法。伴随校外培训机构的停摆（即一减完成），"双减"导向上无一例外地指向另一减负的目标——作业。

陶行知先生讲，教育要从重知识、注重成绩、注重分数坚决地转向人，转向儿童的发展，转向的可能性就在于关注儿童未来的发展性。减轻作业负担，意味着从重知识重分数转向儿童的全面发展。

9月中旬起，学校围绕家长关心关注的作业问题，从作业规范、作业量、作业分类和作业设计等方面开始主动介入，把以往交给教师的权力收回学校，在《北辰小学作业规范》已经出台实施的基础上，出台《北辰小学作业管理办法》，全面实施有效作业。我们将其称之为"有效作业"主要原因在于，不仅要严格执行上级关于小学生关于作业的时长，还要破除老师随性布置作业的可能，能够全面对照课标，设计适合北辰孩子自己的作业。

我理解的"有效"是从质量视角来看的，有效作业意味着学生在做完作业后是有效果、有效率的。所谓有效果就是指能够达成预期的教学目标，有效率则就是以较少的时间和精力投入取得较好的学习收益。达成或超过预期的目的，也是实现超越期望目标的能够增值的教学。未来，有效作业也许会成为动态的转化过程，即有效作业从"理想"的有效转化为"思维"的有效，最终实现有效的实施。

我建议所有的教师在作业设计的问题上开始全面使用必做和选做，全面使用大杂烩式的作业种类，从实践作业（手工、阅读、背诵和观影等）到书面作业（毛笔字、绘画和各类习题），应有尽有。必做题紧紧围绕课标命制，不要多，但一定要精，能够达到巩固课堂上所学的重点难点，完成学习目标的任务，绝不允许超纲，让85%以上的学生能够掌握课堂所学，没有遗留问题。选做题，同样要围绕课标设计，但要按照学生的基础掌握情况，分为难中易三种题型，设计并提供足够量的选择题目；学习底子弱的学生可以选些简单的，学习好的可以选些具有挑战性的，让吃不饱的学生有饭吃，让不喜吃的学生有选择的可能。

在作业分类上，我想把以往为了达成对某一知识点的掌握而布置的书面作业称之为"常规作业"，主要是围绕课标，为巩固和落实认知教学目标服务，练习题具有促进学生发展、掌握知识核心的功能，设计恰当的练习不但能巩固、拓展和深化学生的知识技能，还能培养学生的知识能力。通过常规作业可以进行教学反馈，促进预定教学目标的实现。除此以外，我认为还有两类作业对学生来说更为重要，一类是养成教育作业，一类是实践作业。

先来说"养成教育"作业。现在的学生不能自己做饭、自己洗衣，没有好的生活习惯，大人常把学生能够自己做的事全部揽到自己身上，头发脏了、衣服破了都得等家长来提醒，甚至家长去洗去补，连基本的收纳整理习惯都没有；家长的取代往往会抹杀学生学习的主动性，使学生被动接受自己所观察到的一切，这种教学效果肯定不佳。应让学生主动参与，整理房间，刷洗衣服，积极探索，共同分享成果，从而构建自身的养成教育知识体系；我们老师再把培养学生良好的学习习惯作为养成教育作业请家长评阅，最终向教师反馈，这样既有利于学生健康成长，又能促进学校与家庭、社会之间的联系和沟通。

再说实践作业。在我看来，"双减"最不应该减的就是实践作业，学生的动手能力太弱了，简单的一些设备操作或实验都没法独立完成。有的放矢地让学生走入社会、走进自然、走进实验室，结合生活情景，联系学习实际和生产生活来为作业设置真实的实践情境。如此，不但有利于学生了解生活实际，也能让他们学会把理论与实践结合起来，在实践中分析和解决问题。

综上所述，从教学的实施过程来看，我所设想的有效作业应该是在有充分准备的教学环境下，教师能够有效地去完成教的任务；在此基础上，教师对照课程标准寻找最适宜学生成长的作业，师生共同选择作业任务，从而激发学生有效地学，完成指定的作业任务。有效教与有效学的全面交流与互动，对全面实现预期的学习目标起到了至关重要的作用。

"双减"政策已经实施近两个月了，关于作业减负的探索各校都在开展，笔者认为，学生做作业的过程本身就是自我成长的过程。教师精心选择、编制习题，设计不同的作业类型，在指导批改作业的过程中生成新作业，也是其教学素养提升、专业知识增长和技能磨砺的融合过程。要充分相信，有效作业实施的过程是师生共同成长的过程。

期待北辰小学的"有效作业"不是单一的习题整合，也不是解决教学目标的花样实践，更多的是围绕课程标准的作业操作指南，有动笔解决问题的内容，更有动手解决问题的内容。如果在此基础上，还有习惯培养的内容，那就完美了……

2021 年 10 月 24 日

"双减"，减掉的是整个社会的教育焦虑

五月中旬，中央全面深化改革委员会第十九次会议审议通过了《关于进一步减轻义务教育阶段学生作业负担和校外培训负担的意见》。围绕义务教育阶段最突出的问题之一的学生负担太重，教师短视化、功利化开始得到全社会的关注与解决。

教育机会的均等、社会的公平一直是我们所追求的，但是，我们追求的是谁所定义的公平和正义？有一个关键点是，我们每个人都有热情和理念，可很多时候都在倡导自己的想法，忘记了教育的初心是什么。教育本是为了让人更加幸福地生活。

近十年来，校外培训机构无序发展，一个家庭所有的关注点都在孩子身上，"校内减负、校外增负"现象异常突出。学生异常繁重的课业负担让我们这些从教者开始质疑自己的办学理念。"双减"政策将反推教育形成结构优化、集约高效、安全可靠的新型教育基础设施体系，减轻义务教育阶段学生作业负担和校外培训负担；将使学校教育教学质量和服务水平进一步提升，作业布置更加科学合理，课后服务将基本满足学生需要；学生学习将更好地回归校园，缓解家长乃至全社会的焦虑情绪，能够进一步促进学生全面发展、健康成长。对校外培训机构的规范管理和从严治理，将有利于回归教育本质，起到让学校回归主阵地的作用。

近期，又从上海教育出版社官方公众号上看到，9月1日后，上海中小学将进行十大关键调整，而且要强制落实，从全面开展课后服务、禁止学校公布成绩与排名至每天一节体育课，事无巨

细地指导当前义务教育阶段学校的办学行为。作为中国教育的领头羊，上海教育一直是我所崇尚的，当然为这些政策的出台暗自叫好。

几天前，又从深圳教育公众号上看到，深圳市人大常委会网站发布了《深圳经济特区社会建设条例》（草案征求意见稿），其中最重磅的内容就是"全面推行大学区制"，推行大学区招生和办学管理模式，建立义务教育阶段学校教师交流制度。这又是一个重磅利好的条例，对合理配置教育资源、优化教育结构会起到无以言说的积极作用。

一系列的组合拳，一系列的政策支持，将全面开启教育发展的新时代。作为西北偏远地区的教育从业者，我能够感受到不论是教育管理层，还是家长与老师对当前教育的深度焦虑和深深无奈，"剧场效应"的灾难已经蔓延到社会大众生活的方方面面。可是在我眼中，真正的教育不是这样的，培养怎样的人，怎样培养人，终于从最高层开始精确定位。

听评了不知多少节课，内心也明白教师所有的授课都指向考点与分值，这一点无可厚非。因为在当前，教师是否优秀最终得以考试成绩作为衡量的依据，一节课讲得再好，如果学生无法掌握考点，似乎所谓的优秀便不值一提。就连语文学科，大多数教师都在总结考点。这一点是非常矛盾的，再好的教学理念没有好的成绩作为支撑，家长和学校似乎都不会答应。可这是我们追求的教育吗？

学科培训大行其道，不是考点归纳就是集训突破，学生就像木偶、机器人，为了一分而头破血流。每到周末和假期，可怜的学生从学校再次走向补习班，没有了童年的趣味，没有了自由的呼吸，为了家长的殷切期望，他们没有理由选择退缩。培训机构笑了，学辅教师笑了，唯独孩子们却越来越苦……

教育的终极价值是让孩子成为一个健全的人，能够尽力幸福完整地生活。不是"超越一分干掉千人"的你追我赶，让合适的人到合适的岗位幸福地工作，这才是生活的价值所在。

我多次在和同事交流中谈到要围绕课标，有些人或许会理解为我也在潜移默化地引导同事抓住考点，这是一个谬论。课标本身的价值在于分级施教，让我们的教学渗透正确的政治价值，按照青少年的心智结构特点，开展各项能力教育，它也是国家对学生在各学科领域应具备的基本素养和要求的全面阐述，更是编写教材、开展教学和进行评价的主要依据。有效的教学必须是围绕课标开展的教学，它与所谓的考点归纳和知识点总结是有本质区别的。

国家层面一系列政策的出台，实际在某种程度上已经全面开始扭转"唯分数"论的倾向。我们的人才不应是"高分低能"的机械学习者，国家的复兴需要有创新能力、健全人格的发明创造者。诺贝尔奖项代表不了一个国家的经济实力，但绝对能代表一个国家的人才储备，我们需要能够突破别国技术制约的科技前沿人才。

2021年高考结束后，多数学生反映考试题目不是太难，但六月底分数公布后，不少学生的分数并不怎么高，甚至有些复读生的成绩还下降了，有些家长质疑阅卷是否出现漏洞。其实我们在研读完今年的高考试题后，这个问题就迎刃而解。新高考的命题导向和评分标准都发生了变化，以往的知识点记忆和刷题作用有所降低。作为基础教育指挥棒的高考，如果大量刷题和知识点记忆训练仍然有存在的市场，那么所谓的核心素养、立德树人和养成教育等就不会有话语权。分数就是成绩，分数就是优劣，我们也就没有理由要求我们的教师用所谓的教育情怀支撑岗位能力的提升，没有好成绩的教师绝对是被人瞧不起的。

那么"双减"到底给了我们一个怎样的教育导向？今年的高考试题究竟反映出了怎样的现状？如果我们仍用以往的教学方式

去开展教学会面临哪些问题？"双减"必须要提高课堂质量，提升学校办学质量，注重孩子的全面发展。比如语文学科，今年的高考阅读部分的分值达到了一个新的高度，可以说"无阅读，不语文"，要想得高分，就必须有日积月累的阅读素养。从考生作文引证的各类材料就可以基本判断出考生的阅读位于哪个层次。目前古诗文阅读和现代文阅读得分的有效支撑就在于大量的阅读，无限相信阅读的力量将是应对新高考的最理性策略。以此而论，教培行业开展的基于考点总结的培训会让得到高分的可能性越来越小。另外，各学科情境阅读分析题开始占据较大的比例，这些情境题顺应时代要求，能够深入结合生活实际、结合人格培养，数理化的考试问题已经开始趋向有较高思维含量的分析题。那么我们以讲授为主的课堂又能帮助学生形成何种较高层次的思维分析能力？

我们再进一步说说新高考未实施前的教培。时下有一个网络潮语叫"教育内卷"，因为学科教培的存在，本该无忧无虑长大的孩子，就这么硬生生地被关在数理化学习的笼子里，快乐童年活生生被补习班夺去了。目前学生负荷很大一部分就来源于校外学科培训机构，"双减"政策就是要让所有的人认识到教育不应把每一个孩子都逼得放弃童年。我们应该认识到"双减"的落地，"团灭"的本身不是学科教培，而是"教育内卷"。

相信这是一个伟大的时代，这是一个可以包容万物、海纳百川的时代。虽然任何一项政策的出台必然会引起部分利益群体的坚决反对，但我不得不说，素质教育的东风终是来了，教育这片江湖，潭大水深，我们为其清澈做出的努力绝对是有价值的。

请相信，教育的终极价值必须指向人的全面发展，就是为了人的幸福生活而存在！

2021 年 9 月 4 日

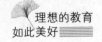

智慧校园助力学校温馨管理

　　曾经特别向往的新样态校园生活，有一个非常重要的专属构建，那就是网络支撑下的智慧管理。不管是未来的社会发展，还是未来的学校形态，都离不开数字化时代的网络智能支撑。所以，自小培养学生的智能创新意识，既是社会发展的需要，也是人才培养的基石。

　　看完朱永新老师的《未来学校》，我曾经设想过一种未来的学习场景："无处不在的网络学习、阳光便捷的校务管理、融合新颖的云端教研、安全实时的家校沟通……"这种学校生活体验似是很遥远，但时光与机遇眷顾，2021年底，智能北辰竟然会以迅雷不及掩耳之势，悄无声息地来到我们的身边。

　　两个多月前，在北辰的中长期发展规划中，我列出了北辰的五种新样态生活——"爱读写、好运动、育涵养、勤实践、享智能"，其中"享智能"被列入最后一种必然要实现的新样态学校生活。如果当时让我定义一个时间，我想至少需要十年。2021年9月，十年缩短为一月，联想智慧校园在上级领导的努力下，作为招商引资项目进驻包含北辰在内的四所学校，不经意间实现了我对智能北辰十年的希冀。

　　从理论上讲，智慧校园的发展绝不是一蹴而就的，首先应该有基本信息技术素养支撑的教师，再有前期数字校园建设的基本铺衬，才会有智慧校园发展的融合平台和数据共享的服务平台。现实是，教师信息化素养亟待提升，数字化校园基础设施设备缺胳膊少腿，困难肯定是有的，但看着有了小小雏形的智能北辰，心中还是充满了期待。

联想团队是出色的，不愧为品质大公司，从设计、规划到签约施工，项目实施如火如荼。以陈鸿章为代表的设计施工与管理团队给北辰的老师们好好上了堂课，干事创业真得有一种精神，这种精神就是要"放得下架子，俯得下身子，干得了琐事"，否则，成大事就是枉谈。

10月底，智慧北辰第一期施工基本完成，智慧校园发挥了其独特的作用，网课顺利在企业微信端有序进行，家校沟通也较以往更加便捷，解决了线上线下融合授课中的一系列问题。尤其是开发团队能够按照学校的需求及时对班级作业、课外打卡功能进行开发，两周多的网课较以往取得了更好的成效。

未来，北辰的智慧校园需要解决的问题会非常多，但当下，尤其是在"双减"背景下，这几个功能却完美解决了一系列教师减负的问题。

一是告别教学设计的重复冗余。未来，借助优质的线上教学资源，分年级同科目集体备课将有序推进，摒弃以往单打独斗完成教案设计的方式，分工备课，集体磨课，共同按课标敲定重难点。一个年级三百多个孩子可以公平地享受优质的课件资源，教师可以设计更加精美的板书，更加精致的作业。

二是筑造师生共同生活的安全屏障。师生进出校园都要进行人脸识别，监控覆盖全校，安全宣传教育可以达到全媒体化，从电子班牌、公众号运营到网络视频和音乐传播等，时时处处享受全媒体教育的滋养。

三是进入学校管理大数据时代。基于数据分析的管理将更加专业，各类数据整合后精准率将更高。从师生考勤到阳光财务，再到各班的财产报修，学生阳光分班，体质监测透明，新生入学网络报名招生、教务排课与监考、教案作业检查与评比等。只要你想到的，没有做不到的，智慧校园将带给你难以想象的便捷。

四是改变教学评价。从德育常规评价到学业水平分项评价将更加细致、更加严谨，学生的成长档案将是家校沟通项目中最让家长喜欢的选项，时时处处看着孩子成长是一件多么让家长开心的事。

教学核心环节上，同步备课、互动课堂、在线检测、课后作业、智慧教研、教师教研组、评课议课、主题研讨、微课制作与管理等，将助推教学质量的完美提升。

未来，校园广播系统、校园网络监控系统将作为智慧校园子系统，进一步与智慧智能互联互通。

智慧校园的发展，或许更多是为学校温馨管理的更加便捷来服务。但未来北辰学校必须从课程观、能力观进行自我调整，教师能够产生符合中国学生核心素养的育人观，而这种育人观本身就应该是跨学科的、跨领域的。在当下，如不能科学设计、长远规划和设计，智慧校园必定是短视的。

感谢这个伟大的时代！

2021 年 11 月 13 日

遇见美好

三日前接到通知，赴兰州参加由"你我伙伴"性教育支持平台和西部阳光基金会联合主办的2019年乡村学校性教育论坛。当日培训结束后，一直想提起笔写点什么，无奈工作琐碎，竟无暇而言其他，今日方能够提笔谈谈关于乡村性教育的浅陋感受。

古往今来，"性"是个极其敏感的话题，社会大众谈性色变，教育工作者谈性那更是损坏社会风气、失伦理违道德的事情。在这样的观念下，乡村学校的性教育就成了一片空白。但不可否认的是，随着社会的进步，人们生活质量的改善，青少年性发育已逐渐提前，乡村学生因其父母长期在外务工缺乏引导而造成的不良事件时有发生。为了学生的健康成长，学校管理者有必要改变以往的认知，在性知识教育普及方面做出自己的努力。但在中小学生的性教育中，我们到底该教给学生些什么？对于我们难于启齿的性教育，该教会学生些什么？这是值得大家深思的问题，也是我参加本次培训最想知道的答案。

农村不同于城市，从媒介的角度讲，农村学生获取信息的来源有限，社会风气较之城市更显保守，父母子女间就性这个话题谈心更显不易。为了生活，大多数父母外出务工，学生都成了留守儿童，除了学校，学生几乎没有获取性基础知识的来源。但现实情况是，绝大多数学校未开设性教育课程，我们不缺乏性教育学科教师，多数教师经过简单培训就能胜任，缺乏的是乡村学校管理者的重视，缺乏的是政府主管部门的有序引导。

本次培训中《开得了口家长性教育》视频中的一句话让我感

触颇深："我们花费很多年时间，让孩子们去学习数理化，去报各种辅导班，但是却选择忽略和漠视伴随我们一生的命题——'性'；我们每个人都曾在母亲的子宫中生活过 280 天，我们没有理由为我们曾经旅行和生活过的地方而感到困扰。"是啊，我们的父辈生活在从贫穷走向富强的时代，他们或许从来没有教过我们有关"性"的任何知识，可我们做性教育不是苛责父辈。回顾我们知晓性知识的过程，我们有理由也有义务让我们的学生通过正常的渠道和方式了解性；我们做这一切，就是因为我们生活在一个更加开放更加包容的时代，更有义务让我们的下一代不要因为性而感到困扰。

培训当天的课程非常紧凑，从小组协作讨论至性知识"你猜我答"游戏，基础课程解决了留在教师心目中的一系列疑问。作为试点县的试点学校，礼县、康县和成县的同人毫无保留地分享他们的性教育课程。我对他们重视儿童性教育，及时将性知识传递给每一个儿童的做法非常佩服，这样的课程能从根本上避免一些悲剧的发生，并且学习一些性知识也有益于他们的健康成长。

乡村学校乃至城镇学校开设性教育课程的发展之路在未来仍存在着许多的不确定性，一方面乡村学校提升儿童性教育离不开教育主管部门的大力支持，另一方面需要社会大众对性教育有更多的包容。但任何时候，作为教师和教育管理者都不能以上述理由忽略儿童性教育。教育的目的不仅是教孩子学习知识，更重要的应该是让他们学会如何生活。

2019 年 10 月 30 日

我与新课标

"原来，我们家里不冷是因为有这个大锅炉在烧热水，热水流到我们家的暖气片里面，所以就暖和了……""水流是通过水泵在增加压力，我以为是从高处引过来的。""爸爸说烧煤容易产生大气污染，但供热公司怎么会有这么多的煤啊？"这是甘肃省西和县北辰小学的二年级学生在户外实践课堂《"环保研学"跨学科综合课程》上的思考和感悟，从学生口中我们知道了这次的校外实践达到了课程实施的预期效果，配合这次跨学科实践的深入学习即将继续。

502班在新课标教学实践中，大胆推进"读思达"背景下的"大课堂"性质的情境教学，把语文、数学、本土历史文化和思政教育贯穿学科教学的始终。教师对课程实施细致的打磨，决定带学生以"小城说教"式开展学习，结合实际针对各个学习环节设置开放性情境，既融入了语文、数学、美术、地方史等多学科的综合教学，又完成了指定的学习计划。这样的实践教学，会让学生有高度的自我代入感，能够使学生积极主动地参与问题讨论，激发学生解决问题的思维。学生的创新意识和解决问题的能力也会得到锻炼和提升。

"今年的通家书真好，你看，我们家孩子在阅读方面还是不行，没有完成老师要求的读书任务。"2022年7月，学校新修正的学生综合素质报告单下发，立即引起了家长的注意，这份报告单没有了以往的具体分数，取而代之的是各学科的分项评价。学生考完的成绩将严格按照优秀、良好、合格和暂缓评定四个等级分项评定。同时，每门科目对应的成绩评定也不再只有一项，最多达到六项及以上，根据语文、数学、英语、科学等科目的学科特点，罗列出十五项学科关键能力。比如语文科目下面分成积累与运用、阅读、写作、口语交际和综合学习五项，科学分为概念理解、科学探究和实践能力三项。在相关年级的县级教学质量评价中，学生的得分情况都会对应到学科关键能力里。之后，再根据学科课程标准，将学生的得分折算为高于课程标准、达到课程标准、基本达到课程标准和暂缓评价四个不同等级。这样细分成项后，一眼就能看出学生薄弱的地方，以后学习就可以更有针对性。比如语文的阅读与口语交际、英语口语、数学的空间想象等，现在大家都重视起来了。对科学实验等能力项要求现场操作抽测，则"封住"了以往学生不动手试验、背背要点就能过关的"门"，倒逼教师扎实地培养学生的操作能力。"考什么"正在影响"教什么"，加速教师教学理念的转向。

这只是 2022 版新课标颁布后，北辰小学在教育教学方面的一些变革，2022 版新课程标准最大的亮点是全面提升学生核心素养。核心素养导向下的教育变革，必须要依托教师教育理念的变革、学生健康价值观的培养，以此推动教学过程的变革，提升学生的思维品质；推进教学评价的变革，优化"双减"背景下的教育生态，促进学生能够快乐地学习；提升学生的社会责任感，把创新精神和动手实践融入育人的全过程。

新课标印发后，学校组织骨干教师在暑期对标新课程方案修订课程计划，研发《"双减"背景下的有效作业集》，基于新课标的教学变革正在北辰小学悄无声息地推进。

2022 年 12 月 29 日

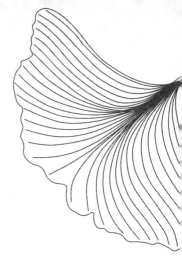

宁静而致远

　　几载光阴，夙兴夜寐，所见所闻所得均与校园有关，所思所想所感均与教育相随。与他人看，这只是职业使然，但于我，却是心中所愿。正如罗先生之赠言，或许这种姿态会和初心一道，行近致远。

寻找学校发展的诗意代码
——浅议学校宣传

经常听他人讲，"在工作中不能只顾埋头拉车还要抬头看路"，提示我们在任何工作岗位上都要边实干边思考，做好记录和反思。教育工作也是如此，在日复一日的繁复工作中，我们都有一种"被看见"的欲望。教育工作虽然琐碎，但记录这种真实的状态也可以让我们重新正视自己的职业生活。

在我看来，学校宣传工作最大价值在于"记录"，就像自己学生的成长，我们是要通过宣传的途径来记录这所学校的成长。如今大多数学校没有条件建设校史馆，学校师生成长的记录媒介又相对较少，如果通过宣传的方式来做好图片、文字、视频的记载，无形中就建立了学校发展的校史档案；若干年后，它将成为纪念校园中每一位师生成长弥足珍贵的财富，最终会成为学校发展的诗意代码，其中必将裹挟着艰辛、汗水、幸福和温馨的瞬间。

我们通过宣传的视角对内是激励校园内的每一位师生，从师生的成长中收获发展的成就感与价值感；对外则是要传播学校办学的价值观，获得上级主管部门和社会大众，尤其是家长群体对学校办学的支持。

做好媒介的选择

自媒体时代，可供选择的宣传媒介非常多，网站、新浪微博、抖音、快手、微信公众号、小红书等，每一种媒介都有其优势。比如网站运营功能齐全，但运营技术与费用比较高；新浪微博家长用户群体较少，关注度不高；抖音家长用户最多，但其为短视频平台，不能全方位记录和展示学校的故事；小红书在过去的两年可能是年轻家长群体较喜欢的平台，但普及程度仍需推广。

结合学校宣传工作的需要，笔者强烈推荐微信公众号平台，它能够摒弃其他媒介本身存在的一些缺陷，且能够非常正规地做好文字、图片和视频的记录。相比较其他行业，教育行业其独有的特性也决定了公众号会成为一个非常好的记录媒介。另外，微信公众号原创内容受欢迎程度非常高，能够依托微信客户端独有的社交传播链条，其点对点的传播价值也最为显著。

笔者所在的学校建校才两年多，但是当前在县域内已具有一定的影响力。除学校治理和教师敬业等因素外，公众号宣传的功效也至关重要。学校微信公众号成了外界和办学文化传播的最好视窗。我们通过微信公众号不遗余力地向外展示学校的各项工作，其中有显性的师生成长画面，也有隐性的教育理念，应该说，公众号的运营取得了成功。

做好学校宣传定位

定位学校的宣传导向，首先要考虑谁来主导学校宣传，即选好传播者；其次要确定发布的内容；然后要考虑传播的媒介；最后要考虑受众，即传播的对象。以上程序完成后，就要考虑传播的效果。

在学校宣传工作的主导上，校长不能当甩手掌柜，更不能将校长作为学校公众号的宣传主角。在这点上，笔者深有感触，学校公众号如果放权运营，造成的直接后果就是，校长的治校理念和文化定位不能渗透到学校的具体工作中，一直有一种"两张皮"的痛感。当然，不放权运营并不是让校长去撰写、去完成，更多的是校长要参与其中去指导、去布局。

学校宣传本身就是通过师生的校园生活完美地展现学校的办学理念和价值追求，通过丰富多彩的课程和师生的工作学习体验，展示鲜活的校园状态，一定要体现师生真挚的情感流露。所以，发布的内容绝不能以校长为关键，主角可以有，但一定要做到能够展示学生就不要展示教师，能够展示教师就不要展示校长，我们是无法通过吹嘘校长而赢得信赖和尊重的。

当前，笔者针对所在学校公众号的阅读量做过一些数据调查。数据显示，某些文章阅读量低下的最主要原因是包括家长在内的受众感觉内容与其没有直接关系，相反，对于光荣榜、开学报名通知等与学生息息相关的文章阅读量会大幅上升；与学生成长相关的公众号文章也会得到更多的关注。所以，笔者建议学校公众号的发布内容要尽可能展示学生的成长轨迹，以获得较好的成长关注。当然，也可以是与教师素养成长相关的，切不可追求阅读量，它只作为教师成长的有益记载即可。

对一所学校而言，选定公众号作为学校的传播媒介，就尽可能不要再在其他媒介上花心思、下功夫，除非有特别的需要，否则可能造成学校工作的本末倒置，浪费太多的时间去做非教学任务。社会大众不会过多地关注一所学校。我们需要的效果是，让媒介不仅成为学校的宣传窗口，也要成为学校的监督和建言窗口。

另外，笔者建议学校管理者还要注重宣传的视角，对于工作汇报类的公众号文章，可以从宏观角度言简意赅地做好介绍，无须重视其"同质化"的问题，基于工作的规范，必须要考虑依照工作程式开展工作，无须过多创新。工作汇报外的文章，要尽可能站在师生的视角去撰写、去阐述，切不可站在学校宏观视角，

一旦站得太高，就可能丢掉最该展示的群体状况——师生发展。笔者主张，基于学校师生成长的所有写作必须是客观的，可以自我肯定，但切忌使用"最好""最优"等绝对性词语。从家长、上级主管领导和社会大众口中评价的学校，往往才是最真实的。

理念和故事并行

我们总是说"一位好校长就是一所好学校"，这句话从侧面肯定了一位校长在一所学校的重要性；从宣传工作的角度，校长就是宣传工作的总导演。司空见惯的未必就是对的，传承下来的未必就一定是优良的文化。校长的教育理念应该用一种载体来表达，于笔者而言，公众号也是最好的表达载体，不需要表达得多么精确、多么专业，但通过学校举办的各类活动和治校行为，就能很好地展示校长个人的教育价值观。

笔者认为，在学校宣传中，如果想传播办学理念，可以尽可能多去使用讲故事的办法，而不是空洞地谈推崇的教育理念。学校宣传还是要注重理念与故事并行，在讲好学校故事的同时，要通过故事渗透学校办学的价值理念。因为拥有什么样的师生观，我们就会做出什么样的学校宣传设计。

其实，于学校的常态而言，老师上的每一节课、举办的每一项活动、开展的每一次学习培训，归根结底都是为了托举学生的成长。通过宣传，讲述了故事、传播了理念、获得了家长的支持，何乐而不为呢？

有些人也会讲，学校有啥需要发布的，每天都是一样的工作，平淡无奇，实际上我们忽略了教育的特殊韵味，那就是发现每位学生的不同，找到每位学生的优秀潜能。如果把宣传的视角集中在每一位师生，把其作为一个个鲜活的生命个体时，宣传的价值便毫无遮掩地展示出来。

对于学校宣传，我听过看过不少争议，我想说："如果学校宣传只是为了一份学校成长的记载，我想它的价值都无法低估，何况还有许多的其他功能。"我相信大多数教育同人会认同我的观点，尤其是为了留住我们曾经战斗与工作过的岁月痕迹。

宣传的文字、图片和视频最终会成为见证学校发展历程的最好记录载体，也会成为教师自我职业认同与梦想信念共振的最好平台，最终也会成长为师生共同体验、彼此激励成长的教育"课程"。

另外，学校宣传还要注重色彩有余，教育温度也要满格。有画面感的视觉形象、有冲击力可以触及灵魂的文字，既要见物也要见人，因为人才是学校的主体。淡化的是行政色彩，增加的是教育韵味，尽可能以相对低调的风格获得更好的传播效果。

站在有温度的教育视线来写文字，站在留住童年记忆的角度来拍照片，让宣传的文字最终成为学校的诗意代码，精准地展示学校的发展状态。

2023 年 1 月 27 日

用好老师素养来建构职业新状态

领导人所定义的"四有好老师",即要有理想信念、有道德情操、有扎实的学识、有仁爱之心。我时常思考这样几个问题,除上述"四有"外,一个好老师和普通教师最大的区别在哪里?是什么建构了好教师的职业状态?是习惯还是信心?是爱还是机遇?

多年来,教师职业已经慢慢从一支粉笔打天下的状态,发展到多媒体多场景支撑的交互式学习状态,与时俱进的教师素养提升已经在彻头彻尾地改变着教师这个职业,好老师已经在用好的习惯、好的课堂建构着职业的新状态。好老师的素养有效促进了教师的专业发展,也成为优秀教师成长的基石。

一、好老师要自律自省,尤其要有职业好习惯

在教育生活中,我们总是通过自己的方式去改变学生的不良习惯,促使他们养成好的学习习惯。殊不知,好老师素养之一便是教师本人也应有职业好习惯。

我们对习惯的定位是教师个人的教育教学方式,是教师本人在日常的工作学习中形成的相对固定的教学风格和相对一致的教育方式。这其中包括教材的使用与处理、教学工作的环节、学生的批评教育、班级管理的风格等,还包括与之相匹配的同事关系处理、自我职业的规划等。我们会发现,在很长的一段时间里,教师职业会形成上述环境行事的独特风格,并习惯性地延伸至教

育情境的始末，就会变成一种常态的工作和生活方式。

既然如此，我们就要通过多种方式从不同角度干预自己和他人形成好的职业习惯，当某一种行为形成某校共同的习惯之后，便会发展成为优秀的可以传承的文化。

好老师的好习惯不胜枚举。比如好的作息习惯，能够充分运用自己工作生活的每分每秒，善于调节自己的生活状态，学习、运动、工作等都成为自己的"标配"，以乐观的心态面对每一天；比如好的工作心态，以上好课为自己的第一要务，研究课堂，不管是传统的讲授课堂还是新课改后的翻转课堂都会去积极接受，把自己当作学生，融入并理解学生，轻轻松松完成一节课的教学任务；比如好的行为习惯，懂得倾听、善于发现、语言亲和、仪表端庄……自始至终，让自己努力成为一个有品位的人。

好习惯并没有一个非常准确的定义，但好习惯却真实地来源于教师的职业生活。在同事之间的交流中，适度的欣赏与赞美；在师生交往中，从未丢弃的尊重与关爱；在枯燥的工作中，寻找生活的乐趣与有品位的生活；在安静的闲暇时光里，反思自己的教育生活……这些无疑都是教师的好习惯。没有了消极抱怨，没有了抗拒心态，好习惯无疑又会建构职业的新状态。

二、好老师要不断学习，尤其要经常关注学科前沿

我认为，一个好老师就应该关注学科前沿，它也应该成为好老师的好习惯之一。因为学科前沿的发展直接决定着学科教学的走向，影响着学生职业的规划方向。好老师每节课都会给学生带来惊喜，除了教师本人要有渊博的学识外，对本学科创新知识的不断学习也非常重要。

现实教学生活中，教师如果没有再学习的动力，那么他的视野就不可能突破教材、突破原有的程序，枯燥的教育教学状态就

无法唤醒学生对未来职业的全景式向往。比如科学学科教学，学科教师必须要掌握教材、教参，但视野必须在科学学科话题之外，把注意力放在与之相联系的相关学术研究的前沿上，用较高的角度来俯瞰教材，学生才会感受到学科的魅力，进而拓展学生学习的视野。

在课堂上，教师要始终站在学科最前沿，用自己力所能及的力量让学生感受到本学科为人类发展带来的不竭动力。比如物理老师，就要第一时间去了解光学的最前沿知识，这样我们就能以"学者"的高度去审视我们的课堂，而不是单一地把课本知识教给学生。教师的害怕创新更多是因为自己知识储备的欠缺，例如：开放式课堂大家都讲，为什么很难驾驭呢？源自开放式的课堂，学生七嘴八舌提出的问题都很刁钻，教师可能无法解答。人类发展到今天，许多课本上的基础知识学生完全可以通过各种媒介自学。了解学科前沿的核心是站在高处让我们的课堂更加精准。

三、好老师要注重"全人"教育，尤其要重视课程建设

"一切为了孩子的发展"这句话经常会出现在各学校的墙壁上，但站在"全人"发展的角度，只是好些学校的口号，因为其已经陷入应试教育的泥沼无法自拔，连最基本的课程建设都无法顾及。我一直比较赞成"一切有积极影响的元素都是课程"的提法，学生要全面发展，始终要聚集于"适合每个孩子发展的教育"，不"唯分数论"，摆脱应试教育的束缚。

现阶段，国家在实现教育基本均衡后，诸如师资、校舍等办学条件已经不再是学校发展的短板，但好老师的缺乏却是学校发展的软肋。好老师除了好习惯、爱学习，还要特别重视推进学生成长的关键——课程建设。只有提供适合每个学生的课程，才能

真正促进学生的发展。比如：我们可以考虑把入学教育做成"入学课程"，从收纳整理、班级建设到如厕、安全等秩序教育，形成学校独有的课程体系，结合校情解决学生习惯上的一些问题；我们同样可以把毕业的仪式沉淀为"毕业课程"，以文化传承的方式出新出彩。我们还可以用本土研学的方式开发"本土文化实践课程"，以"走出去"的方式融入社会大课堂，让学生了解家乡的发展变迁。

在我看来，一所学校好不好，适不适合孩子的全面发展，只需看教师提供的除国家课程以外的课程有哪些，是否在真正全力以赴地落实。好老师会挖掘一切资源用于课程开发，结合学情研究找寻学生的成长需求，丰富多元的课程尽可能满足学生的需要。好老师发现问题，第一时间想到的不是单纯地解决问题，而是想方设法使其衍生为课程开发的资源。比如，学生在入学的时候个人卫生都很差，老师会通过整合"脏乱差"带来的生活问题，从身体健康、保洁方法、病菌知识等方面形成自己的综合教育课程，以课程的方式解决学生的个人卫生问题。

要注意的是，开发课程并非要形成多么好的校本教材，关键是要通过课程建设的方式解决长期积累的问题。比如今年的入学课程，我们已经形成了比较好的课程内容，但通过一段时间的实践后又发现其他的共性问题，我们就要及时地把发现的问题再次纳入课程内容，用于明年的入学课程，通过多年的实践就会形成非常符合本校学生的校本课程。另外，课程也不一定非得创新，我们从对常态现象的反思和追问中可以查阅其他学校的解决策略，"拿来主义"未尝不可，但切忌照搬照抄，合不合脚还得自己去检验。

好老师在课程建设中懂得用数据说话，用实证检验。我不止一次地给我的同人讲过，区别共性问题和个性问题务必要基于实证，是否值得进一步探究一定要基于数据。课程建设的必要性判断，必须要有基于实证的问题意识和基于数据的探究精神，以大多数学生是否获得成长为唯一依据。

四、好老师要重构课堂，尤其要围绕课标改变课堂

2022 版新课程标准已经出台，新课程标准尤其重视学生"核心素养"的落实。《过去的中学》一书中，南开校友们在回忆曾经的校园生活时有这样的描述：如果你认为南开学生是一群只会读书的呆子时，那你就大错特错了，每天学生们的学习生活都很勤奋也很努力，但每天下午的 3 点半到晚饭前的那段时间，没有一个孩子是在教室中做功课的，他们都在操场上做着自己喜欢的运动，训导老师会监督每个学生必须完成运动内容，还有一部分学生会办板报，合唱队的孩子还会去练习合唱，还有练习演讲、辩论的……原文的内容大抵如此，就课堂教学而言，好老师要实现课堂教学的最优化，一定要重新认识课外活动的价值。

如果学生的活动时间不够，好老师即使上半节课，也会通过重构课堂的方式实现学习效率的提升，他们会在正常的课堂时间内加游戏、做手指操、唱合唱、跳桌椅舞……好老师重构的课堂并不是给学生最大量的知识输入，而是通过重构课堂让他们的兴趣、爱好、个性特长得以充分发挥，通过课堂让学生得到尊重和展示。

好老师重构的课堂，就像朱永新老师提出的"教育资源泛在化"一样，不会把学校当作获取知识的唯一场所。通过"大社会"随时随地、线上线下，时时处处都可以获得知识。他们会把课堂带进学校周边的农庄和土地，会把课堂带入工厂和博物馆，更会把课堂带进家庭和虚拟的网络空间……好老师目之所及，皆是教育场所与教育资源，因为他们相信，再优秀的室内教学都无法获得学生心灵与智慧的灵魂触碰。

新课程标准提出了跨学科学习，它似乎与原有的单一学科教学产生了无法回避的矛盾。但好老师却会通过自己的方式开展跨学科学习协作，研究其他学科的教材，联系其他学科教师，共同推进跨学科的学习，巩固、消化各学科课堂所学的知识，以自己的方式重构多学科课堂。这或许是独立于单学科课堂教学和新课程标准外，最有价值和意义的行为。

好老师的素养不胜枚举，这些只是我看到的一小部分。值得一提的是，我的身边已经出现了这样的好老师，他们有着较好的职业习惯，他们爱学习、勤思考，利用假期开发课程，尝试着改变课堂，以自己的方式建构新时代教师职业的新状态。

我想，好老师在哪个时代都是最优的教育资源，与他们在一起工作，就没有理由不全身心投入。

2023 年 1 月 28 日

浅谈体育回归教育的学校实践

12 月 18 日，在卡塔尔进行的 2022 世界杯足球赛决赛中，阿根廷队以总比分 7∶5 获胜，夺得冠军。当梅西迈着小碎步站上最高领奖台时，包括中国球迷在内的全球 80 后喜极而泣。我不是一个狂热球迷，但因为了解梅西的成长史，知晓其为梦想所做的努力，所以对梅西有了更多的关注。梅西是一个励志传奇，也是我们这代人对国足"怒其不争"的自慰疗伤手段。

从足球我想到了体育，作为教育工作者，今天我想站在教育的角度来说说体育。实际上，每次想到国足时，我脸上也在发烧，似是中国足球与我有多大关系一样，但站在学校体育教学的角度，我们真还与足球发展脱不开干系。

当下的学校，清一色的都崇尚这样的价值追求：质量立校，科研兴校。质量的衡量标准是分数，科研的指向仍然是成绩的提升。音乐、美术、体育毫无例外地被定性为"小科"，20 世纪八九十年代我上学的时候如此，到 21 世纪的今天依然如是。家长、教师和学校乃至全社会似乎都达成了这样的"共识"，体育课可以不上或者少上，但语数外必须上够上好。在这样的氛围中，即使有体育特长的学生也会远离体育。如此，我们的足球种子在哪里？

笔者做过一项调查，在曾经工作的一所九年制学校随机选择了一百名一至九年级不同学段的学生，从语文、数学到音乐、体育和美术等十二个学科中选出自己最喜欢的一个学科。在百人份的问卷调查中，竟然有四十七份问卷选择体育学科。作为学校管理者，我深知，学生选择体育学科并不是因为体育学科教师多么优秀，而是源自体育课带给他们的快乐体验和由此衍生的潜在幸福。很多时候，体育才是教育的幸福之路。

观念由"无"到"有"，让体育回归教育

德智体美劳五育融合发展，口号人人皆知，然而就体育教学的开展来说，各学校良莠不齐。在我国的教育体制下，如何让体育教学的"实锤"落地，直接源自管理者对体育教学的态度和体育运动对个人全面发展重要性的认识。

一是引导大家认识到体育的价值。不管是学校管理者还是家长，都应该切实理解体育对学生终身发展的重要性，尤其是在毅力培养、意志锻炼、社会协作和责任心培养方面，相较于其他学科的不可替代性。大家都知道，体育锻炼的过程是一个相对枯燥且艰辛的过程，只有长时间的付出才能够达到预期的效果。有时，甚至达不到自己期盼的效果，但是可贵的毅力培养过程，能够为学生若干年后工作中的努力奠定坚实的心理基础。因为体育让他们知道，只有长期坚持的努力才可以让自己得到发展。

二是营造体育运动的氛围。有运动场地的学校大张旗鼓地举办体育节、运动会，不怕浪费时间，舍得投入，大力表彰；没有运动场地的学校想方设法挖掘和整合可使用的运动资源，通过举办对场地要求不高的趣味运动会、跳绳、拔河等比赛营造体育运动的氛围。通过体育竞技，学生共同锻炼、共同输赢，互相鼓励和支持，为了共同的目标去努力，这些都会让他们更加积极、愿意信任他人，为学生长远发展奠定了基础。

行动由"虚"到"实",让体育回归主流

观念上的引导或许还是无法解决体育真正回归主学科的阻碍,在这样的情况下,我们就要注重制度的设计与支撑。中小学体育成效提升的关键除观念外,更需要在学校管理角度予以制度层面强有力的保障,让体育教学的落实由倡导上的"虚"进入业绩考评上的"实"。

一是严格执行体育学科的量化考核。在全面落实体育学科课程设置的前提下,对体育学科教学的管理与语数外等学科同等对待,教学设计、作业考查均列入教学常规核查的内容,每学期期末的质量监测将体育学科同时列入。因其学科的特殊性,可以考虑围绕教材设置不少于20%的理论测试,80%的质量监测直接进行体能监测。以笔者所在北辰学校近两年的实践来看,行政力推动下的体育教学,让体育教学开始由"虚"到"实",真正让体育回归到学校主流学科。

二是严格落实中小学生体质健康测试。根据《国家学生体质健康标准》要求,学生的体质健康测试成绩每年各学校都要上报至国家级平台信息库,统一核定测算成绩。近年来,因为各种原因,部分学校没有将此项工作纳入学校管理的重要工作中,造成数据水分较大、不能很好地反映学生体质的真实情况。实际上,此项工作完全可以成为推动学校体育教学成效提升的重要抓手。通过举办班级体测运动会,在体育学科教师和班主任的引导下,让关乎学生健康运动底线的项目实打实地落地。比如,最简单的跳绳运动,只要学生喜欢,就能给学生带来充实、有序且快乐的课间。另外,如果我们通过体测来反馈体育教学成效,体育教师的教学业绩的评价也就有了切实可行的方法。体测优良率的背后,就有学生长年运动的自律,在不断坚持、不断自我挑战的过程中,学生也会积累越来越多的自信!

体育运动是相通的。小学段体质监测的六项内容：身高（体重）、跳绳、肺活量、坐位体前屈、50 米跑和仰卧起坐，在现实的体育教学实践中只要以兴趣为引导进行长期要求，都会给学生体质带来可喜的转变。比如，除了跳绳，以班级为单位每天早上还可以组织跑步，通过微信群还可以用打卡的形式反馈给家长，以取得家长的充分认同，让家长成为共建者，陪伴和见证学生的成长。由此，体育回归教育、回归主流便成为一种有价值的育人理念融入学生每一天的学习生活中。

成效由"薄"到"厚"，让体育回归梦想

本届世界杯决赛中，山东某校高三的班主任组织学生一起看球赛引起了全网的热议，笔者坚定地为这样的教师点赞。通过身边的体育赛事，让学生真实地走近体育，感受体育运动带来的快乐，梦想驱动下的体育竞技才会让学生爱上体育、爱上运动。

一是充分挖掘身边的体育资源。我们身边每天都在提供带着"露水"的新鲜资源，这些资源在电视上的体育频道，在身边举办的各类赛事中，这些最真切的资源可以成为体育学科教师最鲜活的教学案例。把观看后的思考与现实运动中的问题结合并展示出来，体育运动的激情便能让学生的智慧成长。

二是依照"洛克定律"，不要让梦想遥不可及。作为教师抑或是学校管理者，在体育竞技目标的未来指向设置上，不能好高骛远，也不能轻易实现，能够实现且富有挑战性，我们的目标才是最有效的。比如，我们首先能够保证高质量地开展体育课，能够实现学生体质健康测试的普遍达标，再去考虑在县市级运动会上凯旋，这样我们的体育成效才会日渐由"薄"到"厚"。

足球不是体育的全部，但足球可以映射出体育的成效。作为

教育工作者，我们要通过学校体育，让学生的体质健康状况得到长效向好的改变；我们要让学生自小学起就掌握一定的运动技能，爱上一项自己喜欢的运动；我们更需要通过大量的案例告知学生和家长，体育、学习和道德品质三者都是教育的重要内容，都是其终身发展的基石。只有这样，才会有真正"有价值"的教育。

2022 年 12 月 25 日

让绘本走近每一个儿童

在北辰，每周三下午的社团活动时，一年级学生都会参加自己的专属社团——绘本社团。之所以会设立这样的社团，一是为了培养学生的阅读意识，二是学校意在从低年级起推进阅读教学的落地生根。

在北辰，还有一个校级文化传承读物——《北极星》。这不是一本诗集，更不是一本小说，而是一本绘本，且是一本长幼皆宜的绘本。

不同的人对绘本的定义截然不同，包括我们的教育同行。有的人认为绘本是我们小时候传看的"小人书"的升级版，有的人认为它是卡通图书，有的人又认为它是图文并茂的儿童读物……看似观点很多，但这些表述都有其合理性。绘本本身对语言、绘画的构成均有特定的规范和要求，主要是按照不同阶段的儿童群的物质和需要形成的。绘本不仅是讲故事、学知识的趣味书籍，还是全面帮助孩子建构精神世界的首选读物。

绘本通过生动的文字、精美的图画让儿童在想象的世界天马行空地飞翔，尤其是幼儿园，绘本阅读在语言文字教学中有不可替代的作用。基于此，学生刚升入小学，在幼小衔接工作的推进上，应该充分考虑绘本的价值与地位，有效的绘本教学将有力地促进学生阅读素养的发展和提升，让绘本走近每一个儿童，走进其天真烂漫的世界。

选择是关键

不可否认，以绘本阅读教学为载体的幼小衔接阅读教学对绘本质量的要求也近乎苛刻。市面上销售的绘本读物内容质量参差不齐，选择适合的绘本将有力地促进阅读教学的推进与实施。曾经读过一本《死过一百万次的猫》，记得是日文版直译过来的，先不说内容如何，就题目而言，笔者都不想让其走入六岁儿童的课堂，任何时候，对于新入学的儿童，他们接触的绘本必须是阳光的、温暖的。翻开该绘本，内容竟是主人公猫为了爱情去牺牲自己的故事，绘本内容本身与学生年龄段不符。所以，在小学低年级段选择适合学生的绘本非常重要。

目前，在绘本的选择上，教育部门并没有出台指导性的标准，未明确可以用作绘本阅读引导材料的绘本类型以及小学各年级段绘本读物的参考书目。作为一线阅读教学的倡导者，笔者根据多年来的观察认为，新教育研究院新阅读研究所研发的《中国小学生基础阅读书目》和亲近母语分级阅读书目（0—12岁）值得推荐。他们能够遵循不同年龄段儿童的认知规律，选择适合儿童的绘本，并能够从自主阅读和教师引导阅读的角度让儿童汲取绘本的营养。

教学很重要

首先，我们要明确，绘本阅读教学的意义并不是取代学生的自主阅读。之所以要开展绘本阅读教学，是因为在现实的绘本阅读的引领中我们发现，学生基于自身知识储备的阅读只能让其体会到绘本浅层次所要呈现的意思与价值，深层次的阅读理解是需要教师通过多种方式予以引导和指点。比如通过视频动画、话剧表演，想方设法引导与提高学生的阅读能力。

在北辰，绘本社团刚成立时教师是比较焦虑的。一是教师本人就没有较好的绘本阅读储备；二是学生入学时的知识储备也参差不齐，且有些孩子本来就有大量绘本并阅读过不少，教师总是习惯让学生通过自主阅读来完成学校要求的绘本社团课。其实对认知基础接近于零的学生来说，自主阅读绘本的课堂并不利于培养其阅读兴趣和理解能力，从而也不利于绘本教学课教学效果的提升。

学校通过召开教研会和师训的方式，向教师阐述了绘本阅读教学的意义和建议的教学流程。我们所做的绘本阅读教学，更多的是以自己的方式通过教学引导学生跟随教师开展阅读，一起体会文学的美、感受绘画的美。比如，在教学中，利用多媒体视频动画、话剧为辅进行绘本阅读教学，甚至通过主题性的解读与创编，让绘本更加生动，让学生爱上绘本，间接引导家长购买绘本，营造家庭书香氛围。例如绘本《我爸爸》特别适合开展绘本教学，能够让学生从不同层面感受父爱区别于母爱的伟大。有些绘本，甚至可以对学生进行其他学科学习的渗透，比如《糖果店的小蜘蛛》绘本，完全可以用作数学学科教学的导入读物。

学生由于年龄、阅历和思辨能力等的限制，在很多情况下并不能读懂绘本作者所要表达的故事内涵。绘本阅读教学区别于自主阅读还有一大好处，就是能够通过教师的引导，让学生能够看懂绘本蕴含的深刻含义。因为，好的绘本在讲好一个简单故事的同时，它所反馈出的道理和内涵才是学生思考力成长的关键。

引导不能缺

苏霍姆林斯基在《给教师的建议》中说过："在人的心灵深处，都有一种根深蒂固的需要，这就是希望感到自己是一个发现者、研究者、探索者。不要使掌握知识的过程让学生感到厌烦，不要把他引入一种疲劳和对一切都漠不关心的状态，而要使他的整个身心都充满欢乐。"学生刚入学，教师更多的是给学生做一些阅读上的引导，绘本精练的文字和优美的图画能够最大限度带给学生自由的想象空间。绘本不仅能给学生带来自由的想象空间，同时也能赋予绘本阅读教学巨大的空间。在我的理解中，所有的阅读方式最终都要回归自主阅读，无论是通过灵活多样的阅读教学，还是富有创造性的阅读，作为教师，让学生的主体性得到充分发挥，激起学生的学习和阅读兴趣才是关键。

当前，将绘本教学全面引入幼小衔接教育的学校并不是很多，北辰通过社团的方式开设专门的绘本阅读教学课本身承载了足够大的压力。因为我真真切切地感受到了绘本阅读的重要性，所以便义无反顾地推进了绘本阅读在北辰的落地生根，甚至开展"绘本阅读教学公开课"。绘本阅读之于幼小衔接的重要性不言而喻，未来学校管理层会尽可能让图书馆拥有更多的绘本藏书，内容丰富多彩、种类齐全的绘本才是吸引学生爱上绘本阅读的最有力保障。如果学校条件允许，学校教学管理部门还会加大对绘本阅读教学的推广力度，并按照不同的年级和所开设的学科去有序地归类，方便学生借阅绘本，让绘本陪伴北辰的每一个学生。

绘本要走近每一个学生还有很长的路要走，我深知目前绘本阅读教学上也存在很多问题，诸如认字不应成为绘本阅读教学课的重点教授内容，绘本阅读教学的开展更需要活泼轻松的学习氛围等问题。因此，在学校管理中尽可能抓好教师对绘本的研究与组织能力，抓好教师备课的细节，便能够尽可能地让学生感受到绘本的魅力所在。

另外，适时适地地开展绘本阅读相关的比赛，比如"绘本故事我来讲""绘本故事我来演"等活动，也能够引导和激发学生对绘本阅读的兴趣，提升学生绘本阅读的能力。

让绘本走近每一个学生绝非一朝一夕就能实现，我们关于选择、关于教学和引导的讨论更多只是想在学校这个范围内实现较好的阅读感受。要想让学生在绘本阅读中真正得到好的阅读体验，让绘本阅读得到随时随地的延续，还需要家长和教育管理部门负起监管和倡导的责任。学生的个性感悟和个性发展，都可以在教师与学生或父母与孩子的共同阅读中触及。

儿童都是独立的个体，不同年龄的儿童都需要必要的自我精神绽放的时间和空间。于学校和家庭而言，绘本精练、活泼且符合儿童语言习惯的简短文字和精美的插图，是最适合儿童阅读的图书形式，绘本也是最好的思考和感知书籍。请让绘本走近每一个儿童，相信好的绘本会让他们得到意想不到的改变。

2023 年 1 月 22 日

浅谈学科教师面对新课标课堂教学如何改变

岁月如流，星燧贸迁。教育部颁布的《义务教育课程方案和课程标准》（2022 年版）（以下简称"新课程标准"）已经落地半年，对于新课程标准的解读和学习、理解和落实在当前基础教育界是一件十分紧迫的大事。《课程标准》十一年后再次修正，算上今年颁布的《课程标准》，已经有了十几次变革。新课程标准带来的教学改变与教学挑战，对此心有些许感言。

新课程标准不仅对当前教学有重要的指导意义，而且对新课程标准的深度学习、准确理解、躬身实践和灵活运用都将对学生的发展、对教学质量的提升乃至对教师自身专业的成长产生重要影响。尤其是标准中对课堂教学的指导性建议与要求，我们应该更加重视。

新课程标准明确指出要以深化教学改革为突破，强化学科实践，推进当前育人方式变革。标准中对教学变革与实践的要求给予了非常准确的指导，比如跨学科主题学习，对加强学科间横向关联、实践活动的紧密开展做了细致要求。新课程标准还引入大观念、大任务或大主题驱动的问题式学习、任务学习、主题学习、项目学习等融合教学形式，进一步指导教师建构课程教学内容，进一步优化教学的呈现方式；尤其对情境化教学做了进一步诠释，倡导在真实情境下发现问题和解决问题。

那作为一线教师，我们如何在课堂上落实？笔者认为，最核心的是让教学回归生活、回归实践。核心素养导向下的课程观，将推动课程由学科立场向学生发展立场全面转型。

一、跨学科项目式学习，让学生发现所学知识和现实世界的关系

新课程标准明确要求，义务教育阶段每个学科要按照不低于10%的课时比例推进跨学科教学的落地。笔者所在学校在新课程标准落地前已经开展了多次校本融合课程，这一点是笔者最赞同和拥护的，跨学科主题学习绝非几个学科的简单叠加，跨学科学习的真正目的就是要让学生发现所学知识和现实世界的关系，综合运用多学科知识，思考和解决真实存在的问题。笔者所在学校在新课程标准落地前开展的融合课程，有效地解决了同一主题或同一项目下多学科知识的运用，诸如二年级环保研学项目课程，通过垃圾分类调查、大气污染来源探究、废物回收利用、秋叶蓝天写真和诗写绘等模块的实施，让学生知晓了人类每天产出的垃圾数量，学会了绿色出行等环保常识，也充分意识到了环保的价值和意义。

可以预见的是，在未来的教学中，要让跨学科主题学习落地，必须要大胆突破学科边界，设计出一部分符合校情和学情的主题明确、问题真实的跨学科项目。以项目化解决的思维方式，推进多学科教师集体备课、统一上课，全力将知识与技能、过程与方法、思维与情感等方面高效融合在一起，这样课堂才可能是多维的、有效的，且富有挑战性的，学生的学习才能走进现实世界真实建构的学习过程。

二、结合自主探究，把实践体验推向较高的教学高度

朱永新老师曾言，新教育需要农人，需要把腿扎到泥巴里。新课程标准更加肯定了朱老师的做法，更加肯定了深入现场的田野意识在现实中的重要性。新课程标准，在制定中突出了实践育人的指向。学习新课标，践行新课标，就是要让老师们在教学中

建构实践性思维，打破传统的教学模式，通过实践，将知识的学习创设到现实的某一场景或项目，尽力引导学生运用所学知识去发现问题、分析问题、解决问题，实践的价值就在于将教学过程变成师生共同探究及解决问题、建构生成新知的过程。

现实教学中，无论哪个学科，都有其实践的价值存在，尤其科学学科实验，在新课程标准指引下，要想方设法落实。根据学科的特点，指导学生通过实践提升素养，诸如语文学科撰写观察日记、数学学科的统计与测量、劳动教育课的劳动技能与知识、科学课的动植物教学，可以充分以实践为指引开展教育教学，将取得意想不到的学习效果。可以充分给学生创设自主探究的情境，通过多种方式判断学生的深度学习是否发生，尤其是行动水平和认知水平两个维度，判断学生是否喜欢并积极参与，评价学生对知识信息的选择、组织和加工的水平。

新课程标准的指导意见还可以进一步推动低效的校本课程升级更新。比如校本课程开发的本土文化挖掘是课程开发中一个无法绕过的主题，存在教师花大力气整理的调查资料在其讲授后学生无法理解的问题，这也就阻断了学生后续探究的欲望，导致教与学出现严重脱节。其实这个问题在道德与法制学科教材中已有要求，开展社会调查是道德与法治学科教学的重要组成部分，假如在调查的过程中明确调查意义的所在，让学生充分参与，掌握社会调查活动的工具、方法和流程设计。本土资源能够提供本土素材，就可以完成国家课程的学习要求，又能进一步提高校本课程的质量，教学相长，这也是实践的价值所在。

三、改变学生综合评价方式，推进教、学、评一体化

在现实教学中，教学本身不能唱独角戏，离开"学"和"评"，就没有所谓的"教"。学科教师倾尽全力要做的事就是让

自己的"教"有价值，让学生能够快速吸收。新课程标准倡导的基于真实情境的教学，其实更多的是让我们培养的学生能够"五育并举"，全面发展。

新课程标准倡导给予学生综合评价，教学评价本是教学活动的重要组成部分，学科教师核心素养导向下的重点难点突破、教学目标的达成应以学生的学习态度、学习兴趣和知识的掌握程度为依据，以素养的形成为基准，全程反思教学过程，培养批判性思维。只有把教、学、评一体落实，并总结反思其中的经验与不足，才能提高教师的教学水平，满足持续发展的教学需要。

学业质量标准是以核心素养为主要维度，结合课程内容对学生学业成效的总体刻画，质量标准也是教学过程、评价结果和考试命题的主要依据。那么怎样落实教、学、评一体化？新课程标准指出，必须以学业质量标准为核心来落实教、学、评一体化，这也是目前学校教学改革的重点。

在"教"上面，要做好教学设计，理顺新课程标准中的"内容要求""学业要求""教学提示"三者之间的关系。诸如在语文学科中的大单元教学、学习任务群，如果学科教师不对其所教的学科内容进行系统化的梳理与建构，可以肯定的是教师的每节课教给学生的都是锯开的、碎片化的。大单元教学、学习任务群建构的目的就是促使教师本人提升对教材的驾驭能力，通过系统思维在潜移默化中改变自己的课堂，促使学生运用知识解决实际问题。这就需要教师必须做好教学设计。提前熟悉教材体系，根据"教学提示"开展教学，按照"学业要求"组织多元评价。

在学习活动上，学科教师应围绕教学策略、素养发展要求，指明必要的学习活动经历，学习的基本过程和方式，将学科思想方法和学生应形成的核心素养融入学习活动中。学习怎样的内容，需要达到怎样的要求，尽力让课程"活"起来、"动"起来。例如，从课堂教学的反映上，从学生自主探究过程中的表现，教

师可以留意学生的学习积极性，评价学生独立思考和团队合作的
能力。

新课程标准结合教学内容要求，准确提出素养发展目标，评
价上严格遵循核心素养导向。通过课程学习让学生养成正确的价
值观、必备品格、关键能力。在学生评价上，改进结果评价、强
化过程评价、探索增值评价、健全综合评价。尤其是倡导评价促
进学习的理念，更加注重学生自我评价、自我反思的能力与水
平。作为学科教师在新课程标准的落实上，要创新评价的方式方
法，注重对学生学习过程的观察、记录与分析，倡导基于实证的
问题意识和基于数据的分析意识，让学生充分掌握自我总结、反
思、改进的意识和能力；要依据"双减"要求，提高作业设计质
量，增强作业评价的针对性，丰富作业的类型，合理安排作业的
难度，有效减轻学生过重的学业负担。

总之，随着新课程标准的落地生根，预示着义务教育进入了
新课标的新时代。学科教师应该围绕"新"字，在自己的课堂上
致力于创新与改变，真刀实枪地开展实践。更需要每位教师在新
课标的引领下，重构课堂、重建认知、重构课程，为发展学生的
核心素养而努力。

2022 年 10 月 17 日

乡村教育，我们可以做得更好

随着知识经济的快速发展，全球化进程的不断推进，国际竞争逐渐由单一的知识竞争转为人才、科技综合发展的竞争。怎么培养人，培养什么样的人？一再成为许多国家关注的焦点所在。与此同时，老百姓对教育的期望值也随着竞争的推进而越来越高，农村地区随着经济的发展，群众对教育的期望值更是史无前例地高涨。

作为农村地区人才培养的乡村学校，通过多种教学实践推进学生德智体美劳全面发展，进一步重视乡村教育的价值所在，寻找适合自身发展的乡村学校办学模式，构建属于自己的乡村教育办学体系，打造适合自身的乡村教育实践平台，研发拥有乡土气息的培养课程，将是办好新时代乡村教育的关键所在。

一、充分挖掘乡村教育资源，发挥乡村教育资源优势

乡村是当前中国经济文化产业领域相对落后的地方，也是全民教育体系中最薄弱的环节，但乡村独有的教育资源却是城市教育所不能实现的。山川、田野、河流，清新的空气都可以成为优质的教育资源，乡村教育资源的优势在自然，需要的是有情怀的校长努力挖掘。

在当前乡村教育的发展进程中，一直有一个误区，那就是脱离实际去追寻所谓的热点，认为具有现代化手段的、充满科技含量的东西才算教育资源。以此而论，那乡村的确没有什么资源。

不可否认，新科技带来的教育资源的确可以让学生耳目一新，但笔者认为，这样的教育资源仍然有许多局限性，乡村教育一定要立足当地特色，寻找身边的优质资源。笔者所在的西和县是著名的"乞巧之乡"，学校充分挖掘"乞巧民俗文化"价值，全面推进实施"乞巧文化进课堂"活动，传统民俗文化在得到有力继承的同时，也成为当地学生终身回忆的一份乡愁。六巷乡九年制学校位于西和县东南角，地理位置较为偏远，是典型的山区学校。学校在办学的过程中，努力寻找可以利用的优质资源，在学校的规划上，摒弃不利于学校发展的种种弊端，设计规划了劳动基地、矿石博物馆等特色教育实践场馆，开展了爬山比赛、趣味运动会等一系列接地气的课余活动，充分利用了当地优质的自然资源。这一切都在证实乡村教育资源应用的可行性。

乡村教育不缺教育资源，相反，乡村独有的教育资源也是城市教育所欠缺的；乡村学校欠缺的是会思考、肯动脑、善观察和真实干的校长与老师。对比城市学校，大多数乡村学校有充足的空间可以用作劳动基地，可以生产蔬菜反哺食堂；可以自创探究式实践课程，把教室搬进大自然，野菜、野果、大山和河流都可以成为现实版的教具。例如在教学《在山的那边》时，乡村的学生可以坐在山上聆听教师的讲授，我想这也是城市学校想都不敢想的。乡村教育不缺教学资源，还需要学校校长放开思想的束缚，勇于担当，不要因害怕安全事故的发生而主动放弃优质的乡土教学资源，要充分开展乡村生活体验，使我们的学生走向社会后更出色。

二、推进乡土教材资源开发，让乡村教育回归本真

我国课程论泰斗钟启泉曾言："所谓课程，就是学生全部校园生活的总和。"当前，教育者更多的是把课程理解成为学校开

设的一节节课，要有教材、要有作业、要有体系，甚至功利化地认为，要有观赏价值。笔者却充分赞同钟启泉先生的观点，课程本身就是校园生活的总和，只要是对学生的发展有益的校园活动，就是课程的一部分。

乡下学校本来办学经费不足，也没有充足的师资去研发校本教材，更没有能力去承担高昂的教材印刷费用，但我们完全有能力研发自己的"乡土教材"。教材可以是一个项目、一个想法、一次春游，只要能够想到的都可以成为我们自己的课程资源，尤其是自然教育课程，更可以成为乡村学校独有的教材资源，例如进行田间耕作、森林旅游、动植物考察，这就是乡村教育的优势所在。其实人来源于大自然，最本真的教育应该是乡村教育，让学生学会劳作、学会观察、学会生存才是教育最根本的目的。笔者所在的学校，每年寒暑假都给学生布置一项综合实践作业，从常规性的美术、手工到知识性的阅读和视听，应有尽有。我们还让学生帮家长干农活，因为学校地处山区，学生在和家长共同劳动的同时，可以亲身经历劳作的快乐；生物课上，生物老师可以带着学生去山上认识植物；手工课上，授课教师可以让学生采摘叶片做叶片画。学生是肯学的，毕业班的学生学习累了，班主任会带领他们走进大山，尽情地呼喊，洋溢在脸上的笑容证实了乡村教育独有的快乐。未来，学校还会常态化地组织远足活动，让学生感受山区生活的快乐。

笔者认为，在当前的乡村学校，自然教育项目式课程是校本教材开发的关键，让教育扎根乡土，才能让师生感受最幸福完整的教育生活。学校完成各类国家课程后，可以充分开设乡土课程，尤其是项目式乡土课程。笔者所在的学校位于山区，春夏秋冬景色各异，优美的风景蜕变出许多项目课程，比如"春华秋实""变色的叶"等；我们还可以做乡土调查，让学生测量自家的院落、目测山的海拔、调查村里的留守老人。通过项目式课程动植物考察、社会调查和人物访谈等，让学生充分接受乡土教育、生本教育和社会教育，这才是教育的本真所在。

三、建设乡村家长学校，关爱留守儿童健康

农村学校一般规模都不大，几十人几百人的学校是乡村学校规模的常态，办好家门口的学校，让农村孩子上得起学、上得好学是所有乡村教育工作者的终极使命。船小好调头，在乡村学校，学生的作业可以面批，一两本绘本可以流通到每个学生的手上；走出校园，就可以亲近农庄、亲近自然，听鸟语花香、看夕阳远山，河涨河落中就可以感受自然的美，这是城市学生无法想象的。我们把这些融入乡土教育资源就可以让孩子们接受最朴实的教育。但这一切，仍需要家长的充分理解……

农村孩子的家长素养普遍较低，在他们心中，理想的学校应该是规范的课堂、高科技的资源和"保姆式"的教师；他们不懂教育是多元的，不懂教育的方式有许多种。笔者所在学校曾经利用当地的山区资源组织过爬山比赛，有些家长对这活动就有一些微词，"不好好给娃娃上课，一天弄的啥啊"。所以，推进乡土教育资源运用的同时，必须同步提升家长的素养。

乡村学校有大量的留守儿童，家长外出打工后，孩子几乎全部交给了老师，小一点的交给了爷爷奶奶，我们的教育一定要取得家长的支持，因为在很多情况下，家长就是教育资源的提供者和配合者。乡村的孩子缺乏父母的关爱是一种常态，克服一切困难，取得家长的支持，将是充分利用乡土资源推进项目式学习的关键。笔者所在的学校，曾试着组建网上家长学校，但因为家长工作时间不一致、生活负担过重等问题一直未曾落实到位。现阶段，学校主要根据学生在班上的表现情况，分时段和家长取得联系；通过视频连线、图文分享等方式给家长分享学生的学习生

活，让家长充分认识到不同教育方式的教育意义。

家长学校不是单纯地培训家长，不是单纯地提高家长素养，笔者认为，家长学校的目的在于更多地取得家长对学校一切办学行为的支持。学校是一个平台，既是师生成长的平台，也是能帮助家长成长的平台。学校是一个场域，其中的人都会受到影响和熏陶。课程本身并不复杂，是我们把课程想得太复杂了，把家长的培训当作一个项目式课程，我想它也就简单多了。笔者到现在的六巷九年制学校任职以后，所做的第一件事就是梳理学校文化体系，推出"诗意校园"学校微信公众号，有很多学校的老师都说我们的公众号运营得不错。其实笔者内心最早做这件事基于四个目的，最主要的一个就是让家长知道学生在学校干什么，当教师转发分享这些文章时，学校的理念已经开始深入家长的内心。我们做文化墙，我们做《文畅报》，评选"博畅师者"等就是为了给学校的文化发展寻找一个载体，这些东西才是家长认可理念的根本所在，才会和校风一样很好地传承下去。

办好新时代的乡村教育，我们需要乡村学校师生过丰盈充实而又幸福的校园生活，这一切任重道远。做有根的教育，重新构建乡村教育新生态在未来是一种常态。作为乡村教育的管理者，总以为乡村学校缺人缺财缺物，其实我们缺乏的是对乡土教育的充分认识，缺乏的是对田园课程的充分开发，缺乏的是对乡村文化传承的使命担当。有根的教育才不会培养出极致的利己主义者！乡村教育的价值是城市教育不可比拟的，需要我们用睿智的眼光、审慎的思维去充分挖掘；乡村教育者应该把传承和复兴乡村文明、弥补乡村文化缺憾和激活乡村活力当作自己的神圣使命，去勇敢地担负。

期待乡村教育振兴，你我都是践行者。

2020 年 5 月 25 日

基于信息化环境下的中小学智慧教育研究

在信息网络时代背景下，信息的传播速度以及广度的不断增加，为各行各业的发展均产生了一定影响。随着信息技术和教育教学之间融合的不断加深，智慧教育应运而生。在网络强国战略下，传统教育方式已经无法满足教育发展的实际需求，而智慧教育作为信息时代的重要产物，以先进信息技术为后盾，可以对教育教学中的不足进行改进，对疑难问题进行有效解决[①]。所以在中小学教育教学中，应更重视对智慧教育的有效研究，为教育发展与改革提供新的动力，从而助力中小学教育事业的更好发展，为社会主义事业发展培养有用人才。

一、智慧教育

智慧教育是教育信息化发展的重要内容，就是在教育管理、教育教学和教育科研中全面深入地应用现代化信息技术，切实推动教育改革与发展的过程[②]。智慧教育所具备的技术特点包括数字化、网络化、智能化和多媒体化，智慧教育的基本特征包括开放性、共享性、交互性等。通过对智慧教育模式的应用，可以助力教育事业的现代化发展，在信息技术的大力支持下，促进传统教

① 王萍芳."互联网+"视角下的现代教育模式创新优化 [J].科教文汇（上旬刊），2021（10）：49-51.
② 赵琰.基于信息化建设的智慧教育发展探究 [J].信息记录材料，2019（02）：130-131.

育教学模式的改变。

二、基于信息化环境下中小学智慧教育的意义

（一）优化课程结构

智慧教育提倡通过对信息技术的有效应用，实现对智能化学习空间、环境的打造，助力学生智慧以及能力的不断发展。因此，在中小学教育教学活动中，应重视对信息技术的恰当应用，进而使课程结构得到进一步优化与完善，明显提升课堂结构的人性化与智慧性。特别是通过对多样化信息技术的有效应用，不仅可以调动学生参与教学活动的积极性，还能够给予教师有效配合，使其能够在有限的课堂时间中丰富教学内容、提升教学效果[①]。所以不论是对教学时间而言，还是对教学内容方面而言，基于信息化环境下的智慧教育都可以实现对课程结构的优化。

（二）转变教学理念

在传统教学活动中，教师是其中的唯一主体。而在智慧教育中，教师会依照新课改要求做到"以生为本"，并通过对信息技术以及教学资源的合理利用，实现对教、学方式的有效变革，为学生智慧发展创造良好条件[②]。通过对智慧教育的组织、开展与推广，可以助力教师教育理念的有效革新，使其充分认识到教育的根本在于"教育学生"。而在先进教育理念的指导下，教师自身教学方式也会发生一定改变，教师会在教学中注重对多样化信息

---

① 沈娟.信息化环境下智慧课堂的构建［J］.小学生作文辅导（语文园地），2020（04）：58.
② 冯永刚，陈颖.智慧教育时代教师角色的"变"与"不变"［J］.中国电化教育，2021（04）：8-15.

资源的有效收集，对多种教学课件以及软件的应用，以提升课堂教学内容的丰富性，让学生在教育教学活动中变得更加活跃，助力课堂教学的高质、高效开展，为学生综合素质与能力的不断发展奠定坚实基础。

（三）挖掘学生智慧

在中小学教育教学过程中，智慧教育作为落实教育改革的重要途径，应遵循新的教育理念，而新教育理念中将学生作为教育教学的主体，所以教师需要以这一主体为中心，注重对学生德、智、体、美、劳等多个方面的培养。但是在传统教育模式中，只重视学生智力能力的发展，其他方面能力的培养被严重忽视，根本无法落实对学生的全面培养。因此，在中小学教育教学活动中，教师应重视对智慧教育的推行与实施，以增强教育活动的智慧性。在信息化环境中，学生能够通过网络，由移动终端实现随时随地的碎片化学习，而教材也不再仅限于课本，学习内容不再仅限于教师课堂教学所讲；学生可以突破时空，通过多种方式、渠道接触到更加丰富多彩的知识内容，这就可以使学生的智慧从各个方面得到开发与激活，从而使学生内在潜能得到充分发挥。

（四）张扬学生个性

智慧教育的根本目的是促进学生综合素质与能力的发展，所以在开展智慧教育活动时，应尊重学生个性，并助力其个性的良好发展，同时注重对学生创新意识与能力的培养。在智慧教育的有效培育下，可以使学生智力的开放性得到不断强化，明显提升其思维的活跃性，进而在问题的分析、理解方面产生独到见解。在新时代发展背景下，人才甄选的重点内容就在于创新能力，而创新能力源自创新思维①。在智慧教育活动中，在 3D 技术以及虚拟技术的有效助力下，能够对学生的学习环境或情境进行虚拟创设，针对学生开展体验化教育。这样不仅可以让学生更为直观地接触到教学知识，增强学生对教学知识的理解与掌握效果，还能够以学生学习兴趣、时间、能力等为依据，制定独特的学习计划，以提升学生学习的个性化，为其创新意识与能力的发展奠定坚实基础。

三、基于信息化环境下中小学智慧教育对策

（一）注重科学规划

智慧教育作为信息化时代背景下的新型教育方式，是对传统教育的有效变革，所以在实际的智慧教育活动中，需要进行有效的科学规划，以保证相关教育工作的顺利、高效开展。而在对智慧教育实施科学规划时需要重点考虑几点：第一，注重对偏远地区经济发展的大力支持，只有在保证温饱后，人们才会将更多的精力投入到教育事业中。所以在中小学智慧教育实施与推广的过程中，首先应注重人们温饱问题的解决。同时，宽带作为落实智慧教育的重要条件，应重点提升教育网络的水平，为无线学校的建设提供大力支持，以保障智慧教育活动的良好、顺利开展。第二，重视对智慧教育示范区的建立。这样不仅可以通过对普通教育和示范区教育的有效对比，让相关专家与学者充分认识到智慧教育所具备的作用，还能够在示范区的有效带动下，为智慧教育的落实与普及提供有效的推动力，保证知识教育始终向着正确方向不断发展。

---

① 邢西深，管佳.新时代的智慧教学：课堂实践、问题审思与发展对策［J］.电化教育研究，2022（05）：109-114.

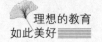

（二）发挥信息化作用

信息化作为智慧教育的重要特征，也是落实智慧教育的重要手段。因此，在中小学的智慧教育活动中，应重视对信息化的充分利用，为智慧教育的高质、高效开展奠定坚实基础。第一，注重对网络基础设施的有效、全面建设，使偏远地区也能够享受到网络所创造的便利，顺利开展智慧教育，使智慧教育的普及面得到不断拓展，强化智慧教育的影响力。第二，创设智慧教育平台，让人们通过网络在任意时间、任意地点均能对智慧教育有充分了解，并运用平台实现对相关信息的收集与共享，从而使智慧教育功效得到充分发挥。同时，中小学应重视对传统机房建设模式的有效转变，以县区或者是地市为单位，实现对中小学机房以及数据的大集中。这样可以在云服务基础上使优质教育资源得到共享，保证教育管理系统之间的互联互通，明显提升教育部门的业务能力，从而促进智慧教育的全面开展。

（三）培养优秀师资

在中小学教育教学活动中，为了确保智慧教育作用、价值的充分发挥，促进智慧教育的良好发展，就需要重视对优质师资队伍的建设与培养。通过对智慧教育的大力宣传以及高效应用，可以为智慧教育的推广与普及提供大力支持。而对优秀师资队伍进行培养就需要做到：第一，引导教师正确理解智慧教育概念，明确其特点，学习与内化智慧教育有关知识，使教师能够实现对智慧教育模式的灵活应用，促进其职业素养与能力的良好发展。第二，针对教师信息化能力开展有效培训，使教师能够注重对信息化资源的有效利用，助力智慧教育工作的顺利、高效开展，从而为智慧教育相关内容的落实提供可靠保障。第三，重视对智慧教育相关专业研究人员的培养，以针对智慧教育共同开展更为深层次的研究与评价，注重对智慧教育优势与不足的明确，从而为智慧教育的更好发展探寻方向。

四、结束语

随着信息网络时代的迅速发展，在信息技术的大力支持下，教育事业获得更加瞩目的发展。智慧教育是信息技术与教育教学深度融合的重要产物，是教育信息化发展的重要过程。在信息技术不断更新的背景下，中小学智慧教育应进行不断的探索，进而为教育教学活动的有序、高效开展创造优质条件，推动素质教育的有效落实，大力促进学生德、智、体、美、劳全面发展，为其今后更好地成长奠定坚实基础。

2022 年 7 月

浅谈信息技术对小学语文教学的促进作用

应用信息技术辅助语文教学是一种高效率的现代化教学手段，它让学生在学习中始终保持兴奋、愉悦、渴求上进的心理状态，对学生主体性的发挥，创新意识和探索精神的培养有着事半功倍之效。下面，笔者就信息技术在小学语文教学中的促进作用谈谈自己的认识。

一、利用信息技术激发学生兴趣

信息技术在教学过程中融图、文、声、像于一体，是具有智能化的双向教学活动过程。小学语文教师利用信息技术创设良好的学习情境，能够激发学生学习兴趣，使其在情境中主动学习。如，学习《雅鲁藏布大峡谷》一课时，教师可以利用信息技术展示与雅鲁藏布大峡谷有关的影像。在观看的过程中，教师可以指导学生观察雅鲁藏布大峡谷的特点，并结合课文提出问题，使学生在观看影像内容的同时积极思考。而后教师详细讲解课文内容，此时学生能够被教学内容吸引，主动配合教师，共同完成教学任务，并提高课堂教学效率，而学生也能在这个过程中掌握课文内容，并将其内化为自身的知识。可见，信息技术的图片、音乐等图文并茂的教学优势，能够以立体的形式为学生展示教学内容，增加学生对教学内容的兴趣，促使学生在轻松的氛围中学习语文知识，为学生日后学习其他课程奠定基础。

二、利用信息技术拓展教学空间

语文学科有很强的综合性，可以说没有任何一个学科的教学不需要语文作为基础，学生在学习语文知识的同时，也就是在学习其他学科知识，并通过学习语文认识这个世界。小学语文教材中很多知识都是在介绍科学、介绍动物、介绍一年四季的变化等，其中还包括一些科学家的名人事迹等内容，语文教学内容安排可谓精彩纷呈。也正因为小学语文教学的多元化和多样性特点，加之将语文教学与信息技术进行整合具有很大的优势，可有效拓展教学空间。如，学习《观潮》一课时，课文中描述的是"一线潮"的景象，说它像"一条白线"，像"白色的战马"。其实钱塘江的大潮远远不止课文中所描写的这种景象，它还有回头潮、交叉潮等壮观的景象。教师在设计课件时，可以从网络上寻找与之相关的资源，增加课堂教学内容，将知识与趣味融合，利用信息技术构建高效的课堂教学。

三、利用信息技术促进学生阅读

网络中有丰富的资源可供学生学习，而学生使用网络中的学习资源需要以信息技术为基础。目前，阅读已经成为小学语文教学的重要内容，需要教师采用科学且有效的措施使学生爱上阅读，培养学生阅读能力。如，以《地震中的父与子》和《慈母情深》教学为例，这两篇课文都是讲解父母对子女的爱，讲解家庭生活情感，教师可以借此拓展学生阅读内容，指导学生利用信息技术查找网络中关于父母和子女情感深厚内容的文章，将阅读延伸至课外，并且系统化地阅读书籍，有利于学生形成阅读意识。此外，教师也可以利用教材内容激发学生的好奇心，使其自主查阅与课文有关的资料，进而形成自主阅读意识，进一步推动小学

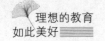
语文阅读教学的发展，全面提升阅读教学水平。

四、利用信息技术增强师生互动

爱因斯坦曾经说过："提出一个问题往往比解决一个问题更重要。"《语文课程标准》要求学生"对课文的内容和表达有自己的心得，能提出自己的看法和疑问，并能运用合作的方式，共同探讨疑难问题"。在语文教学中，笔者经常鼓励学生独立思考，质疑问难，并且为学生的质疑创造机会，每节课都留一定时间让学生提问题。但是，课堂教学的时间毕竟有限，在课堂上学生不可能将所有的问题都提出来，再加上学生个体有差异，性格内向的学生不善于提问题，有自卑感的学生即使不懂一般也不敢问。这样不利于学生探究性和创造性能力的培养。通过收发电子邮件恰恰能在一定程度上解决这一问题。每上完一节课，笔者总会留下一句话：有问题发邮件给老师。平时课堂上发言很少的学生也用起了电子邮件，向老师提问题。同时，教师经常评点学生通过电子邮件提的问题，包括数量、质量，鼓励学生敢想、敢疑、敢发（发邮件）。电子邮件让学生更多地用"疑问"这把钥匙开启智慧之门。

总之，将信息技术引入小学语文教学是教育教学发展的必然趋势。教师可以利用信息技术设计教学情境，以此激发学生学习兴趣、拓展教学空间、加强学生阅读、促进师生互动……从而提高学生各方面的素质，进而提高教师的教学效率。

2019 年 4 月

探讨阳光体育运动在农村中小学的开展

一、引言

常言道，身体是革命的本钱，没有一个好身体，所有的努力都是白费的，特别是对青少年时期的学生来说。农村地区条件有限，学校里很难有健全的体育设施，因此，在农村中小学开展阳光体育运动是很有必要的。社会各个方面都应该共同努力，让农村中小学的学生能在阳光下快乐运动、健康成长。

二、阳光体育运动的简述

这是中国国家相关部门在 2007 年启动的一项体育活动。阳光体育运动顾名思义，是推动全中国的学生走进操场，在阳光下尽情地运动，其目的是激发青少年对体育运动的热情。

让学生走出课堂，亲近自然，从而促进全国中小学生健康快乐地成长。由于农村地区条件相对较差，所以更要全力指导农村地区中小学阳光体育运动的开展。在开展这一活动时，学校要注意充分尊重学生的想法，以自愿作为开展活动的原则，不能强迫学生参加，否则就与开展这一活动的目的相悖。学校可以积极开展相关活动激发学生的体育运动热情，调动学生参加体育运动的积极性。

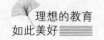

三、农村中小学阳光体育运动开展存在的问题

（一）师生认识上存在偏差，对阳光体育不够重视

在大多数学校看来，学生考试成绩最为重要，学生的学习情况决定了他们的未来，从而忽略了学生体育等其他方面的发展。学校里平时的体育课大多会被其他科目占用，或者体育课教学枯燥乏味，没有生机与活力。殊不知，如果学生没有强壮的体魄，即使再好的成绩也无济于事。可以看出，当前社会的升学机制在很大程度上阻碍了阳光体育运动的开展。从教师方面来说，他们把阳光体育运动作为学校发布的任务，执行起来也就是走个形式，他们更注重学生文化课成绩[1]。从学生家长的角度来看，他们认为体育锻炼对学生成长无益，甚至阻碍了学生的文化课学习。在这种考试机制的影响下，阳光体育运动真正开展起来并发挥其积极作用真的很难。

（二）体育师资严重不足，专业教师普遍缺乏

学校开展阳光体育运动必须要有专业的体育教师进行教学，教师的策划能力以及专业体育知识都是必须具备的。这种优秀的体育教师本来就很缺乏，更别说是条件相对比较艰苦的农村学校很少有专业的体育教师。师资力量特别缺乏。而阳光体育运动的顺利开展与专业的体育教师具有很大关系，因此农村地区学校开展阳光体育运动就更加困难。学校要充分利用本学校有的体育师资力量，让他们相互交流经验，共同提升共同促进。经过调查发现，大多数农村学校体育专职教师只有两名或更少，学校这样的师资阻碍了学生学习正确的运动技能，极大地打击了学生参加体

---

[1] 李奇，张蓉.农村中小学发展阳光体育的现状与对策［J］.考试周刊，2019（6）：142.

育运动的兴趣和积极性。

（三）独小的体育场地，缺乏必要的体育设施

很多农村地区的学校都存在体育运动场地面积小且达不到国家相关规定标准的问题。由于运动场地小，农村地区的学校除了要解决以上的问题，还要考虑如何让学生安全地参加阳光体育运动。850 多个学生同时挤在 200 米的跑道上，怎样才能保证学生的安全，怎样才能顺利开展，怎样才能让学生获得良好的运动体验，这都是农村学校要考虑的问题。

除了运动场地面积小外，农村学校相关体育配套设施也是严重不足。可能是体育器材磨损抑或是本身就缺乏相关体育器材，由于农村学校体育经费不足，所以没有及时对相关体育设备进行补充、维修，这也为学生在体育锻炼的过程中埋下了安全隐患，不利于阳光体育运动的展开。对农村地区的学校来说，没有充足的体育设施和器材是很大的问题。例如，在体育课上进行篮球的相关教学，但是学校里篮球数量不足 [1]，即使有的学生热爱篮球运动也只能放弃学习篮球的相关知识，严重打击了学生体育锻炼的积极性。

（四）阳光体育活动项目设置不合理，缺乏一定科学性

由于农村地区的学校场地小、学生人数多、运动设施不足等问题，导致学校设置的阳光体育运动项目单一。正处于青少年时期的学生运动兴趣爱好广，对运动项目喜爱的转移速度也很快，如果一直进行单一的体育运动项目，很容易打击学生运动的积极性，所以学校要尽量多设置几个阳光体育运动项目。但是农村

[1] 崔强年. 河西走廊农村中小学开展阳光体育运动现状分析 [J]. 田径，2017（2）: 36-40.

学校运动场地小、学生人数多，要保证学生的运动安全，考虑到学生的运动喜好，还要达到运动锻炼的目的，学校设置多个体育运动项目也是个很大的问题。在农村学校这种配置条件下，可以开展的阳光体育运动无非是做课间操、跳绳、踢毽子、跑步等项目。这些项目学生几乎都不喜欢，更不可能积极进行体育锻炼，阳光体育运动也很难继续开展。

（五）运动评价缺乏一定标准，评价体系不够完善

阳光体育运动对于国家对于民族都是很重要的事情，而阳光体育运动顺利开展需要对师生有一套完整的评价指标。如果只是达到让学生出来玩玩的表面目的，那开展阳光体育运动的真实目的永远也不会实现。大部分学校开展阳光体育活动都是预先设计好体育活动项目，但都没有准确的评价机制，很难掌握学生的体育锻炼效果。即使设计了特别好的体育运动项目，但学生体育锻炼效果不达标也是白费力气。例如，学校展开某一个阳光体育运动项目，也有相关的评价机制，但是评价机制设置得比较简单，导致学校阳光体育活动开展效果并不明显，学生的运动技能并没有得到明显的提升。

四、优化阳光体育运动在农村中小学的开展策略

（一）加强阳光体育运动宣传力度，提高师生对阳光体育运动的重视

在农村学校顺利开展阳光体育运动，首先要积极宣传阳光体育运动的影响、意义，提高阳光体育运动在师生之间的影响力，在全学校范围内营造出浓厚的阳光体育运动氛围，从而改变师生对体育锻炼的思想观念，让全校师生都沐浴在阳光下健康快乐地运动。具体做法，学校广播站可以每天都进行宣传，加深师生

对阳光体育运动的印象；班主任可以在班会时进行宣传，引导学生树立终身运动的理念；在课堂上，教师可以让学生写有关阳光体育运动的作文，提升学生对体育运动的思想观念；学校可以在官网或其他官方渠道宣传本校优秀的体育生；学校可以定期评比出阳光体育五星班级、个人，全面提高学校里的阳光体育运动氛围，把阳光体育运动落到实处。

（二）依托乡土资源，丰富阳光体育教学运动形式

1. 因地制宜，突出农村特色

一些地区的农村学校具有很大的体育运动场地，而且学校里学生比较少，所以学生有足够大的空间进行阳光体育运动。但是，农村学校与之配套的运动器材、运动设施都不完善，还缺乏具有专业知识的体育教师。所以农村学校在开展阳光体育运动时，要因地制宜，根据本学校的环境特点，选择适合本学校的阳光体育运动方式。针对场地大、学生少的情况，可以选择踢毽子、跳绳、投沙包、立定跳远等活动。运动器材不足，学校可以组织学生自制毽子、跳绳、沙包。从活动道具的制作到阳光体育运动的开展，学生都充分参与进来，能有效地提升学生的运动积极性。

2. 继承传统体育项目，开发本地体育资源

学校在开展阳光体育运动时，不能一味地选择现在的体育活动，还要对当地的传统体育项目进行传承。例如，中国朝鲜族的秋千跳板、摔胶、拔河等，中国河南温县的太极拳、登封的少林拳等。由于时代的发展，这些中华优秀传统文化几乎无人继续传承，学校在开展阳光体育运动时可以开发本地的体育项目，提高学生对本地体育运动项目的兴趣，进而把民间的传统体育项目传承下去。农村学校因地制宜开展阳光体育运动效果会更加明显，形成具有地方特色的阳光体育运动体系。

3. 广泛开展体育竞赛活动

为了提高学生参与体育运动的积极性，学校可以举办更有趣味性、竞技性的体育运动。这些运动内容及形式要更加新颖，既要有趣味性、竞技性、娱乐性，还要起到提升学生身体素质的目的。例如，转呼啦圈比赛，班级之间的拔河比赛，跳绳、踢毽子等。在全学校范围内营造出阳光体育运动的氛围，使学生更加积极地进行体育锻炼。

（三）充分获得社会各界的支持，多方加强合作

学校可以在场地上配备攀爬梯、单双杠等常见的运动设施。除了学校配备相关运动设备，班级也可组织学生自愿捐款为本班级配备相关运动器材。每个班级要设置一个运动器材箱，既可以补充本班级运动器材，还能使其得到有效保管。在社会上也要广泛宣传阳光体育运动，引起社会各界对农村学校阳光体育运动的关注，从而付诸实际行动来支持阳光体育活动。对阳光体育运动进行大力宣传还能改变农村家长对体育锻炼的错误观念，获得家长们的支持。在学校、家庭、社会的共同努力之下，学校可以为学生提供更好的体育运动环境[1]。在这三方面的共同熏陶之下，可以为学生营造阳光体育运动的氛围，促使学生走出教室，进入操场，感受到阳光体育运动的乐趣，从而提高学生的身体素质。

（四）充分挖掘活动场地资源，利用好各种场地

对大多数农村学校来说，运动场地小、学生人数多是这些学校普遍的问题。为了使每个学生都能享受到阳光体育运动，学校要充分挖掘一切可用来运动的场地，例如学校的绿化带、空教

---

[1] 刿玮.对农村学校阳光体育存在的问题分析与建议［J］.小作家选刊（教学交流），2018（7）：17.

室、走廊等，并在不同场地设置不同的运动项目，以便学生进行阳光体育运动。例如，在进行阳光体育运动时，大部分学生都会走出教室，许多教室就空出来。学校可以把这部分空教室利用起来，让学生进行肩肘倒立运动。这种安排既保证了每个学生都有运动场地，又保证了学校的场地资源得到充分利用。

五、结语

总之，中小学生要德智体美劳全面发展，所以体育是学校必不可少的课程。学校开展阳光体育运动，农村地区的中小学要明确学生进行体育锻炼的重要性，并高度重视学校内体育基础设施的建设情况，为学生提供更好的体育锻炼环境，促进阳光体育运动的开展。

2021 年 7 月

信息技术在班级德育中的运用

伴随我国科技水平的不断提升，信息技术在教育领域中的运用也越发普遍。在中小学班级德育之中运用信息技术，不但利于活跃课堂氛围，激发学生的学习热情，也利于学生的思想在此氛围中获得升华，促进学生联系理论与实际，增强德育的成效，推动每名学生获得更好的发展和进步。

为提高中小学生的道德素质，强化其责任感，在当前的班级德育中，要求教师积极以信息技术为辅助，有效讲述德育方面的知识，以提高班级德育的质量。中小学生受年龄的影响，往往难以高度集中注意力，运用信息技术有利于吸引中小学生的注意力，让其更为积极地参与到班级德育活动中，有利于在参与活动的过程中提高中小学生的思想素质与道德品质。本文着重探讨信息技术在班级德育中的运用措施。

一、运用信息技术，渗透德育知识

中小学班级德育所涉及的内容较多，中小学生在学习这方面知识时往往会感到较为困难。若想改变上述状况，在现阶段开展班级德育活动时，教师应善于运用信息技术向中小学生讲述德育知识，以促进学生深入学习，达成班级德育工作开展的目标。对此，一方面教师须拓展德育的内容，保障德育具备系统性和全面性。中小学德育内容中包括一些常识教育以及爱国主义方面的教育，教师还须针对德育目标选择最为适宜的教育内容，或者选择网络上的资料去补充教材，以提高德育内容的多样性和层次性。另一方面，受中小学生学习能力以及认知水平等方面的影响，不少中小学生在解读德育知识时都会遇到一定困难。在此情况下，若未能帮助中小学生冲破这一困难，则会影响其学习德育知识的信心，进而阻碍中小学生的德育进步。针对此，教师可运用信息技术帮助中小学生冲破这一困难。信息技术具备控制图像、语言以及文字等方面的能力，能使复杂的德育知识以形象的形式展现出来，这样做利于促进学生迅速地解读德育知识。在此过程中，教师也可以针对实际情况，运用多媒体技术的放映功能为学生放映德育知识，以深化学生的学习记忆①。

　　另外，在讲述实践性的德育知识时，还可以在网络环境中寻找关于实践活动的内容，并通过动画形式播放给学生观看，使学生能站在多种视角上全面探析与学习德育知识。再者，教师也能运用信息技术为学生构建德育资源库，以便学生在此资源库中及时搜寻德育资料，促进学生对德育知识的深入理解。

　　例如，在开展"学会合作，体验成功"这一班级德育活动时，教师应积极运用信息技术为学生讲述德育知识。针对本次活动内容，教师可将学生划分为几个小组，让学生以小组的形式学习本节课的知识。在完成分组之后，教师应将关于合作共赢的小动画或相关图片等放映给学生，让学生在组内对本节课的德育知识进行积极探讨，让学生体会到合作学习的快乐，同时也能让学生进一步掌握德育知识，以促进学生获得进步。

① 谢英勇.现代信息技术在中职德育课专题教学中的运用[J].卫生职业教育，2019，37（14）：70-72.

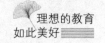

二、运用信息技术，开阔德育视野

在班级德育中利用信息技术还有助于为学生营造出更具真实性的教育场景，这样有利于开阔学生的德育视野，让学生更为真实地感受德育思想，充分理解德育知识。对此，一方面，教师应积极做好德育的准备工作，将网络环境中关于德育的相关资料整理出来便于课堂教育中有效运用这些资源；另一方面，在开展班级德育活动时，教师应运用信息技术将事先准备好的相关资料内容通过视频放映的方式展现给学生，让学生在观看视频的过程中了解与学习到更多的德育知识，深化学生的体验与感受，开阔学生的德育视野，使学生在班级德育活动中获得思想层面的进步，提高学生的思想素质与道德品质，为学生日后的发展铺垫好基础[1]。

例如，在开展"优秀是一种习惯"的班级德育活动时，教师可利用信息技术将一些名人的优秀表现展现给学生，可为学生放映"鲁迅的人生目标"相关视频，此视频放映之后，教师还须向学生提问他们是否有人生目标，引发学生对此问题的思考，并让学生在课堂中畅所欲言，切实说出自己的想法[2]。在学生说出想法之后，教师还应对学生适时进行引导，让学生明白树立正确人生目标的重要性。这种方式利于激活中小学生的思维，开阔其视野，提高其创新意识，加快中小学生形成德育思想，让其更乐于参与到班级德育活动中，从而使班级德育工作

① 朱巧玲.信息技术手段在德育课堂中的作用及相关措施[J].长春教育学院学报，2013，29（24）：112-113.
② 吕方毅.信息技术在德育实效性管理中的应用[J].中国信息技术教育，2010（24）：106.

的开展更具价值①。

三、运用信息技术，增强德育课程可信度

开展班级德育活动的过程不仅是一种传授知识的过程，也是向学生讲述做人道理、学习为人处世方式的过程。在以往进行德育教育时，学生在体会与感知德育知识的过程中缺失真情实感，不具备较高的可信度，使得许多学生只能机械性地理解德育知识、看待德育事件。对此，在现阶段德育过程中，教师应善于运用信息技术增强德育课程的可信度，如可通过视频放映的方式为学生放映优秀榜样的相关视频，让中小学生了解到身边存在很多优秀的榜样。如此，教师在讲述德育知识时就具备了较强的说服性，也能让中小学生体会到周围的人或事的美好。这种教育方式相较于教师单一的语言讲述更为活泼与生动，且还能带给学生视听层面上的冲击，使学生更为扎实地记忆德育知识，并以此为基础，使学生保持言行的正确性，综合提高学生的思想品质②。

例如，在开展"从小事做起，以德律己"的班级德育活动中，教师应注重运用信息技术来增强德育课程的可信度。针对本次教育内容，教师可将一些以德律己的优秀榜样通过视频放映给学生，以充分发挥榜样的作用，有效约束学生的言行。在平时的管理中，教师也可多记录学生的言行，对于表现优秀的学生，教师可将其树立为班级的榜样，让其他学生都向此名学生学习，使学生意识到从小事做起、以德律己对自身及他人的

① 何小阳.浅谈信息技术教师在网络德育中的作用［J］.福建电脑，2010（07）：197，201.
② 刘如东.加强信息技术在德育中的作用——北京市东城区和平组第四小学信息技术道德教育调查［J］.今日中国论坛，2015（11）：89-90.

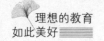

重要性，从而更为宽待他人、严于律己，使学生的思想素质获得进一步提升。

四、运用信息技术，激发学生德育兴趣

著名学者乌申斯基曾说过："强制性、机械性的学习会扼杀学生探寻真理的兴趣与欲望。"在教育学生的过程中，教师绝不可对学生采取强制性措施，而是应善于采取有效的方式来激发学生的学习兴趣，这样才更利于提高学生在学习中的主动性，使学生更为高效地学习相关知识。以当前情况来看，因个别教师在讲述德育知识时较为笼统与抽象，所以不少学生都会在课堂上出现溜号或是昏昏欲睡的情况。若想改变上述状况，在现阶段开展的班级德育活动时，教师就应善于运用信息技术，切实激发学生学习德育知识的兴趣。对此，一方面教师应将信息技术与德育知识二者之间进行良好融合，摒弃以往填鸭式的德育教学方式，切实运用声音以及图像等信息化方式进行教育；另一方面还可运用信息技术为学生创设良好的教育情境，使学生在此情境中对德育学习充满求知欲与兴趣，这样学生才能化被动为主动，更乐于参与班级德育活动，使班级德育活动的开展彰显出重要的作用与价值。除此之外，在运用信息技术的过程中，教师还应善于培养中小学生自主探索与独立思考的能力，达成班级德育的深层次目标，使中小学生均能在班级德育活动中受益匪浅。

总之，信息技术所具备的优势尤为显著，其能增强学生的感官体验，激发学生的学习兴趣，让学生以喜爱的方式去深入理解德育知识。教师在开展班级德育活动的过程中，应善于运用信息技术向学生讲述德育知识，开阔学生的德育视野，增强德育课程的可信度，有效激发学生的德育兴趣，以便切实增强

班级德育活动的成效，让每名中小学生均能在参与班级德育活动的过程中提高自身的思想素质、道德品质及学习能力，如此才能推动中小学生获得更为长远的进步，为其日后的发展做出良好的铺垫。

2020 年 5 月

信息技术在初中语文教学中的应用

在新课改的要求下，初中语文教学形式越来越多样化，科技的快速发展使信息技术在初中语文教学中的应用展现突出优势。信息技术可以提高学生学习兴趣，在视频播放基础上拓宽学生的知识面，同时提高教学质量。信息技术还可以优化课堂教学结构，活跃课堂氛围，深受广大师生的喜爱。

一、合理安排信息技术教学的时间及内容

将信息技术应用于初中语文教学中要注意根据课程内容特点合理安排信息技术教学的时间和内容。信息技术的主要特点是可以存储大量的信息，但是教师在进行信息技术设计时需要对信息岗化易化，以能够将传统教学中不容易理解的内容和知识真实展现在学生面前，帮助学生理解和消化。在初中语文教学中应用信息技术，不是信息量越大越好，也并非技术越高越好，相反，一些设计优秀简单的多媒体课件更能帮助学生理解课程内容。一些教师的观念是利用信息技术进行花样设计，以吸引学生的目光，但是过于花哨的多媒体课件只会一时吸引学生的注意力，学生在学习后却不能获得知识。所以在应用信息技术时要根据语文课程内容进行有层次、有重点的设计，将教学知识进行巧妙结合，以方便学生理解和消化。

二、提高对初中语文教师的素质要求

信息技术在初中语文教学中的应用不是一次课件制作就可以受用终身的。信息技术作为科技时代的一种重要教学辅助方式对教师的要求不只是精通语文专业知识。如在进行音乐作文课的讲授时，在设计多媒体课件时需要考虑到学生对音乐的理解程度。初中学生对音乐只是浅层次的理解，那么在进行课件设计时就不能放纵学生任意发挥。可以借助一些优美的软曲音乐欣赏使学生了解音乐的概念和内涵，让学生理解音乐与所要表达内容的关系，使学生在音乐体验基础上降低作文的学习和写作难度，同时也培养了学生的音乐素养。另外，教师要加强审美教育与语文专业教育的联系，但是不能走极端。在进行《沁园春·雪》的讲授时可以选用雪梅图为背景，同时配合色调淡雅的大理石背景，以表现诗词的情景。

三、创设情境调动学生学习积极性

学生进入初中后虽然学习能力有所提升，但对抽象内容的学习还是有一定困难。所以在初中语文教学中应用信息技术时要多利用图片和声音等将学生引入一定的情境中，让学生体会身临其境的感觉，以促进学生从不同角度对语文内容进行思考。身临其境的情境设计会让学生感到语文学习并没有想象中那么困难，慢慢会提高对学习的兴趣，同时也能培养学生自主学习的能力。如在讲授《天净沙·秋思》时，可以在多媒体课件中将每一句所描绘的景象用图片展示出来，再通过声音的配合营造出作者所要表现的秋郊夕照的情境，学生身处其中，就可以理解作者所表达的思乡情，也能理解作者一个人漂泊在外的感受。

理想的教育
如此美好

四、激发学生的想象力和创造力

初中语文教学的一个重要目标是提高学生的想象力和创造力。没有应用信息技术的传统初中语文教学以讲授为主，且讲授内容枯燥，不能活跃学生的思维想象，多媒体课件主要通过视觉、听觉元素来吸引学生的眼球，使学生可以在视听盛宴的基础上进行积极思考，提高想象力和创造力。如在讲授《紫藤萝瀑布》时，可以先通过多媒体播放一些紫藤萝的图片，让学生对紫藤萝有一个初步印象，然后再在舒缓音乐的背景下播放紫藤萝视频，通过一步步的情境创设将学生引入学习中。学生在观看图片和视频时很容易体会到文章的重点内容并进行掌握和消化。

五、突出教学重点内容

初中学生在学习过程中比较喜欢新颖有趣味性的故事，对抽象的内容还是比较畏惧。而初中语文主要是对语言的学习，很多语言类知识都比较概括和抽象。初中学生的年龄特点是对语言的把握有限，通过信息技术可以利用声音、图片等将抽象的语言知识进行直观概括和呈现，使枯燥抽象的语文知识变得更生动，这样重点突出可以提高学生的学习兴趣，加强学生对重点内容的理解和掌握。如在学习《看云识天气》时，虽然文章中对各种云做了介绍，但是没有图片的辅助内容还是比较抽象。应用多媒体后可以将各种云的图片展示出来，同时在图片旁边对云的特点做介绍，这样很容易让学生了解各种云的特点和其与天气的关系。

六、增强美感的体验

初中语文科目人文性比较强，比较重视情感的表达和体验，但是情感的表达与体验是需要在特定情境中才能生成。应用信息技术进行教学后，可以通过课程内容的结构优化来使用视听元素渲染教学气氛，以帮助学生融入语文内容的情境中，让学生感受情境之美，最后增强学生对文章内容的理解和对美的体验与共鸣。如在学习《祖国啊，我亲爱的祖国》时，由于文章本身抒情性比较强，所以可以选择抒情性同样强的《琵琶语》作为多媒体的背景音乐，二者配合将学生带入深情却又倾诉不尽的感情中，牵引学生的感情，让他们陶醉其中，以加深其对祖国的热爱和不能割舍之情。除了音乐的配合，还可以让学生自己去关注一些体现热爱祖国之情的图片，以引导学生进行语言美的创造，体会到语文的真正魅力，真正喜欢上语文的学习。

总之，随着科技发展，信息技术应用于初中语文教学是必然趋势，在实际教学中教师要在提高自己综合素质的基础上合理安排信息技术的使用时间。同时通过一定的情境设计来提高学生的积极性、培养学生的创造力和想象力，在突出重点内容基础上培养学生的审美体验，让信息技术这种教学方式在初中语文教学中发挥更大的作用。

2019 年 4 月

延续乡村文明　留下童年记忆

——新时代乡村教育的办学困境与对策分析

　　三日前接到任务，要在近期完成一篇关于落实乡村学校办学自主权激发办学活力的建议的文章。作为偏远乡村学校校长，我识见有限，但职业特殊性决定我不敢妄自菲薄，好在平时有些许感悟与积累，成篇便顺理成章。

　　几载光阴，夙兴夜寐，所见所闻所得均与校园有关，所思所想所感均与教育相随。与他人看，这只是职业使然，但于我，却是心中所愿。正如罗先生之赠言，或许这种姿态会和初心一道，行近致远。

　　国家城镇化是一个总的趋势，乡村振兴势在必行，乡村教育责无旁贷。作为劳务输出县域，农民工进城从事的职业大多在工业、建筑业和服务业。国家的产业结构调整正在如火如荼地进行，而新科技对体力劳动的排斥非常强劲。当城市业态发生根本性改变的时候，作为新生代农民工进城可能就找不到适合的工作，不会种地的农民极有可能成为新的贫民，促使新生代农民工学养层次提升将是城乡协调发展的必然所在。

　　乡村教育承载的功能便是新生代农民的学养提升。但乡村教育存在许多令人担忧的现状，简约的教育常识被解读得五花八门，许多人试图通过不必要的负担和严厉的规训促进乡村教育的繁荣。乡村教育发展的痼疾和陈年陋俗问题的根本，便是生活在乡村的人和引导乡村教育发展的掌舵者。乡村的智力资源荒芜，城市居民通过自己的努力在不断地创造各种各样新生事物的时候，乡民们还在朴实地见证着炊烟与安逸。正因这样一种畸形的城乡融合协调发展的新关系，促使国家提出要推动城乡义务教育均衡发展，且要高度重视农村义务教育，努力让每个孩子接受更公平且更有质量的教育。在此背景下，政府的职能在不断膨胀，管的事情越来越多，对学校的约束也越来越大，但笔者认为，只有通过充分下放自主权，进一步促进政府自身的改革，完善政府的评价标准，学校和政府之间才能各自明确职责，乡村学校才有最大可能释放自己的独特魅力。

办学的自主权如何还给学校？这并不是一个高深命题，归根到底就是要让对的人办对的事，全力倡导教育家办学，从根本上改变利用行政干预的方法办教育的野蛮做法。以此而论，任何单位和个人都不得随便干预学校正常的教学事务，学校根据自己的文化理念、校历安排，扎实开展各种有益的教育教学活动，减少各种社会事务的影响。有这样的教育环境，教师才有可能将精力全部用于教育教学，用于学生的品格行为的培养。下面笔者将紧紧围绕乡村学校的办学困境，从学校规划、人力资源管理、学校文化、宏观管理体制、质量提升及评价机制、社会协作、未来发展七个方面，予以简要分析并提出对策与建议。

一、学校发展规划

伴随着乡村教育的快速发展，学校管理专业化水平日渐提升，学校发展规划得到逐步重视。不可否认，在一些特殊优质学校，学校发展规划甚至超前于发展理念和教育政策。但是，对大多数普通学校而言，学校发展规划从制定到执行都存在诸多问题，致使大多数学校没有自己的长期发展规划。学校发展规划由教育行政部门强势推动，学校主体性、积极性严重缺失。

在当前的教育行政体制下，教育局项目主管部门是学校硬件规划的管理主体。教育行政部门通常会以文件、会议等发布行政指令的方式整体推进，包括学校教学楼建设选址、教学设施的采购、学校制度建设，甚至学校文化建设等，本应作为发展主体的学校却作为被动的客体被动地接受学校发展规划的任务。基于此，很多学校的校长主动谋划的意识不强，不能积极主动地思考学校发展的状况和问题，并且有意识地通过制定科学合理的规划来引领学校发展，甚至放弃作为校长本该撰写的长期发展规划。纵使有部分学校能够和教育行政部门共同商议学校的发展，但在规划制定的主体上，学校除校长外，其他组织成员和利益相关者依然缺位。

笔者建议，上级行政部门主动放权，校委会充分征求和听取学校管理者和作为学校主体的师生的意见，无论是学校软件规划还是硬件规划都能让师生获得满满的幸福感，从而促使师生进一步认同自己的学校。

二、人力资源管理

（一）校长选任与评价

校长是学校的最高管理者，负责学校的各项事务，对学校的发展有着重大的责任。在现实办学的过程中，我们发现，校长好，教师才好，学生才好，不可否认校长是一个学校的灵魂。一个志存高远、学识渊博、善于研究、执行有力、决策科学的校长，将是乡村学校未来成为明星学校的必然所在。

学习和提升是教育家型的校长成长的必由之路，选任不断学习不断钻研的校长，才能促使其成长为有自己教育风格的校长，真正的校长应该能够在繁忙的工作之余静下心来读书，提升自己的业务水平。但在校长选任上，最大的问题依然来自教育行政部门，教育家型的校长是未来学校发展的必然。笔者认为，教学质量不能单单地理解为教学成绩，还有德育的范畴存在；学校教学成绩的高低受多方面因素干扰，通过知识改变命运、是否考取大学并不是教育的终极目的！通过培育有风范知礼仪的国民素质，构建有良知的社会秩序，这才是教育的根本目的！

以此而论，校长选任应把教育家型的校长放在优先考虑的范围，校长评价不应以分数作为唯一的评价标准；行政部门按照《中小学校领导人员管理暂行办法》，以强有力的制度规定作为校长选任与评价的依据。

（二）教师管理之困境

学校发展的每一项成就都离不开坚守岗位的人民教师，学校办不好，最大的问题在于没有好的教师队伍。笔者在一所九年制学校任职，全校共有教师30人，学生515人，按国家规定的编制核定办法，学校教师应该基本能够满足教学需要。但现实情况是学科教师结构严重不均衡、招录教师素质良莠不齐、年轻教师敬业和学习意识淡薄、绩效考核不够完善、教师业余生活枯燥乏味等问题突出。由此可以映射出县域范围内大多数学校师资管理的困窘。

1. 学科教师结构不均衡

乡村教育办学困境之一便是教师结构，县域内统筹学科教师比例，均衡化配置学科教师，逐年消化超编超配人员，招录紧缺学科教师；上级编制主管部门严格按照生均比、班师比统筹安排编制招录教师。

2. 招录教师素质良莠不齐

目前，国家对教师的招录门槛较低，进入体制内的教师素质好坏不一，学校对教师招录的自主权近乎为零，学校得不到需要的教师；因为待遇，素质较高的人员又不想从事教师行业，由此陷入了恶性循环。要解决教师队伍的来源，虽然可以通过提升教师、发展教师、成就教师的培训方式打造队伍，但任何事情都不可能是无本之木，新中国解决民办教师待遇后，作为民族发展的基石，提高教师待遇和招录门槛成为必然。

建议上级主管提高招录门槛，用人单位的主体学校全面参与，使得人尽其用。尽快理顺用人机制问题，使教师队伍合理流动，实现能进能出的良性循环。

3. 绩效考核的价值定位缺失

目前，国家按照教师职务标准，分等次下拨绩效工资。时至今日，绩效工资的实施可谓难上加难，资金由统发账户予以统一，因其对应到人，扣除似是触犯某人的个人利益。纵使有相关规章制度作为支撑，但在教师潜意识中，绩效本来是个人工资。

由此，笔者建议，可将绩效工资按月打包发放至学校绩效工资库，不定义为个人绩效工资，而作为学校绩效资金下拨；以考核制度为支撑，执行严格的考核发放，按劳分配，多劳多得，可有效发挥绩效工资的价值。

4. 教师学习制度的确立

小家寡民，温饱即安，就像笔者所在单位一样，最偏远的地区，最长的在校时间，教师越是对自己没有要求，越是认为日子越舒服越好。温水煮青蛙，消磨的不仅是个人意志，还有我们对未来的无限希冀。教育是帮助人创造，它的工夫本身就在许多个体的生命上，求其内在的发展，让他们对未来产生希望，为其个人生计和更美好的生活做好打算。可教师的精神状态决定了其是否具有学习求新的意识。笔者所在的单位，在经费短缺的情况下，通过购买和公益捐助的方式获得近千册教师阅读书籍，但迄今为止，阅读人员仍寥寥无几。教师素养提升只有通过学习，学习的方式有若干，阅读只不过是最简单的方式。通过请进来、派出去、压担子的培训，师徒青蓝结对、课题研究等一切形式都可以促进教师学习意识的提高。但因教师短缺、工作量加大、学科结构失衡、培训名额短缺等问题，造成学校层面学习制度无法强力推行。

学者型教师的培养是个漫长而复杂的过程。由此，笔者建议，建立县级层面以上的教师学习指导规划等相关教师学习制度，与教师绩效考核挂钩，促使教师不断学习。只有教师素质提升了，乡村教育才有希望。

5. 教师业余生活匮乏的问题

笔者所在学校在偏远山区，经济落后，人口基数较小，小镇除了我们一所规模学校外，几乎没有一个规模单位，更没有任何休闲场所；百姓生活相对单一，外出打工是当前小镇居民为数不多的收入来源；穷山恶水虽然能造就子民的坚韧毅力，但这种安逸也不可否认束缚了包括教师在内的所有人进取拼搏的意识。工作生活在这里的教师大多是年轻教师，他们通过教育改变了自己的处境，甚至家境，但又无可奈何地回到了农村。回归乡村后，他们从内心非常渴望丰富的精神生活，机械地上完课，回宿舍备课阅作业睡觉；日复一日，年复一年，把教师当作一个纯职业工作去完成，业余生活的极度匮乏让他们放弃对未来的无限希冀，他们渴求的是早一日调往县城。

在笔者心中，所有在乡村土地上生活的人们要催生变革的勇气和信心只有靠知识、靠教育，或许也只能是教育。常说民风，乡村教师这个群体中的个别人，因为自身精神信仰的缺失，成为乡风民俗沦落、礼仪道德滑坡的"帮凶"。细想周围因出卖苦力而命丧他乡，为了不起眼的利益大动干戈甚至以命相抵，想想赤贫的状态下无法改善生活的个别农民，这一切与教育的落寞不无关系。而乡村教育落寞的就是因为乡村教育坚守者对自己失去希望、失去信仰。导致这一切的根源是乡村教师业余生活的匮乏，只有好的工作生活环境，良好的待遇支撑，才能让乡村教师对未来生活充满希望，获得超常的幸福感。

笔者建议，乡村学校标配设立教师业余休闲娱乐中心，诸如音乐餐吧、休闲中心，从膳食供应、休闲娱乐、个人爱好等多个方面树立教师学习生活的信心，让教师留得下、留得住、留得幸福。

三、学校文化

学校本身是文化教育机构，学校文化是学校的灵魂所在，它凝聚了全体师生共同的价值观、共同的信仰与愿景，指出了师生共同努力的方向。其精神与制度文化、校园物质文化、师生行为文化直接决定着未来这所学校的发展潜力。其核心的精神文化，更是反映出一所学校的办学思想、教育理念、思维方式。如果一所学校和大多数百姓的认知一样，片面追求升学率，不重视学生品德教育，忽视学生个性的发展，那这所学校的文化绝对是功利化的。在很多情况下，课程和教学本身只是文化的载体，教师不仅要传授知识本身，更应重视价值观及思想情感的熏陶。我们培养的学生不可能全都成为顶尖人才，我们需要大多数学生成为有修养、知礼仪、高素质的普通国民，在培养什么样的人、怎么培养的问题上，必须紧密按照国家教育方针提出自身的办学理念，使师生拥有共同的目标。

大凡好的学校，校长都有自己独特的办学理念。比如一年内，哪个阶段搞什么活动成为定规，慢慢发展为本校的特色，让师生在活动前充满期待。目前，乡村学校欠缺发展动力的最主要原因是自身定位不准确、办学理念不明确，不注重校园物质文化建设。2010年，兰州市教育局全力推进辖区内所有学校校园文化建设工作，取得了卓越成效，良好的环境氛围促使其产生了一批有价值、有导向的品牌学校。笔者于任职之初，提出了"延续乡村文明，留下童年记忆"的办学宗旨，形成了自己的文化建设发展规划。实践证明，文化建设得到师生和百姓的广泛认可，也为学校进一步留下学生、发展学生打下了坚实的精神基础。乡村学校师生价值追求单一、业余生活枯燥、精神信仰缺乏，更应在校长的引领下有效地建立自己的文化体系，校长有自己的办学主张，师生有共同的发展信念，文化便顺其自然成为乡村教育可持续发展的精神支柱。

笔者建议，从教育行政层面加强校长对校园文化建设重要性的引导培训，出台校园文化建设的专家评价制度，对校园物质文化建设提供必要的资金支持，使城乡学校所所有特色、所所有发展。

四、宏观管理体制

（一）整合资源与统筹管理问题

笔者以自己所在学校为例，开学三周以来，接到教育行政部门各类通知共计 55 条，细致梳理后发现，各类重复上报数据 17 条，以开学检查文件为例，检查填报的问题与数据有近 5 条重复。各类通知接到后，不管有无反馈的必要，每件必须第一时间予以上报，甚至空表均要如此。如果单从痕迹管理的角度来讲，电子信息回复亦可成为必要的反馈资料，以利于进一步减轻基层学校的资料报送负担。信息化社会，无纸化办公也就成为水中花、镜中月。从政府层面来讲，上级教育行政部门下发的各类文件都应严格执行；但从制度制定的层面上讲，又忽略了接地气的要求，政策的掌握者基层调研不扎实，闭门造车形成的若干制度在基层无法推广，为了响应上级号召，只能一厢情愿地用数据来说明问题。例如农村信息化教学工作的推进，众所周知，信息化更新换代非常快，信息化设备的更新更是日新月异，上级制订的关于各类信息化推广与管理制度又不能紧随其后，教师的信息技术培训时有时无，导致设备配下来不能及时投入使用。

笔者建议，教育行政部门应身先士卒，政府财政部门提供必要的经费支持，研发县域行政部门无纸化办公软件，率先推广使用无纸化办公，建立县域内各学校管理数据库，减少基层学校的数据填报负担。教育行政部门科室间统筹安排各项检查，整合相同职能，进一步减少重复工作的安排。教育行政部门领导在管理制度的制定上，充分征求和听取基层学校的意见与建议，出台合理可行的各项制度。

（二）校园安全管理的问题

作为学校管理者，人人知道校园安全是"高压线"，谁都不敢轻易触碰，取消中长跑春秋游，教师全天在岗，学生跌倒学校教师负责，校长、教师人人自危，安全成为学校最难应对的工作。学校教室不敢有小刀，手工课上只能用平头剪刀，出了一丁点问题，媒体大肆宣扬，把学校的责任无限放大，促使学校尽量减除一切实践，尽量避免出问题。如此，未来我们培养的学生所有的综合实践课只能在室内教学，所有体育课都将取消中长跑，体育学科教师不会再教学生单双杠，等将来我们培养的公民体质明显下降，这是否会成为我们民族的悲哀？

学校办学自主权最核心的就是权力下移，保护上移。笔者建议，政府在安全问题上应充分进行调研，出台法律法规保护学校，保护所有体育锻炼的正常开展，保护意外事故的正常处理，保护教师正常的权益；若有问题，有法律作为依据作为支撑，在有些问题上，政府赔钱也要支持学校，我们应还给学生真实的童年，让他们勇敢地走向户外、走向大自然。在校园安保问题上，笔者建议政府应购买服务、统一管理，扎实进行安保培训，为学校正常的教育教学秩序提供强有力的支撑。交通安全上，学校除认真做好必要的安全教育外，政府应该配套相关营运服务，确保师生能够安全出行。

五、乡村教育质量的提升与评价机制

教学质量永远是学校办学的生命线，也是所有致力于乡村教育发展的有心之人最大的痛点。但绝大多数人将教学质量与教学分数彻底挂钩。2016 年 9 月，中国学生发展核心素养在北京师范大学举行发布会，来自教育学界和心理学界的知名专家学者、教育行政部门人员和一线教育工作者代表等参加了会议。中国学生发展核心素养以培养"全面发展的人"为核心，分为文化基础、自主发展、社会参与三个方面，综合表现为人文底蕴、科学精神、学会学习、健康生活、责任担当、实践创新等六大素养，具体细化为国家认同等十八个基本要点。文化基础只是教学质量的一个重要方面，培养具有全面发展的公民才是教育的终极目标。但国家高考制度的导向决定分数是教学质量的根本所在。

笔者根据几年的浅薄积累，就提升乡村教育质量有一些自己的看法。

（一）提高乡村教育质量的根本就是提高教师质量

我们通过多种方式减轻学生课业负担，限制做作业时间、减轻作业数量，但这样做却从未提高教学质量。原因何在？基层学校师资短缺，教师年龄偏大，音体美等术科教师更是凤毛麟角，教师素质有待提升。所以，笔者认为，提高乡村教育质量的根本就是提高教师质量，最关键的是提高教师教学质量。在这点上，与其说是教师专业素养不足，不如说是教师评价标准的欠缺，正因缺乏科学的评价标准，就导致缺乏教师工作质量的评价标准。大多数情况下，我们只能用分数来评价教师。试想，乡村教育到底需要什么样的教师？我们能否用一两句话表达清楚？

笔者建议，国家在增加乡村地区教师编制的基础上，进一步改进教学质量的评价体系，出台教师工作的评价标准，通过有质量的轮流培训提高老师的专业水平，从根本解决质量提升的问题。县域范围内，必须按照有关规定均衡化地配置教师，制度化地进行师资培训，将优秀教师、优秀校长轮岗进乡村等计划扎实实施，确保教育一盘棋均衡共发展。

（二）推进家长教育，乡村教育质量才会大幅提升

当前家庭教育的严重缺失，社会教育职能的弱化使得乡村学校的教师苦不堪言，他们既是父母，又是老师，严重影响了农村教学质量的提高。笔者所在学校有 515 名学生，其中单亲留守儿童近一半，双亲留守更是近四分之一，家长们大多数常年在外为生计而奔波，于他们而言，生活质量的提升也是其持之以恒的奋斗目标，有的学生一年见父母一两次，有的学生几年才能见一次。孩子在缺乏父母关爱的环境下成长，无心向学也成为必然。加之，部分父母不注意自己的言行，对学生的行为习惯有着很大的影响，尤其是部分不好的影响。

基于此，笔者建议，政府应强制出台《乡村学生家庭教育指南》，要求父母每年与孩子见面的次数。与此同时，开设家长教育课程，让家长按时回归学校，学习教育常识，让家长与孩子一道感悟成长的快乐。

（三）宽严相济的政策环境

当前，乡村教育质量的提升还有一个重要因素，那就是政策环境。乡村教师教学方法单一枯燥，家长教育缺位，例如笔者所在学校，只有通过增加在校时间延续家庭教育的部分职能；但这一点在政策上是不被认可的。乡村学校培养的尖子生在条件允许的情况下，大多数进了县城学校，县级教育行政部门致力于亮点

校、品牌校的建设，将丰富的教育教学设备优先配置亮点校，这就从侧面更加促使城乡教育的不均衡发展。

笔者认为，对于乡村教育质量的提升应宽严相济，宽在办学行为，严在政策疏导；优质资源可以优先考虑配置乡村，甚至超越城镇。办学行为的宽，旨在不要严苛地用制度来管理乡村学校，应该结合学校与地域实际下药方，让学生学得好学得开心，可以适当延长学生的在校时间，取代农村地区暂时缺少的课后服务。政策疏导的严，指的是县域内出台相对严格的划片门槛，使大多数优秀教师和优秀学生留下来，城乡教育必然均衡发展。

（四）切合实际的高效管理

乡村教育质量提升的另一个因素，就是学校的高效管理，如何在学科教师短缺的情况下提高工作的执行力，这考验校长的管理智慧。切合实际的高效管理是质量提升的有效保证。

笔者认为，选任一个教育家型的校长，建立一套高效的学校管理制度，实行切合实际的高效管理才是教育教学质量提升的前提。高效管理的观点很多，都可基于此来延伸发展。

（五）政府主导的激励机制

这或许是最没有含金量的策略，但可能是乡村教育质量提升最有效的策略；实施后，在短时间内绝对立竿见影。

笔者建议，政府拨付足够额度的专门经费设立乡村教育质量提升奖，对为乡村教育发展做出贡献的教师进行奖励，有效促进乡村教育质量的提升。

六、社会协作

过重的工作负担已成为当前乡村教师工作的常态，行政部门安排的各种与教学无关紧要的活动占用了本该属于教师的教学时间，教师没有精力和时间静下心来学习备课，一心一意地做好教学工作。笔者认为，这就是学校办学自主权缺乏的最主要原因。大量不必要的工作安排和不必要的工作检查、考核与评比，作为弱势方的学校只有被动接受。个别乡村学校为例，去年一年时间学校接受包括禁毒宣传、妇联慰问、普法宣传、交通教育、防疫检查、扫黑除恶工作、教育扶贫、食品安全检查、乡镇无关紧要的会议、庆祝建党、周边环境治理等十几项工作，这些工作还不包括教育行政部门组织举办和通知的各类活动，还不核算这些活动开展的次数（好些活动不是一次就结束）；除了这些活动开展的价值与必要性，就学校而言，填不完的表格、造不完的材料，在学校人手紧缺的情况下已成为教师严重的工作负担。这样的现象既影响了教育教学活动的正常开展，也影响了学校宁静庄严的治学氛围。无节制的各种进校园的活动，教师疲于应付，学校文化传承的活动不能按时进行，与上级下发的各类通知产生冲突……没有了文化传承，没有了精神支撑，乡村文明如何延续？

　　学校的办学需要社会各部门的理解与支持，作为弱势群体，在很多的情况下，学校是没有话语权的。在全国教育工作会议上，教育部提出"对中小学办学自主权也要重视起来，要专门制定落实中小学自主权激发办学活力的文件"，这个提法是一个积极的进步。笔者认为，这实际是教育发展过程中进行"放管服"的改革，社会主管部门把应属于学校的权力真正放给学校，学校将诸如普法、防疫、交通等方面的教育工作整合到正常开展的学校教学活动之中，而主管部门只需通过法治和制度进行监管和服务。学校本该是国家最后一片净土，社会各部门不能让其成为一个喧嚣的集市，不能让任何人都可对教育、对学校、对教师指手画脚；所有的进校园活动、评比检查，乃至教学改革都应与学校当前教学实际紧密整合。宁静应该属于学校，让教师安心治学，这才是社会协作最应解决的事。"放管服"改革绝非一朝一夕，贵在落地生根。

笔者建议，尽快制定下发落实中小学校办学自主权的相关文件，健全教育法规并遵守法律法规，形成依法治教的体制和机制。政府和教育主管部门要严格依据教育规律办事，在办学方针、教育公平、办学经费、条件保障、社会协作等多个方面加强监管和服务，整合各类检查与评比工作，部门间加强合作，让各类部门职能的教育活动和学校的常规教育紧密结合，有效减轻学校负担。

七、未来发展

（一）行为习惯的培养

未来国民素质快速提升的第二个重要因素就是乡村教育对学生行为习惯的培养。当前，我国仍有近七亿人生活在农村，这七亿人也是未来国家综合国力提升的关键所在。国家实施城乡教育一体化发展，重在提升乡村教育的水平。笔者认为，乡村教育重在两点，一是文化知识的传播，二是行为习惯的培养。乡村学校因为地处农村，学生在诸如卫生习惯、语言习惯等方面较之城市有无法比拟的劣势。就笔者所在学校而言，因为硬件条件限制，学生无法做到一周一次洗澡，学生卫生意识较差；学生家长受教育程度有限，语言习惯粗放，无形之中对学生言传身教，学生自身意识不到礼仪和语言文明的重要性。

基于此，笔者建议，政府主管部门在未来寄宿制学校等乡村学校发展规划中，应强制性列入宿舍用品、淋浴设施的配置，解决寄宿制学校师生卫生清洁的难题；立法加强家长培训，以强化学校应有的教育效果。

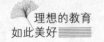

理想的教育
如此美好

（二）信息技术的发展

数字化校园将是未来发展的趋势，不管当前社会各界对学校使用信息技术如何排斥，随着科技的不断进步和5G时代的悄然到来，信息化技术将会和学校教育紧密结合，时代潮流任何人都无法阻挡。"慕课、平板电子书、一对一网上辅导"等新兴教育手段将会是一种常态，这是时代发展的必然。教师素质提升后，年轻化将会是一种趋势，上级主管部门在信息技术设备配发时，务必要配合软件使用培训，让年轻教师将信息设备有效地使用起来，政府主管部门在采购信息化设备时，必须多采纳基层学校的意见，宁缺毋滥。当前，与其排斥信息化技术设备的使用，不如强化教育信息技术素养的培训，以适应即将到来的数字化校园变革。

笔者建议，教育主管部门在配置信息技术设备时，应量力而行，配足配精，科技前沿的设备（诸如3D打印机）配置应进入基层乡村学校，用制度保障教师信息技术能力的提升培训。

千年学脉的绵延赓续，乡村教育的厚度温情，无不诉说着乡村教师这个群体工作的意义！马云曾言："看一个国家的教育水平并不是看它发达地区的教育水平多好，而是要关注它落后地区的教育水平；一个社会的进步不在于精英有多少，而在于底层的数字有多大。帮助农村全面脱贫，乡村教育的发展是必经之路，这既是巨大的挑战，也是更大的机会。"此观点老一辈先贤梁漱溟、晏阳初、陶行知均有论述，勿论观点新颖与否，这或许也是大多数乡村教育坚守者的心声。国家要真正发展，乡村教育不应成为被遗忘的群体，体悟真实的教育，他们的声音更应得到倾听，权利更需得到尊重；而利于乡村教育振兴的事，理应最大限度得到满足。

看得见山，望得见水，记得住乡愁；留下童年记忆，延续乡村文明，乡村教育——责无旁贷！

2019 年 3 月 17 日

258

中小学智慧校园建设问题及改进措施

　　随着我国现代信息技术的快速发展，微课、翻转课堂、开放课程等教学形式逐渐涌现出来，并且在中小学各个学科的教学中得到了运用，有效地实现了教师教学方式以及学生学习方式的创新和改革。智慧校园的构建是数字化校园建设的重要形式，它主要是利用现代先进的信息技术为教师和学生提供个性化的服务，从而有效实现信息技术和学科教学的深度融合。但是，就目前我国中小学智慧校园建设的情况看，许多学校在建设中存在诸多问题，导致数字化教学开展得并不理想，从而严重影响了中小学学生的学习效率。因此，为了更好地推进中小学教学的改革，中小学校以及教师要改变传统的智慧化校园建设理念，合理地规划和统筹建设。

一、中小学智慧校园建设过程主要存在的问题分析

（一）缺乏对智慧校园的深刻认识

　　智慧校园主要是利用当前先进的教学技术和教育教学理念，为学生和教师营造智慧化的学习和教学环境，为教师和学生提供智能化的基础设施，以便更好地提升学校的服务质量，进而更好地提高人才培养的质量。在具体的智慧校园建设过程中，学校及相关建设人员只有对智慧校园的内涵进行深入的了解和认识，才可以更好地推进智慧校园的建设。但是，从目前的建设情况看，许多中小学对智慧校园的内涵认识还不足，导致智

慧校园建设偏离实际的目标，从而一定程度上影响了中小学教育质量的提升①。具体情况主要表现在两方面：一是部分中小学缺乏先进的智慧化校园建设理念。部分学校主要秉持传统的知识和技能讲授的教育理念，对智慧校园的建设缺乏必要的认识，这就导致了智慧校园建设没有先进教育理念的引导，从而使中小学智慧校园的改革受到严重限制。二是部分中小学对智慧校园建设的内容和目标认识不清。相关建设人员只有对智慧化校园建设的内容和目标有足够的认识，才能够结合学校自身发展的特点合理开展建设活动，从而为学校师生提供更加优质的服务。但是，目前部分建设人员对智慧校园建设的内容和目标并没有清楚的定位，使得智慧校园建设与学校的实际发展相背离，从而导致智慧建设的质量不佳。

（二）智慧校园平台的应用效率比较低

智慧校园建设的最终目的就是投入使用，相关人员可以在教育管理、课堂教学、教育科研等方面合理地把智慧校园平台应用其中，充分发挥大数据技术、人工智能技术等现代信息化技术的优势，从而有效地提高教学管理以及学校整体教学的质量。但是，从目前智慧校园建设的现状看，许多中小学对智慧校园平台的应用效率还比较低，导致智慧校园的作用难以凸显②。造成这种现象的主要原因如下：一是智慧校园平台提供的一些应用与区域学校的发展不相符，一些学校难以利用平台实现教学管理的提升。所以，相关人员也就很少进行运用。二是教师的信息化教育理念落后，信息化素养也比较低，不能够合理掌握相关的应用技

---

① 邓永胜.教育信息化2.0时代的智慧校园变革研究——以洛溪新城中学为例
[J].中国教育信息化，2020（05）：94-96.
② 颜鼎.大数据背景下的中小学智慧校园建设探讨[J].中国教育信息化，2019
（23）：81-83.

术，从而也就影响了智慧校园平台的应用。同时，一些学生应用意识欠缺，并且没有相应的指导，所以也很少进行应用。三是智慧校园平移台技术比较复杂，对一些师生来说，应用起来会比较烦琐，会浪费大量的时间，从而严重打消了师生运用的积极性和主动性。

（三）智慧校园建设过程中缺乏相应的规划

智慧校园建设是一项重大、烦琐的工程，建设的内容比较多，主要涉及建设的统筹与规划、教学应用、培训以及先进技术投入等。在实际的建设中，多部门有效地协调和沟通能够有效地提高智慧校园建设的效率[①]。但是，从目前大多数中小学智慧校园建设的统筹和规划情况看，一些地区的各相关建设部门并没有形成有效的系统建设机制，在实际的建设中缺乏规划和统筹，导致各个部门建设的步调不一致，从而使智慧校园建设项目推进比较困难。主要表现如下：一是各个建设部门不能从全局的角度出发进行合理的规划和设计；二是教育行政部门缺乏科学的顶层设计方案，没有相关的标准做指导，从而导致智慧校园建设缺乏科学性。

二、中小学智慧校园建设有效的改进措施

（一）优化分层培训，提高教师的信息素养

在智慧化校园建设中，校长、教师等的信息素养水平、智慧校园建设的内容和方法掌握情况以及智慧校园的宣传推广效

---

① 书兵，张学波.中小学智慧校园的智慧短板与建设智慧——基于珠三角某地三所典型中小学智慧校园建设情况的对比分析［J］.现代教育技术，2019（09）：19-25.

果直接决定着智慧校园建设与实施的效果。对中小学来说，校长、骨干教师、基层教师以及教学管理人员只有具备较高的信息素养，并对智慧校园建设有足够的了解，才能更好地推进智慧校园建设的进程和效率。因此，为了更好地为智慧校园建设提供保障，区域教育信息化管理部门必须要强化相关人员的培训，并且运用分层培训的方式，保障每一个层次的建设者的信息素养都有所提升，然后再进行接下来的智慧校园建设的实施[①]。首先，相关管理部门要组织中小学校长、教学管理人员以及相应学科骨干教师的智慧校园建设的培训，培训的方式可以邀请专家举办讲座或者是带领相关人员进行试点地区的现场观摩，着力强化相关人员的信息素养，转变他们对智慧化校园建设的理念，以便推进智慧校园建设的实效性。其次，定期开展校本研修活动。主要以智慧校园建设为主的研修，促使相关学科教师对智慧校园建设的经验进行交流和沟通，不断提升教师的信息素养，从而促进教师专业能力的提升。最后，定期组织多元化的智慧校园应用活动，利用活动对智慧校园教育平台进行推广，以提高智慧校园平台的应用效率，从而促进教师教学和学生学习方式的创新。

（二）优化顶层设计，合理进行统筹

顶层设计是智慧校园得以持续发展的重要因素。在智慧校园建设的过程中，顶层设计的缺失严重抑制了智慧校园建设的有序推进。所以，在中小学智慧校园具体建设的过程中，区域教育信息化管理部门只有更好地优化顶层设计，并且促使各个建设部门有效协同，才能为智慧校园建设提供更加坚实的保障。因此，为

---

① 曹梅，沈书生，柏宏权. 数字化校园到智慧校园的差距与行动——来自南京市若干学校的调研分析［J］. 电化教育研究，2018（01）：49-54.

了更好地改进目前智慧校园建设的弊端，相关部门需要合理进行优化设计和统筹安排。首先，相关部门需要出台一些有关智慧校园建设的指导文件，在文件中明确中小学智慧校园建设的目标以及实施路径，通过这些文件帮助中小学从智慧教学、智慧管理以及智慧环境等方面进行智慧校园的建设，以便更好地促进中小学智慧校园的合理建设。其次，建立多部门的协同建设机制。相关管理部门要把教育形成部门、教研部门以及技术部门等进行协同，及时对智慧校园建设的问题进行沟通，以促使各部门的建设步伐一致。

（三）围绕平台，驱动智慧教育云平台的有效应用

智慧教育云平台的建设和应用是中小学智慧校园建设的重点。智慧教育云平台可以为师生提供多种信息化服务，从而更好地提高中小学教与学的质量。同时，智慧教育云平台的应用是智慧校园发挥实质作用的重要表现。相关人员只有围绕智慧教育平台的建设和应用来开展智慧校园建设，才可以更好地提高智慧校园的建设和应用效果。因此，相关管理部门要重视平台的建设，并且要重视平台的实际应用驱动。首先，相关部门要做好智慧教育云平台的数字教育资源库建设，把中小学学段设计的学科优质资源进行归纳总结，全部整理到数据资料库，并邀请专业人士对数字资料库进行评估；其次，建立数字资料库的开发团队定期对智慧化的数字资料库进行更新和开发，以便为师生提供更加优质的服务；最后，相关部门要组织中小学积极应用智慧教育云平台，充分把数字资料库的资源应用到教学之中。

三、结束语

综上所述，智慧校园的建设具有非常重要的意义，它不仅可

以更好地提高师生的学习和教学体验，而且还可以为我国中小学教育的数字化、信息化发展提供保障。因此，在互联网、大数据的背景下，中小学要重视智慧校园的建设，分析目前建设存在的问题，并根据具体问题合理地调整建设的策略，以便更好地提高教师的教学质量和学生的学习效率。

2022 年 8 月

新时代"五育"融合在乡村学校的实践研究

一、绪论

（一）研究背景

2019年7月8日，中共中央、国务院印发《关于深化教育教学改革全面提高义务教育质量的意见》，其中非常重要的一项内容就是提出坚持"五育"并举。2020年1月10日，在召开的全国教育工作会议上，时任教育部部长陈宝生讲道：2020年要对准"五育"并举体系中的短板弱项，精准发力。在新时代，基础教育必然要开启新一轮质性变革，乡村基础教育更要以促进学生全面发展为出发点和落脚点，探索融合育人的"乡村学校路径"，使之成为促进新时期乡村振兴、教育高质量发展，及推动乡村学校育人方式变革的重要路径。其实早在2016年，国务院就印发《关于统筹推进县域内城乡义务教育一体化改革发展的若干意见》，明确发出破冰乡村教育的冲锋号。因为乡村教育"五育"融合推进所面临的问题已经无法忽略。2021年3月，教育部联合六部门印发《义务教育质量评价指南》，阐明了义务教育阶段评什么、怎么评、谁来评等关键问题，明确要扭转不科学评价导向、推进教育质量评价改革的具体行动路径。2021年9月，教育部印发《国家义务教育质量监测方案》（2021年修订版），确定监测学科领域包括德育等九个领域，新增劳动、心理健康、英语等学科，全面体现了"五育"并举。目前，在中小学教育内外生态中，乡村学校"五育"融合的推进中，长于智、疏于德、弱体美、缺劳育是很好的概括和总结，乡村校的"五育"融合推进中短板在哪里？如何才能扭转"五育"融合失衡的现状？如何推进"五育"融合育人效应的最大化？"五育"融合常常被割裂，导致的后果是达不到全面育人的办学初衷。其根本原因在于重视"智育"，而目前的教育评价体系无疑也成为帮凶。"五育"并举贵在融合，应从树立"五育"融合观入手，多元协同家庭、学校、社会的教育生态合力，聚焦共生型和多元化的课程生态、教学生态、资源协同生态、教育评价生态以及教育治理生态重建等举措，形成"五育"融合育人的合力。

1. 乡村学校"五育"融合的必要性

当前，智育独大的苗头已经渗透到学校教育教学的方方面面，音体美教师在城市学校还相对宽松，但在乡村学校基本上均处于短缺断层的状态，从而导致构建德智体美劳全面发展的教育体系成为乡村学校的口号所在。怎样实打实地在当前的环境下整合教育资源，实现"五育"互育将成为未来乡村学校突围的关键所在。

"五育"内容既相互独立不可替代，又互相联系无法分割。智育、体育、美育和劳育中渗透着德育，体育、美育也包含着智育，"五育"成为紧密联系的辩证共同体，只有在互育上下功夫才有实现全面培养的可能。

乡村学校体育和美育教学软硬件资源方面相对紧缺，想方设法开展有益的体育、美育，将有助于培养乡村孩子的阳光自信。"五育"在实践上可以实现共育，其实施途径和形式在一定程度上高度重合，比如爱国主义教育，可以是课堂教育，也可以是主题教育、劳动教育。

2. 乡村学校"五育"融合的现状及优势所在

笔者在走访过程中发现，唯分数论是当前存在的主要现状，长于智、疏于德、弱体美、缺劳育是对"五育"失衡状况的总结和概况，在教育界引起了一定的共鸣。每位教师都希望将学生培养成个性独立、人人精彩的样子，但不是所有的学生都是一个样子，且异常平庸的自己。

在笔者和某高校教授聊天的过程中，了解到一些现状。当前在科研人员队伍中很难找到非常优秀的科研苗子，且乡村学校的学生较之城市学生稍好一些，部分学生虽然能以高分进入大学，但对科研却普遍缺乏浓厚的兴趣，且对未来世界缺乏一定的好奇心和想象力。笔者认为，造成当前这种情况的原因，很可能是小学初中高中的智育的全面抢跑，严重忽略了智育以外的环节，比如养成行为习惯、人格的塑造和创新能力等，这应引起教育同人的重视。

乡村地区当前"五育"融合同样面临智育独大情况愈加严重的问题，如果教育再搞刷题式训练，将来培养的很可能会是一堆没有技能的人。尽管在很多文件中，国家明令要求开齐开足体育与美育课程，但在部分地区，尤其是乡村学校，因音体美是非高考科目，且师资和设备软硬件资源短缺，课程被应付与挤占情况时有发生，目前仍难摆脱副科地位。当前，笔者认为，搞好体育与美育的教学关键是有场地，且要教会、勤加练习和经常性比赛。但事实情况是一些地方和学校宁愿用有限的资源多请几位语文、数学等中考、高考必考科目的老师，也不愿在音体美教学的教师队伍、场馆设备、平台建设上花钱、花时间、花精力。因为对音体美课程的不重视，学校还体现在"重少数轻全体、重比赛轻普及"方面。音体美课程变成少部分学生才能参与的游戏。这会误导学生产生一种意识，即如果不准备当运动员、画家、音乐家，就没必要在这些课程上花费时间。

当前乡村学校，似乎音体美教师短缺就没法推进"五育"融合课程，这是一个误区。较之多数城市学校，乡村学校有自身独特的"五育"融合教育资源，可以同时打通乡村独有的系统内外资源，把当地的农业园区和农业企业资源整合起来，为学生培育劳动观念、劳动精神的实践基地，还可将当地的一些山野资源、农庄和田园等打造成特色文化课程列入本地教育课程，把德育、智育、体育和美育充分整合，学生肯定会非常喜欢。在此基础上，学校统筹指导学生开展体育训练与品德培养、劳动教育和文化课程学习的结合，使学生体质水平能大幅提升，这应该是个不错的愿景。通过乡村实践，聚焦学生的个体优势，让学生建立自信、感受阳光，让学生体会成功的喜悦，产生自我完善的动力，最终实现全面发展。

（二）研究内容、目的及意义

1.研究内容

随着知识经济的快速发展，全球化进程的不断推进，国际竞争逐渐由单一的知识竞争转为人才、科技综合发展的竞争。怎么培养人，培养什么样的人，一再成为许多国家关注的焦点。同时，人们对教育的期望值也随着竞争的开展而越来越高，农村地区随着经济的发展，群众对教育的期望值更是史无前例地高涨。作为农村地区人才培养的乡村学校，通过何种教学实践融合"五育"，在目前基本均衡的教育环境下，推进德智体美劳全面发展的高素质人才的培养将是人们重点关注的目标。通过"国家级贫困县"西和县所辖在"五育"融合方面做得较好的个别学校走访调查，寻找具有代表性的"五育"融合案例，通过案例研究及课题推广，使乡村学校有借鉴的体系和模式，仿效的课程与平台，从而促进整个乡村学校学生"五育"的综合发展。

本课题在关注"四育"的基础上，重点聚焦"一育"——劳动教育，在当前的重新解读中赋予新时代乡村学校"五育"综合发展的新内涵。当前，"劳动教育"成为众多学校的新热点，空想社会主义者莫尔在《乌托邦》中要求对少年儿童进行生产劳动教育，同时学习文化知识；西方教育家洛克和卢梭也是劳动教育的提倡者，劳动教育成为一种重要的教育手段，他们认为劳动可以使学生的身体、智力和道德同时得到发展。"五育"融合的提出，也是"五育"并举的更进一步推进，当前的重视既是对应试教育手段的反思，也是回归教育初心的呼声；同时，也是在新时代背景下，对"劳动教育"内涵的"重释"，也有着极其重要的人性意义。

本课题研究基于以下基本观点，将完成以下内容。一是乡村地区经济、教育欠发达，教师的个人素养较低，"五育"的融合需要一种借鉴的模式，"五育"的课程开发需要一个典型的推广案例，本课题开展乡村学校"五育"融合模式的研究；二是为更好地满足当前乡村教育需求，帮助乡村教师发展，降低教师"五育"融合的工作难度，本课题试图寻找"五育"融合开展中一些好的工作手段和方法，尤其是管理体系的构建和管理；三是对乡村学校全面育人产生积极引导作用，开展基于乡土实际的"五育"融合案例梳理；四是针对当前乡村学校重智育不重他育的现状，开展未来乡村教育人才"画像"建构，对其结构进行简单梳理。

着重体现在以下几个方面。一是课程融合的研究，诸如项目式学习（远足、秋韵等）、跨学科融合、劳动教育、美术与体育、乡土实践课程的开发等课程融合；二是活动融合的研究，诸如乡村学校举办各种有意义的活动对"五育"融合的促进；三是硬件融合，诸如大美育的形成，音体美器材共用的活动室建设等；四是教学生态的融合，诸如在美术课开展手工、诵读等课程，信息技术课与阅读的整合等；五是资源协同，把各类实践基地，诸如劳动基地、美术基地、生物学基地等变成大实践基地对"五育"融合的促进作用研究；五是评价机制研究，诸如利用学生成长手册、调查问卷（教师幸福感、学生成就感）等方式测评"五育"

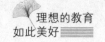

融合的效能发挥。

2. 研究目的

本研究将从当下乡村教育发展的趋向出发，通过"五育"融合实证研究归纳总结乡村学校"五育"融合教学开展的困难与解决策略，根据乡村学校发展需求和意愿建构基于学校、教师个人、社会多主体的"五育"发展支持体系；尝试建构符合乡村学校实际的"五育"融合教学实践模型，为乡村学校的全面发展提供理论依据。本研究还将通过对"五育"融合发展理论的梳理，丰富乡村学校师生对德智体美劳全面发展的研究与认识。并且借鉴国内外的先进经验，构建相对完善的乡村学校"五育"融合教学实践模式。

3. 研究意义

基于乡村学校"智育"独大的现状，新时代乡村学校会进一步重视"五育"融合的价值所在，寻找适合自身发展的"五育"融合模式，构建属于自己的"五育"体系，打造适合自身的"五育"平台，研发乡土气息的"五育"课程，培养适合新时代就业体系的"五育"全人。

本课题认为，所有教育活动对人产生的育人成效，很难直接分离为这是德育，那是智育、体育，或者独有的美育仅在这里体现，劳动教育只在那里浮现……在实际的教学活动中，每一种教育教学行为都可能对学生的成长具有长远影响，产生综合效应，"五育"的成长效应往往是相互贯穿、相互渗透和相互滋养的，尤其对乡村学校孩子而言，其价值更是不言自明。一是改变智育独大的局面，乡村学校把"分值"提升当成目前学校办学的最重要任务，乡村学生的综合素质不能同步提升，而培养德智体美劳全面发展的人才是关键所在。二是提升劳动教育对学生智育的影响，农村的学生不知道几月种地几月收，不知道粮食从何而来，新生代农民已经把自己的孩子真正"锁"进了校园，背离了全面育人的初衷，丢弃了得天独厚的育人条件，本课题意在进一步推进乡村学校把课堂开进实践基地、开进实验室，开进大自然，甚至开进各自的家庭。三是提升美育的影响力，德育贯穿始终，以"美"育人，以"美"励人。目前，乡村学校艺术教师缺乏，乡村学校可以通过多种方式摒弃艺术师资匮乏的弊端，结合实际，通过技术的手段培养人，感知的方式熏陶人。四是推进阳光体育运动，健全阳光人格，培养阳光心态，德体结合，"五育"并举，培养全人。五是借鉴和寻找一种适合乡村学校"五育"融合的教育模式，形成"五育"并举的教育生态。

（三）研究思路与方法

1. 研究思路

在当前，在乡村中小学教育生态中，"五育"融合经常被割裂，"智育"独大导致的后果是达不到全面育人的办学初衷。解决目前的教育评价体系不能对学生综合发展进行评价的问题。寻找融合的方式、方法和手段，通过多种"五育"融合教学案例，尤其是多元协同家庭、学校、社会的教育生态合力的案例，聚焦共生型和多元化的课程生态，开展"五育"融合的推广。

本研究的具体思路是，一是开展乡村学校"五育"融合实践调查，寻找作为农村地区人才培养的乡村学校是通过何种教学实践融合"五育"的，总结典型案例，梳理存在的问题，并借鉴案例提出推广的模式或解决的策略；通过对"国家级贫困县"西和县所辖在"五育"融合方面做得较好的个别学校走访调查，寻找具有代表性的"五育"融合案例，通过案例研究及课题推广，使乡村学校有借鉴的体系和模式，仿效的课程与平台，从而促进整个乡村学校学生"五育"的综合发展。二是重点关注"五育"融合的实践路径，梳理适宜当前乡村学校"五育"融合的教学实践方式、方法和手段，尤其是管理方法。

2. 研究方法

研究的方法主要有：

（1）文献研究法。课题组广泛收集并研究国内外有关乡村学校"五育"融合实践研究的文献资料，了解国内外的最新研究成果；通过收集、整理和研究国内外认知评价目标和能力考查理论的相关文献，对现有研究进行整理、分析探究，提出更为可行的研究策略。

（2）比较研究法。走访其他省份乡村学校，深入到教学一线，了解不同地域"五育"融合实践的现状与发展需求。

（3）调查问卷法。设计相应的调查问卷等进行问卷调查。进行问卷调查、座谈研讨和测量学意义的统计分析；通过相关研究，得出定量分析结果。

（4）观察法。根据研究目的、研究提纲或观察表，借助相机、图片等手段辅助观察部分乡村学校"五育"融合的课堂教学情况，课题组成员用自己的感官和辅助工具去走进教学一线，了解并掌握目前的"五育"融合实践的现状。

（5）采用定量与质性相结合的研究方法。通过问卷对部分省份乡村学校的"五育"融合现状与实践情况进行统计分析，另外，还通过质性方法对不同学校个体进行深度访谈和观察。访谈和观察结果与收集到的文字资料一起，登录、编码和分析，以辅助"五育"融合教学实践的发展研究。

（四）文献综述

1. 概念界定

（1）"五育"融合。"五育"融合是新时代教育领域育人方式转型与提升提出的重大命题。"五育"即德育、智育、体育、美育、劳育，"五育"并举本属一体，"五育并举""融合育人"也不是全新概念，有其特定的历史渊源。最早在1912年，蔡元培先生在《民立报》刊载的《对于新教育之意见》一文中，表达了作为其"教育方针"的"五育并举"主张，即"军国民教育、实利主义教育、公民道德教育、世界观教育、美感教育皆近日之教育所不可偏废"。"五育并举"与"五育"融合，不应局限于概念界定，应是一种机制、体系的建立与完善，尤其是在新时代教育的革新与发展中，培养"全人"将会是一种常态。中共中央、国务院于2019年出台《关于深化教育教学改革全面提高义务教育质量的意见》，在政策支持与顶层设计的层面提出"五育并举"，指出要"突出德育实效""提升智育水平""强化体育锻炼""增强美育熏陶""加强劳动教育"，推进学生素质的全面发展；国务院办公厅先后发布和审议通过《关于新时代推进普通高中育人方式改革的指导意见》《关于全面加强新时代大中小学劳动教育的意见》，再一次对构建全面培养体系做了补充，尤其是2020年3月出台的《关于全面加强新时代大中小学劳动教育的意见》，指出要把劳动教育纳入人才培养全过程，贯穿大中小学各学段，贯穿家庭、社会、学校三个方面。目前，教育部研制的《大中小学劳动教育纲要》正在加快步伐研制，将进一步明确劳动教育的具体内容、形式和实施路径。在未来，劳动教育将成为"五育"融合背景下新的研究热点。

（2）劳动教育。劳动教育，有别于传统的以知识为核心的教育活动，但也不是简单地进行劳动实践，不等于劳动的道德教化，新时代厘清劳动教育的内涵要超越活动、技术、德育的狭隘释义，回归其劳动育人、促进人的自由全面发展的本质。简单来说，劳动教育就是有目的、有计划地组织学生参与各类劳动实践或与劳动紧密相关的活动，并引导其合作对话、思考体悟，促进学生劳动素养的全面发展和完整人的形成的教育活动及教育形态。立体地定位劳动教育的性质，认识其多层次的目标指向、丰富的内容和载体、思考和对话的教育方法，才能动态、全面地把握劳动教育的内涵。劳动教育是国民教育体系的重要内容，是学生成长的必要途径，具有树德、增智、强体、育美的综合育人价值。实施劳动教育重点是在系统的文化知识学习之外，有目的、有计划地组织学生参加日常生活劳动、生产劳动和服务性劳动，让学生动手实践、出力流汗，接受锻炼、磨炼意志，培养学生正确的劳动价值观和良好的劳动品质。

（3）跨学科教学。跨学科教学是基于多元智能理论教学的一种新思路，是对教育目的的一种全新思考。它是以学生的多元智能的发展为目标，通过整合多个学科的知识开展多元智能教学的教学活动，把各个学科都联系起来。

2. 研究现状综述

截至 2020 年 5 月 16 日，中国知网收录的以"五育"融合为主题的词条有 23 条；以"五育"为主题的论文有 603 篇，足可见当前"五育"融合的研究有其深层次的价值，尤其是社会环境和教育条件相对薄弱的农村地区学校，寻找一种符合自身发展实际的"五育"融合模式是何等重要。李政涛、文娟发表于《中国电化教育》（2020-02）的《"五育"融合与新时代"教育新体系"的构建》一文中提到，从"五育"并举到"五育"融合，已经成为新时代中国教育变革与发展的基本趋势。"五育"融合是一种育人的假设、实践、理念、思维和能力；而其难在日常、机制、评价、主体和生态，它们同时构成了破解"五育难题"的基本维度和基本路径。国际视野下，"五育"融合并非专属中国。世界经合组织（OECD）提出的三类当代急需的"核心素养"中同时蕴含了"五育"特性，其中"交互使用语言、符号和文本的能力，交互使用知识和信息的能力，交互使用技术的能力"的表述，实质是智育和劳育的结合；"在异质群体中有效互动的能力""与他人建立良好关系的能力、合作能力""管理并化解冲突的能力"等的表述，则恰恰融合了德育、智育和美育；"自主行动能力""适应宏大情境的行动能力"和"形成并执行人生规划和个人项目的能力"等的表述,则体现的是德智劳三育的融合。此外,欧盟(EU)于2000年提出的"新基本能力"和2005年提出的八项核心素养同时涵盖且综合融通了德智体美劳多个方面。

课题组将借鉴全国相关课题研究成果,立足乡村学校"五育"实际。比如南京师范大学道德教育研究所冯建军教授的《构建德智体美劳全面培养的教育体系》[《西北师大学报》(社会科学版),2020年03期]、华东师范大学教育学部教育学系宁本涛教授主持的教育部人文社科重大攻关项目"当前主要国家和地区财政教育经费和全社会教育经费投入比较研究"研究成果和西南大学教育学部林克松、熊晴主持的国家社会科学基金"十三五"规划2018年度教育学青年课题成果《走向跨界融合:新时代劳动教育课程建设的价值、认识与实践》等。坚持四个走向,一是结合实际。通过乡村学校"五育"融合的现状分析,剖析校长、师生的素养和能力短板,寻找提升核心能力的方法、途径。二是实践价值。课题研究成果要能推广、能借鉴,要对乡村学校管理者有一定的触动。三是学生受益。课题研究要为乡村学校的"五育"全面发展提供操作模式,为"五育"融合实践课程标准特别是劳动教育课程标准的修订提供一定的智力支持和数据参考,为我国乡村学校的管理提升研究提供较好的借鉴和建议。

（五）理论基础

1. 学习共同体及启示

学习共同体是"支撑以知识建构与意义协商为内涵的学习平台,成为信息时代知识创造的社会基础,强调人际心理相容与沟通,在学习中发挥群体动力作用"。

以共同的愿景为出发点,相互认同,把自己融入群体当中,在心理上有归属感,共同的想法是通过学习推进共同进步。群体和个体的发展两者相互促进，成为群体的目标；相互监督促进相互作用，相互作用成就共同发展；并通过人际交往、资源分享达到互相借鉴、促使学习进步成为该群体的常态。学习共同体本身在倡导相互作用、相互影响、相互促进，在方式上行为上大家彼此认同，可以通过共同体本身来观察教与学中存在的人际交流方式，可以理解为一种集体融合教育。简单地讲，它其实一直存在于我们身边，任何形式的教育均可称为它的特例。

网络研修模式的根本离不开共同协作，离不开广泛交流，更离不开相互促进，一切教研均应在此基础上实施。本研究离不开学习共同体理论的指导。

2. 情境认知理论及启示

情境认知理论是当代西方学习理论领域的热点，其主要观点为"学习的本质是个体参与真实情境与实践，与他人及环境相互作用的过程"，"参与"在这里可以理解为核心；情境认知理论告诉我们，任何人不可能脱离现实生活脱离现实环境去学习，实践是理论学习的验证，也是个体与群体间相互影响学习途径和方法的关键所在，这个特定的团体即"实践共同体"。该理论将知识视为一种工具，除了通过实践与社会性的交流来验证学习方能强化知识的接受力；该理论核心概念"合法的边缘参与"提到，基于情境的学习者必须是共同体中真正的参与者而不是旁观者。

而教研活动恰恰是实践性和情境性相当强的学习活动，教研参与者是一个拥有共同愿景的学习共同体，因情境认知理论认为任何人不可能脱离现实生活环境去学习，而教研活动本身必须有一定的任务目标，把任务和目标作为情境体现方式。情境认知理论认为学习是个体与实践共同体中其他成员交流和合作的过程，教研活动应有情感交流环境，利于教师群体交流沟通，既然脱离不了"参与"，那么就把"参与"作为根本，贯穿教研活动的始末。

3. 人的全面发展理论及启示

目前学术界对人的全面发展归结为以下几个论点：一是将全面发展理解为对各种劳动需求关系的适应，以及与之相关的社会成员各类才能的充分发挥；二是把人的全面发展看作是社会成员劳动能力、社会关系及个性方面全面的发展；还有学者认为全面发展是"人本身和谐的全面发展，即作为人本身的能力的全面发展"。由此可见，"人的全面发展"是人的内在发展需要，归根结底是和谐发展的需求，也是人类社会关系的全面发展。

马克思指出："任何人的职责、使命、任务就是全面地发展自己的一切能力……成为自己的社会结合的主人，从而也成为自然界的主人，成为自身的主人——自由的人。"[①] 基于人的能力的全面发挥，其实也是对"五育"融合的价值最有力的注解。

和谐发展的本身就是道德、智力、体力、审美、劳技和心理的全面和谐发展，且都要得到充分的发挥，绝非割裂和对立的状态，人的全面发展理论为"五育"融合本身提供的坚实基础。

4. 人的个性发展理论及启示

个性发展是基于全面发展而言，马克思指出人应该建立自由的个性，人本来是个性的存在物，其特殊性使其成为个体，而自主、自律和创造才是人的个性的集中体现，只有具备自由个性的人才是完整的人。"每个人的自由发展是一切人的自由发展的条件。"[②] 全面发展的人应该是注重个性培养的人，是具有内在和谐的人。

5. 全人教育学说及启示

技术革命在社会实践中的不断胜利让科技的价值得以深信，科技成为衡量人发展的标准，从自由教育、人文教育到人本主义

---

① 马克思恩格斯文集：第 1 卷［M］．北京：人民出版社，2009：566．
② 马克思恩格斯文集：第 1 卷［M］．北京：人民出版社，2009：294．

教育，全人教育（Holistic Education）一直在向纵深发展。在人本主义教学理论中，罗杰斯指出：现实的教育是一种知、情严重分离的教育，而情感和认知是人类教精神世界中不可分割的部分，是彼此融合的。因此，该理论认为，教育的目的不仅是教学生知识或谋生的技能，更重要的是针对学生的情意需求，使其在认知、情感、意志等方面均衡发展，培养健全人格。

全人教育学说强调教育要在整体中来培养人和促进人的全面发展，教育本身不光是人的各方面素质，能力的简单叠加或复杂整合，学生本身是整体而非分裂的人，因而必须要实现教育"全人"。全人教育学说为"五育"融合的实践推进提供了教育生态理论基础。

二、新时代"五育"融合在乡村学校的实践研究

（一）乡村学校"五育"融合实践现状调查

基于以上论述，2019年以来，笔者所在团队围绕"五育"融合情况在县域内乡村学校开展了调研，并调研多元协同家庭、学校、社会的教育生态合力情况，聚焦共生型和多元化的课程生态、教学生态、资源协同生态、教育评价生态以及教育治理生态重建等方面，调查"五育"融合育人的开展情况。

1. 西和县教育基本情况简介

全县有各级各类学校446所，其中：高级中学2所（民办1所），完全中学3所，职业中专1所，初中7所，九年制学校17所，小学75所，教学点132个，特教学校1所，幼儿园208所。本次实践研究主要围绕义务教育阶段乡村学校和城乡接合部学校，占比为95.2%，其中乡村学校220所。全县在校学生78267人，其中：职专2712人，高中8196人，初中15876人，小学37042人，特教学校37人，幼儿园14404人。教职工4920人，

其中：小学2321人，初中1280人，高中642人，中职173人，幼儿园195人，特教9人。以上数据的统计日期截至2022年1月20日，可以说全县范围内学校布局结构是基本合理的，师资数量是基本达标的，但音体美教师的不足等师资结构问题依然非常明显。

本次调研数据将覆盖7个学区49所学校，基本能够反映目前的"五育"融合教学实践现状。近年来，西和县以"明差距、提质量、重师德、讲良心"为总体工作思路，推进各学段教育的均衡发展，尤其是通过"多元德育立德、高效课堂增智、阳光运动健体、文化艺术育美和综合实践培劳"，"五育合一"呈现出了良好态势。但是，从学校到社会，从乡村到城镇，从家长到教师还是存在重知识传授，忽略孩子的全面发展，学校对德育、体育、美育和劳动教育的观念亟须转变，与之配套的设施设备、师资及评价结构也需要发生大的转变。

2."五育"融合实践现状

西和县近年来努力推进"五育合一"，实现教育的高质量发展，"多元德育立德、高效课堂增智、阳光运动健体、文化艺术育美和综合实践培劳"，已经成为覆盖城乡"五育"融合教学实践的良好支撑，部分学校通过教师通识培训、学科培训和校本培训，让教师在培训中学习新的教育理论，促进教师教育观念的提升与更新；部分学校通过细化评价指标、考核要点和评价标准，建立健全学校综合评价指标体系，注重过程管理，强化质量考核，拉大绩效奖差距，切实做到奖懒罚勤、奖优罚劣，充分调动教师工作的积极性。

笔者团队于2021年5月重点围绕"五育"的知晓率、"五育"融合的方式、目前劳动教育课程开设的情况、PBL项目化学习等融合课程开展的情况等多方面的内容进行了走访调研；访谈群体从学校管理层到一线教师，覆盖了"五育"推进的方方面面，从调研结果来看，其状况堪忧，没有达到个人期望的参数值，且有些教育新常态出现较为严重的空白。

比如，"五育"知晓率应是最基本的常态问题，但从随机抽选调研的 24 位教师中，竟然有 7 位不知道"五育"概念，占比达 29.2%。这也从侧面反馈出"五育"融合落地在学科教学中推进的艰难。（见图 1）

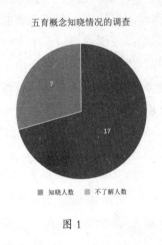

五育概念知晓情况的调查

■ 知晓人数 ■ 不了解人数

图 1

你们的音体美学科课程正常开展吗？
（不同校不同班抽取 92 人参与问卷）

■ 正常开展 ■ 其他科目经常借用或不上
■ 课就没有安排 ■ 其他

图 2

调研中，笔者所在团队全面围绕教师（或校长）知晓的"在学科教学的开展中'五育'融合的方式有哪些"的问题，做了较为详细的访谈与调研。比如中小学具体到学科教学的融合、课堂合作的融合和技术的融合。本次问卷 77 人，"五育"融合的方式多数教师可以根据自己的理解来阐述。

问题	问卷调查 / 人		
	经常	偶尔	从来不
你在课堂教学中会考虑和其他教师合作开展教学活动吗？	1	6	70

（续表）

问题	问卷调查 / 人		
	经常	偶尔	从来不
你有意识到自己所教的学科好些知识好像是其他学科的吗？	15	47	15
你会在课堂教学中使用技术设备吗？	42	8	27
目前，你本人对学生的评价，会孤立地评价智育或体育成效吗？	57	11	9

好在调查问卷的 77 位教师都能够明白，"五育"融合就是以更好地促进学生由浅表学习走向深度学习为前提的融合。

（1）智育为主，且渗透至学校工作的各方面。在问卷调查和走访调研中，对音乐、体育和美术的重视程度相当一般，多数乡村学校规定的课时常被所谓的主科借用，并且是有借无还，即便能够意识到美育价值的校长，因师资的缺乏，音体美课程也多半是"自习课"或"放松娱乐课"。在师生眼里，甚至家长眼中，音体美学科的教学更多的是爱好和特长，抑或是为未来的升学就业多一条路而已。（见图 2）

其实，在两千多年前文明的发源时代，音乐体育美术学科之于教育有着举足轻重的作用。中国古代的教育体系中，"礼、乐、射、御、书"是必修课程，这里面充分体现出音体美融合教育的特质，音乐教育本身就是滋养心灵的最好方式，体育与美术又是力和智、健和美的有机结合，融合的特质就是由内而外的和谐。所以，"五育"融合不是新生事物，智育就不应唯我独大。纵观古今和西方教育，德育润心、体育健身、智育增智、美育养性、劳育培智，这些，本就是教育原初的模样，这些，其实就是教育应该追求的目标。

（2）管理层缺乏"五育"融合育人思维。从本质上说，"五育"融合是一种育人思维，包含了育人思维间的有机关联、整体融通和综合渗透，笔者调研的大多数学校面临直观的升学压力，虽然能够意识到智育外其他方面的重要性，但为了平衡社会、家长乃至行政的主观压力，仍然围绕点状方式的思维，即割裂、二元对立、非此即彼等，导致最显著的问题是教育无法形成合力，甚至相互抵触，叶澜教授提出的"系统教育力"更是无法产生。"五育"融合的提出，将让所有教育者重视思考和建构教育的发展方向和发展机制。以劳动教育为例，近些年来，国家层面上开始重视劳动教育，其重要性日益彰显，但在调研中发现，所谓的劳动教育大多数学校选择增加课程和单列劳动教育专题课程，这种做法可以解决政策贯彻落实的相关问题，但弊端显而易见。如今的学校课程体系已经非常繁杂，在本已经繁杂的课程体系中增加新课程势必会给师生带来新负担，同时也会弱化劳动教育的价值。劳动教育本身可以与其他各育课程有机结合，达到相互补育、相互促进的目的；本身还可以在学校的各类教育中全过程渗透，在德、智、体和美育中无时无处不在。比如，将劳动教育引入智育，让学生意识到劳动不只在田野、不只在工厂，劳动也可以在学校、教室中发生。融通式的思考可以解决劳动教育的理想与目标在现实中的落地问题。

（3）教育生态不能全方位支撑"五育"无缝融合。当前，教育生态不足以承载"五育"的无缝融合。笔者在结稿时，国家"双减"政策已经落地，但围绕智育独大的育人观并未得到有效遏制，某些地方义务教育阶段轰轰烈烈的文化课"统考"仍在进行，且愈演愈烈，其根源仍是教育科学主义和功利主义至上的教育生态危机。有文化课"统考"这个指挥棒指挥，纵使有情怀的教育者知晓教育的终极价值意义，也不能去做真教育，"五育"无缝融合便是纸上谈兵。

学会在"一育"中发现"五育"，渗透"五育"，落实"五育",同时又要学会在"五育"中认识"一育"、把握"一育"、实现"全育",本身是个难度相当高的命题。教育本身不能只带给学生文凭和知识、技术,更要让孩子学会审美,让教育渗透到情感和心灵当中。

（4）劳动教育的必要性认识严重不足。除了以上问题,在"五育"融合现状的调查中,我们团队还发现,基础教育阶段的教育者和被教育者对劳动教育的必要性认识严重不足。劳动实践整体呈现不均衡、发展不够充分和缺乏系统性的状况,不能够将劳动教育渗透到其他四育的教育教学中,使其无缘由地孤立。

笔者团队访谈了部分家长、学生、教师和学校管理者,围绕其所认识的劳动教育,认为劳动教育的必要性有哪些。现状和观点集中如下:

教师一:当前,给学生开展劳动教育非常有必要,现在的学生娇生惯养,基本的劳动技能都不能掌握,不要说有技术含量的劳动,就是生活的基本自理都有一定的问题。现在的劳动相关教材已经涉及精细的美工制作,甚至科技创作,但实际上,有些学生连基本的劳动技能都是欠缺的。所以说,劳动教育是迫切的、必要的,对学生的生活准备非常重要。

教师二:有些教师把劳动教育神化,总是认为只有集体指导,利用课程指导的方式才算劳动教育。其实劳动教育本身没有那么娇贵,我们和家长配合,开展一系列必要的家务劳动和校务实践,就能够达到基本锻炼的目的。

管理者一:当前,中小学生的劳动能力与我们小时候比差距太大,现在的农村种田的人也日渐减少,部分家庭还能种点田,学生要远离电子产品都需强烈要求和督促。监护人外出打工,爷爷奶奶宠孙子,基本的劳动随着这种优越的环境一去不复返。随之而来的就是学生自小体质弱,近视严重,集会中都会有学生站不住。体育课有些学生还不能正常开展,因为不劳动导致对劳动成果的不珍惜问题突出。其实，这就是劳动教育缺失导致的抗挫教育缺失，工作后吃不得苦，稍有不顺心就要换工作，受点委屈就容易走极端，所以我们不能把劳动教育只看作简单的技能教育。

家长一：我们都知道劳动教育是有好处的，但问题是孩子现在没有时间去劳动，要么做作业，要么上音体美培训班，平时我看着孩子都很累，让他们劳动，他们的成绩可能就会下滑，如果让我们这些做家长的选择，我宁可选择寒暑假。

五年级学生一：应该是有必要的，但不管是爸爸妈妈还是爷爷奶奶，他们都不让我们干活；我的时间安排非常紧，每天下午回家做作业，星期六我有两个培训班，一个美术，一个乐器。大人们经常说，现在好好学点，不干活没事，主要是学习学好了，以后就会轻松点……

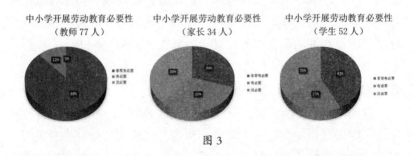

图 3

以上统计结果很直接地反映出当前劳动教育的必要性，"五育"融合任重而道远，劳动教育对学生体能、人格和综合实践能力之意义，应该说关乎学生一生的综合发展。

以上只是对"五育"融合基本现状的基本调查，客观反映了目前西和县县域内各中小学开展"五育"融合推进的现状。全面贯彻落实党的教育方针政策，追求真正的高质量和高水平，必须推进更加全面的时代新人的培育，把"五育"融合渗透到教育的方方面面。

（二）"五育"融合在乡村学校的实践案例分析

1. 基于劳动技术教育实践基地的实践案例探析——以西和县六巷乡九年制学校"五育"融合之劳动实践为案例分析

西和县六巷乡九年制学校是一所乡村九年一贯制学校，其基本情况见附录 1。笔者曾于 2016 年 10 月至 2021 年 2 月在该校任职，基于对"五育"融合的深刻认识，自 2016 年以来，通过多种方式推进"五育"融合在乡村学校的实践，实践效果能够基本反映出学生全面发展的重要性。六巷乡九年制学校在"五育"融合的协同推进中，以"重参与、促成长"为主线，以体验为中心，通过手工制作、动身实践等方式将各类活动开展成跨学科融合实践课程。充分结合实际，挖掘地方资源，先后完成"农学苑"、少年宫建设，开展跟着校长去远足、趣味运动会等极富特色的活动，把富有挑战性的轮滑、武术等项目列入学校的常规社团活动，学生在有限的资源下得到了无限的成长。

习近平总书记在 2018 年全国教育大会上强调："要在学生中弘扬劳动精神，教育引导学生崇尚劳动、尊重劳动，懂得劳动最光荣、劳动最崇高、劳动最伟大、劳动最美丽的道理，长大后能够辛勤劳动、诚实劳动、创造性劳动。"

2019 年年初，六巷乡九年制学校发布"农学苑"建设通告，学校依托下巷村地理区位优势，开始尝试跨学科拓展课程资源。通过教师的引导，学生把学过的知识与劳动实践操作全面结合，既能体验到劳动的快乐，又能理解食物来源的不易。

六巷乡九年制学校地处六巷乡腹地下巷村，背倚青山、夹带流水，出门几步便是一片片平坦的农田。田野春夏间草苗青青，秋收时硕果累累。这里不仅是耕作的场所，更是学生饭后课余经常光顾的乐园，这里的教师更是"亦师亦农"，除在三尺讲台耕耘春秋之外，大半生都在与土地或深或浅地打交道，有着熟练的耕作经验和劳动技能。衣冠简朴古风犹存是这里最真实的写照。六巷乡九年制学校"农学苑"的成立和开展可谓得天独厚，是与当地自然、人文环境高度契合的产物。

乡村环境是学校的外延。乡村学校的围墙之外处处可见耕田，周边的果园、菜园等劳作场所以及农人田野劳作的场景……乡村学生的成长就根植于当地的自然生态环境中，从小耳濡目染地受乡村劳动文化的影响，是乡村学生学习、生活、成长不可或缺的部分。开展劳动教育课程，有利于促进学生劳动情意的形成和劳动行为习惯的培养，触摸真实的乡土深层涵养，真切地感受乡土文化，置身于乡土氛围中，望得见山，看得见水，记得住乡愁，才能更好地延续乡村文明。

以下是一次劳动实践课的场景，来源于课程实践者（同样是课题研究小组成员）杨爱长和艾小宝老师：

一边除草的同时，另一边"覆地膜"在如火如荼地进行，我校两位老年教师亲身示范，一一讲解，面面俱到：从农具的使用到疏松土壤再到平整土地，从地膜的功效到覆盖方法再到团队的协作娓娓道来。原来这里面的学问好多啊！学生们都听得津津有味，惊叹不已，都摩拳擦掌、跃跃欲试，积极性很高。听完讲解后，李校长也不甘示弱，挥舞手中的铁锹，一边不停地将地膜两侧的土壤均匀地覆盖在地膜裙边，一边手把手地耐心指导学生，你拉地膜我盖土、你起头来我断尾、你量距离我平地。动作麻利，谈笑间，地膜覆盖高效快速进行。望着一列列整整齐齐的地膜，弯下腰去，仔细端详着地膜下沁出的颗颗珍珠似的晶莹小水珠时，心里满满的成就感！

……

秋雨过后，"农学苑"里也迎来了大丰收，顶花儿带刺的黄瓜荪拉着沉甸甸的脑袋、豆藤攀缘着支架，结出的豆角俯身向下，鲜嫩翠绿的蔬菜竞肥争绿，但又保持着原有的秩序，愣是将秋的萧瑟染成了春的生机盎然。而李亚明老师像极了一位细致贴心的家长，不时来到田间地头，观察植物的生长状况，锄草架秧，精心呵护。待成熟后，又呼吁老师们前来采摘。老师们也早已按捺不住心中的冲动，踩着泥泞的小路，脸上带着欢喜与惬意，纷纷走下农田，为心仪的"目标"苦苦寻觅，精心挑选，满载而归。归途中，老师们细数收获，唠话家常，分享自己田间劳作的经验，尽享丰收的喜悦。

十亩之间兮，桑者闲闲兮，行与子还兮。有山色、水声、虫鸣、书香，清新恬淡的乡间田园风光让人流连忘返，也让乡愁变得愈加清晰，但愿长如此，躬耕非所叹！劳动教育实践活动还有诸多的困难和挑战，诸如注重劳动技能忽视劳动价值观、蔬菜种类单一等问题，但我们早已锚定了正确的方向，接下来将继续探索新模式，系统构建，丰富种植种类，诸如蔬菜：大白菜、卷心菜、黄瓜、香菜、豆角、韭菜、萝卜等。虽然前路曲折，还好我们已经启程！

以上是六巷乡九年制学校"农学苑"劳动实践基地的一些剪影，从字里行间能够感受到当前乡村学校开展劳动教育的价值所在。笔者所在团队是本活动的倡导者、实践者，从实践教学的推进来看，劳动教育是"五育"合一的最好方式，也是综合实践的重要载体。

在劳动实践基地的建设与完善的过程中，六巷乡九年制学校结合"五育"融合实践完成了以下工作，针对学生的全面发展做了许多有益的尝试。

一是突出德育与劳动实践教育的结合，完善德育工作体系。从劳动实践基地建设工作的发起到下地开展劳动实践，学校德育团队大力推进活动育人、实践育人和课程育人，加强爱国主义、集体主义教育，教导学生明白劳动不易，珍惜劳动成果，能够追寻先辈足迹，吃得了苦做得了事，把祖国建设得更加繁荣。

例如：在劳动实践开展中让学生进行采摘比赛，通过有限的时间采摘的数量说明食物加工的不易，通过比赛感受劳动的辛苦，激发他们的吃苦精神。

二是加强学科融合，做到知行合一。通过教师的细致引导，学生开展作物种植、土壤沃肥、锄草覆膜、收割加工、数量调研和基础测量，将学过的书面知识，尤其是生物、地理、数学、人文和历史等相近学科的知识与实践操作相结合，并融为一体，既能体验到劳动的快乐，又能感受食物加工的不容易。

例如：在讲数据测量这一节数学课时，数学教师把学生带到田间地头，让他们自己用皮尺自行测量土地的面积，计算栽植的棵数。条件允许的情况把栽种再进行实践，真正达到"五育并举"。

三是提升认知能力，提高创造性。劳动的价值在于认识美、感知美和创造美，"农学苑"的开设，让学生走进自然，感受自然之美，并通过教师的有效引领，让学生提升认知能力，强化思维训练，激发创造热情。

比如，以服饰的发展为例，历史课上讲到服装的演变，地理课上讲到各民族服饰的特点，教师通过跨学科合作进行教学设计，针对学生自身的认知规律，引导学生自发开展服饰调查研究，开展服装绘画与设计。学生计划通过原生态的方式开展一场服装秀，原材料就取自大自然，取自"农学苑"中的枝叶等，在展示环节中，以树叶为遮挡的枝叶服装，以草编为造型的手编服装等，赢得了师生的一致欢迎。

四是强化体质锻炼，让劳动渗透生活的每个细节。如今的学生都缺乏锻炼，体质监测数据部分不能达标，六巷九年制学校在劳动实践教育开展中，引导学生多劳动多运动，通过多种方式强化学生的体质，劳动教育渗透学生学习生活的每个细节。

五是反哺食堂供餐，减轻家庭负担。六巷乡九年制学校是一所农村寄宿制学校，食堂在加工食材的选取上优先考虑"农学苑"生产的各类农作物，绿色果蔬保障了学生就餐的健康与安全，学生的伙食费同时降低了许多。与此同时，食堂向班级支付少量的费用作为各班的公益基金，有效地保障了班级各类活动的开展，进一步激发了学校的办学活力。

2. 基于跨学科融合课程的实践案例探析

（1）西和县北辰小学跨学科课程"五育"融合实施研究。西和县北辰小学是一所城乡接合部小学，其基本情况见附录2，笔者现在该校任职，基于对"五育"融合的深刻认识，我于2021年全面推进跨学科融合实践课程的实施，在具体实践中通过跨学科融合专设课程探索出了符合小学校情"五育"融合路径，以精神融合为纲、以课程融合为领、以评价融合为本，取得了显著的成效。

以精神融合为纲，打通学科融合的链条。德育本身是"五育"的方向与灵魂，学校在推进"五育"融合的过程中，想方设法推进"以艺育德"，把艺术课程和艺术活动当作载体，将艺术教育和思政教育融合在一起，渗透爱国情感中传统美德的教育；同样，其他四育也是如此，比如通过德育激励智育，实现了校园精神的"五育串联"。

以课程融合为领，把课程建设当作"五育"融合的技术手段，致力于实现"五育"的多元融合。为避免"五育"割裂，课程建设放弃了"五育"并列平行的构建逻辑，学校以学生的需求为根本，设置了全员必修的基础课程；并开设面向全员的专项课程、拓展课程和融合探究课程；尤其是拓展课程充分体现了个性化原则。比如，基于对音体美课程的抽象性、具体性和实践性特征，学校将学科课程也进行"小融合"和"大融合"定位，如体育学科，我们分设常规课和棋类球类课，还有形体课，实现了"小融合"；另外，对于"环保研学"这样的融合探究课程，我们实施的是"大融合"，实践活动可以触发"五育"在各类学科知识的创造性运用。尤其是"大融合"的跨学科课程，学校将研学旅行、思想教育与研究性学习充分予以融合，组织学生统一赴档案馆、历史陈列馆实地研学，充分感受复杂的现实世界。这样的融合课程，培育了精神，做到了知行合一，在行走中体会生活的美。

以下是两次融合课程的记载，分别为二年级的"环保研学"融合和五年级"小城说教"融合。

"环保研学"融合课程：

2021年10月15日起，北辰小学二年级陆续开展了"环保研学融合课程"。

基于"双减"背景下的STEAM跨学科融合教学尝试，是为了通过多学科渗透，实现培养学生亲近大自然、热爱大自然的情操，培养学生"学中玩，玩中学"的习惯。通过成立"课程小组"，二年级各学科老师进行多次沟通交流，让课堂摆脱传统的"黑板＋教科书"模式，根据不同学科特点，打破学生接受单一学科知识的局限，鼓励学生以跨学科、多角度、综合的视角了解、掌握环保知识，以不同的方式让学生从自我做起，并在生活中养成环保习惯，"从我做起，保护环境"。

实践课堂：各班在部分家长的协助下陆续组织学生外出实践，在实践中学生尽情开动大脑，用眼睛来观察学校周边环境，体验、观察、发现学校周围存在的环境问题。课后学生在老师的指导下把"我"观察到的学校周边环境情况和心得体会以绘画日记的形式呈现出来，学校给学生印发《北辰小学"爱护我的家园"环保问题小调查》，让学生利用周末进行小调查，在学习环保知识的同时，也调动了其参与社会实践的积极性。

分类计算：认识不同类型的垃圾，正确对垃圾进行分类，计算每日各班垃圾产出，培养对身边环境的保护意识。教师准备垃圾分类箱，利用早餐时间让学生进行垃圾分类，教师指导称重并计算一个班产出的垃圾数量，接着再次强调活动目的，拓展垃圾处理，开展废物利用，将废物垃圾做成手工艺品。

变废为宝：把废物当作新的材料，为生活添加无限的色彩！懂得运用生活中淘汰的废物，也能为环保尽一份心力。身边一些废旧物，将其回收利用，再加上一点儿巧思、一点创意，就能给这些随处可见平凡无奇的小东西，给予新的生命。此次活动从废旧物品的妙用入手，拓展到废旧物品的分类、回收利用，培养了学生的动手能力。培养探究能力的同时，引发学生节约资源、珍惜资源的体验和情感，宣传废品利用知识，倡导同学们关爱环境、关爱社会，提高学生的道德修养，促进学生与生活的联系，为学生的个性发展提供开放的空间。

科学实验：满足学生的好奇心和求知欲。科学实验课上，每个学生的眼中都充满了求知欲。在教师的引导下，学生简单了解了水质检测的方法及污水处理方法，并自己动手利用沙子、石子、活性炭、卫生纸动手处理污水，记录实验过程，让学生总结实验结果，课后学生又自制了饮水机和水循环机，通过一系列的活动使学生对身边不同类型的水有了深入认识。

学唱歌曲：感受垃圾分类的好处。音乐课上，在教师的带领下学唱《环保分类歌》，感知歌词大意，了解当前环境问题，通过歌声，激发学生的想象力和创新能力，让学生明白垃圾分类的好处。

强身健体，不忘环保：利用废报纸和自制纸球作为学生练习的器材，进行持轻物投掷的教学（学习单手肩上投），在强身健体的同时，培养学生的环保意识、提高了学生的动手能力。

通过这次跨学科的融合实践课程，二年级学生从不同学科、不同角度知道了污染破坏环境的危害，激发了学生对周围环境问题强烈的探究兴趣，增强了学生的环保意识。

西和县北辰小学 2021—2022 学年课程设置计划表（试行）

课程类别	科目		年级						备注
			一	二	三	四	五	六	
基础课程	语文		7	7	6	6	6	6	说明：1.一年级入学课程执行均两周；2.六年级毕业班毕业课程执行约为两周；3.英语口语可设专项训练课程；4.古诗词素养测试在第二学期第7周左右开展。由语文教研组组织。
	数学		4	4	5	5	5	5	
	英语			2	2	2	3	3	
	道法		2	2	2	2	2	2	
	体育	常规课	2	2	1	2	2	2	
		棋类/球类		1	1	1	1	1	
		形体/队列	2	1	1				
	音乐	常规课	2	2	1	1	1	2	
		乐器		1	1	1			
	美术		2	2	2	2	2	2	
	科学		1	1	2	2	2	2	
	信息技术			1	1	1			
专项课程	语文专项	阅读专项	1	1	1	1	1	1	
		书法训练							
	数学专项	思维训练	1	1	1	1	1	1	

（续表）

课程类别	科目		一	二	三	四	五	六	备注
			\<年级\>						
拓展课程	班队活动	生命教育	1	1	1	1	1	1	
		心理健康教育				学期课时为2节/班			学期课时为2节/班
		安全教育							
		班会课							
		队会课（队前教育等）							
	社团活动		2	2	2	2	2	2	
融合探究课程	趣味活动场		★						本课程主要通过PBL学习、跨学科等方式开展，利用一至两天时间实施，必须分年段、分主题设计，开展前由各年级组提价校务会议通过，可整合相关课时。劳动教育课程涵盖生活课程（收纳整理、文明礼仪和管理服务）、劳作课程（农耕园地、田园探索）、服务课程（志愿服务、敬老义工）。
	环保研学			★					
	远足活动				★				
	乞巧、始祖和秦文化之旅					★			
	小城说教						★		
	社区实践							★	
	劳动教育		★	★	★	★	★	★	
晨训或晨诵			每日10—15分钟						
午练			每日30分钟						可选
大课间、眼保健操			每日35分钟						
合计			27	27	30	30	30	30	

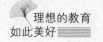
"小城说教"融合课程：

为了解西和县的地域特色及风土人情，把教学与生活联系起来，打破对传统教学的固有认知，激发学生对学习的兴趣，深化对家乡热爱的感情，2021 年 12 月 22 日，我校开展了五年级"小城说教"融合课程研学活动。

本次融合课程主要开展的地点是西和县博物馆，学生通过研学路途的见闻，多方面了解我们生活的这座小城，了解其悠久的历史文化，感受独具特色的风土人情。并以实践为导向，在调查与研究过程中，贴近生活，拓宽眼界，积累写作素材，最终组织学生进行问卷调查，在与他人交流过程中培养口语交际能力；绘制简易的思维导图，培养其数据分析能力；小组团结协作完成结果的汇报，提高学生的交流与协作能力。

小城教我学历史：校外实践研学

这座小县城，它位于哪里？到底有多大的面积呢？有多少人口呢？作为乞巧文化之乡，浪漫的乞巧节又有哪些独特的风俗，让我们一起来感受！

研学中，学生了解了当地的传统习俗及开展形式，尤其深入了解了乞巧、山歌等具有地方文化特色的风俗，更进一步了解了风俗文化的起源，并将了解到的内容简洁概括在汇报单"小城习俗"栏中，并在接下来的乞巧文化社团活动中开展传统民俗体验，包括乞巧照花瓣、唱乞巧歌曲、乞"愿"、剪纸、刺绣等。

小城教我知冷暖：体味不同职业的艰辛

在校外，我们要求学生去切身观察某一行业，了解其工作流程及挣钱的不易。在这座充满烟火气的小城中，每天都在上演着不同的故事。看似平淡的日子中，每天都有着不同的风景，凌晨三四点忙碌的餐点阿姨，寒风中每日在街头收揽垃圾的环卫工人，他们的存在让我们懂得珍惜生活不易。去走近他们，了解他们的劳作时间、收入水平，并用数学思维导图形式进行统计，从而真切地感受生活的辛劳，懂得感恩我们生活的环境。

小城教我绘人生：我的家乡我来画

学生用手中最美的色彩绘制一幅小城风貌图。在学生绘制的作品中有小城景点，小城一角，还有其代表性的建筑，以美术作品形式呈现自己对这座小城的印象！本次研学活动开阔了学生的视野，培养了学生的创新精神，增强了弘扬民族文化、振兴民族精神的使命感，让学生树立了远大的人生目标与社会理想。

未来，北辰小学将与博物馆（历史陈列馆）、档案馆、地方文化承载平台（乞巧文化、始祖文化和先秦文化）一道糅合成校外研学主体，共同携手，平行向前，融合互补，节约成本。两条腿走路，用不一样的课程体制激活教育，两条道路不偏离，也不交叉。或许，这也是北辰的学生未来区别他人的最好途径。

跨学科融合课程可以触发"五育"中各种知识和能力在个体行为中的创造性运用，在复杂现实世界的实践活动中培育精神，通过行走锻炼让学生知美鉴美，实现多学科知识的有机整合。由于时间和资源的有限化，北辰小学更多以大融合课程精品化为主，尽力做到控量保质。

（2）西和县六巷乡九年制学校群文阅读教学实践中的跨学科应用。西和县六巷乡九年制学校于2017年陆续推进群文阅读在语文学科教学的实践研究，在语文群文阅读教学的推进过程中发现，基于议题的群文阅读会涉猎多学科的结构化文本。如何能够更深层次地理解文本的价值，训练学生高阶思维能力，教师开始关注学习任务群，即把语文、历史、生物等学科的知识点也纳入文本阅读的理解与考核体系中，开展深度阅读与写作，最终实现所有学科的互融互通。跨学科教学的意义更多的是让学生学会对多种学科知识的吸纳、贯通和运用，形成解决具体问题的综合能力。群文阅读的学习环境下，议题定位是关键，定好议题，学生对多文本进行阅读，就形成了多样的知识集群。教师对学生再进行引导整合和分析，最终实现跨学科的知识吸收。

比如，2019年中叶，学校开始群文阅读公开课听评，刘老师在课前认真备课，议题的设计以课标为基础，围绕议题给学生提供了明确的导向性任务："谈谈我们身边的运动。"引领学生深入阅读文本并进行自我概述，将语文学科的阅读与体育学科的理论在现实的共学情境中相融合。学生对这堂课的学习是非常感兴趣的，德育与智育并存的课堂、理论与实践同在的课堂让学生欢呼雀跃，文本极大地丰富了课堂的内容，突破了原有的教材选择和知识传递的学科界限。在这点上，用事实证明，跨学科融合是非常有价值的。

整堂课引进学校开展远足活动、趣味运动会，还有轮滑社团相关的话题，学生能够围绕身边最贴近实际的学科整合实例，能够切身体会到"五育"之间相互依存，且相互促进与制约。

跨学科学习的推进完美体现了"全面性学习"和"相关性学习"原则，提倡教师将身边发生的时事话题带进课堂，且进一步促进了深度学习和社会化学习，强调知识不仅仅停留在知识层面，而且将学科学习作为媒介，让学生感知世界并探索世界，倡导学生融入社会群体；通过沟通解决现实中的问题，师生通过跨学科实践的真实经历，解决当下实际存在的问题，让学习真实发生。

这些，只是我们团队在走访调研中看到的一些典型案例。

（三）新时代乡村学校"五育"融合实践模式构建

1. 模式构建

以上案例反馈出"五育"融合环境下的德、智、体、美、劳"五育"的内部联系规律。我们可以看到，德育是融合的方向，对其他各育有强有力的引导作用；智育是融合的先决条件，对其他各育的实施提升知识积淀和智力支撑；体育是融合的基础，为"五育"开展提供健康保障；美育是情趣，审美意识渗透各育开展的方方面面；劳育是融合的本质，起到辅德、益智和健体的作用。

由此，我们试图构建的"五育"融合模式，能够充分发挥乡村学校独有的教育教学资源的育人功效，总结以上学校"五育"融合的成果，我们团队初步构建了"劳育铺垫＋课程支撑＋活动统领"三者共存的"五育"融合模式。

"劳育铺垫"即"五育"融合的开展要基于乡村学校得天独厚的劳动技术教育教学资源。劳动素养中蕴含的价值选择、个性创作也是劳动智慧，劳动教育不仅教学生尊重从事的劳动、热爱从事的职业，还要学会劳动本身。对于现阶段的大多数乡村学校，劳动教育实践基地的开发并不是难事。从劳动教育实践基地建设的角度，将劳动教育实践基地打造成一座花园或一座菜园，学生就可以充分利用课余时间赏花、种菜、养殖，通过劳动课进行田间管理，既活跃了课余生活，又使学生能从大自然中汲取生物学、文学、数学、地理等多学科的知识，学生也能够从繁重的脑力劳动中解脱出来，达到劳逸结合的目的。未来发展中，劳动教育实践基地的有机蔬菜可以供往学校食堂，进一步提高学生的伙食质量。学生在劳动实践基地适当参加生产劳动，更有利于他们的健康成长和全面发展。与此同时，校园环境建设又是学校管理中的一个硬性指标，它能进一步扩大校园占地面积，起到陶冶情操、树立理想的作用。学校本身又是乡村学校，学生全部来自周边村庄，部分教师家里都有责任田，都有一定的劳动经验，每位教师都可以作为劳动基地建设的指导教师；在扩充校园面积的同时，可以充分利用土地资源。可以使学生获得积极的劳动体验，形成良好的技术素养，培养良好的道德情操，学到课堂和书本上学不到的东西，不仅可以提高学生的整体素质，还可以让学生体验劳动生活，尊重劳动成果，体验幸福生活的来之不易。不同于校内教学与学习的方式方法，实践基地的运作让学生可以更多地走进自然科学和生物实践，如开展科学数据分析、阐释分析现象，开展实践设计等。

把劳育铺垫作为构建模式的第一环节，源自劳育本身可为学生生命筑底，可称之为"人生第一教育"，生存、自立、生活的教育均可归结其中，促使学生养成向上、阳光和温暖的人生态度。叶澜教授将基础教育形象地归结为"三底"，即为人生打好底色，形成生命的底蕴，认清生命的底线。"三底"相对形象地概括了生命持续发展所需的品质和智慧，劳动教育在其中扮演的角色则从根本上培育人的品质和智慧。劳动教育就是教会学生"学会认知""学会生存""学会共处"和"学会做事"，其具有融合人的智力、体力、审美和培德的性质。学生通过幸福的劳动体验享受有质量的童年，从本真的劳动中汲取生命的尊严，返回生命的质朴。

除了以上原因，学生参与劳动实践，还能够建构学生之间的平等友爱之生态，建构全民劳动、终身学习和共享合作的社会关系。劳动教育所进行的"职业的启蒙、持家能力的培养、社区公共精神的涵养"还能培养学生劳动的习惯，增强珍视劳动的意识，让学生拥有创造性劳动的审美与能力，使其具有创造未来生活的能力。

"课程支撑"即"五育"融合的推进要以课程为载体长效开展。在新时代，广大教育工作者要准确把握核心素养对深化课程改革的统领作用，还有课程对学生发展的支撑性。所以，"五育"融合本身就是课程的支撑，要推进"五育"融合必须倾尽全力推进课程资源的开发，这也是核心素养落地的需要，更是落实立德树人根本任务的重要举措。在现实教学中，"五育"融合背景下的跨学科教学的意义在于让学生能对多种学科知识进行吸纳、贯通、运用，形成解决具体问题的综合思维能力。而在当下，支撑教学的长效方式就是课程，有课程作为支撑，学生对多门学科的文体知识进行体悟渗透，就形成了多样的知识集群，如果将其再作为任务群，提供明确的导向性任务，学生就能更深更广地学习。当前全球胜任力倡导的学习观念已由传统的"获取或掌握知识"，发展到"主动的生活体验"，这意味着学习已经从知识的基本积累上升到——在复杂多变的社会环境中思考和应用所学知识。课程也已经从单一知识传授变为复杂多变的跨学科整合实践。有融合课程支撑，教育者无须考虑是否适合自己的学科、是否适合学生的年龄段、是否需要改变大量的教学内容。教师从跨学科甚至超越学科范畴的概念迁移来落实教学。比如，通过专题课程的跨学科活动类似于校外研学实践等，增加学生学习和体验的机会。上篇中，六巷九年制学校的"劳动教育课程"，北辰小学的"环保研学"和"小城说教"课程就是一个很好的主题式全学科融合探究课程。

在这里，"五育"课程的设置与管理是"五育"落实实施的重中之重。目前，学校的课程体系是从国家、省市和地方、学校三级视角来进行规划的，其内容基本上涵盖"五育"的各方面，内容本身有重复、叠加，课程门类虽然呈多元发展的态势设置，但仍不能实现全员无缝实施，不能满足学生的个性化发展。每个乡村学校校情实际不同，基于培养"高尚的情操、扎实的文化素养、健康的身心和对美好的追求"公民的目标，基于培养有实践能力、创新能力、解决问题的能力等核心素养的终身学习者的思考，我们应该尝试建立国家课程基础上的校本课程体系。首先，应该凸显学校的办学理念，又要融合"教育即生长"（杜威）的教育思想，必须基于学生本身的兴趣爱好，从儿童的视角、儿童的天性出发开设艺术类课程和科技教育类课程，让学生从易于接受的要素开始，促进儿童各种天赋能力的综合发展。课程本身应该遵循教育规律，符合学生发展的"五育"需要，又必须使其成为支撑学校办学理念的根本途径。

课程支撑应符合以下几个特点：一是凸显"立德树人"，德为"五育"融合之本；二是必须基于学生已有的经验，推进创新和实践能力素养的同步提升；三是切忌将"五育"融合在课程方面孤立，学科间的整合非常重要，学习任务群的建立尽可能覆盖多个学科；四是遵循教育规律，将身边的优势资源充分挖掘，切忌"高大上"以至于不能落地。

课程实施方面，学校注重优化课堂结构，推荐以杜郎口模式为模板的教学模式，落实教法、突出学法，融教学过程策略和学法指导为一体，坚决贯彻以生为本的教学理念，注重课程的优化组合，将各学科类似的德育内容融入主题班队会开展去践行去评价。

"活动统领"即把"活动育人"切实渗透学校的各项教育活动中。围绕学校开展的各类校园文化活动以新时代中国特色社会主义思想为指导，关注德智体美劳的全面协调发展，组织学生参与有目的、有计划的育人过程。校园文化活动本身也跟随社会发展的步伐不断演进和优化，校园文化活动也不只是我们理解的学生活动、文艺活动、社团活动和体育活动等，这样理解过于狭隘。这里的活动统领涵盖一切能够积极发挥育人作用的德智体美劳活动，学校开展的文化活动要以社会主义核心价值观为引领，让学生形成正确的世界观、人生观和价值观，帮助和指导每一位学生健康生活、成长成才；尤其是爱国主义教育、集体主义教育和社会主义教育要在潜移默化地植入活动。与此同时，智育则关注学生在各类活动中的表现，美育则关注学生在各类活动中的审美意识和构图意识，体育则让学生能够树立正确的健康观和运动观。总而言之，活动统领本身就是把育人渗透到学校各类教育活动中，但"五育"融合本身却不能死搬硬套，也并非在一项活动中全部实现，而是以此理念为指导，尽可能发挥活动育人的目的。

为乡村学校构建的"劳育铺垫＋课程支撑＋活动统领"三者支撑的"五育"融合模式，从根本上讲，秉承了新时代"文化引领发展"的教育理念。在办学中，高举新时代中国特色的社会主义伟大旗帜，围绕"立德树人"的根本任务，落实中国学生发展的核心素养，以此为指引，构建起劳育支撑的"五育"融合课程体系，举办丰富多彩的各类活动，定能培养出有高尚的道德情操、扎实的科学文化素养、健康的身心，又有良好的审美情操和适应社会发展综合能力的人。

2. 推广探索

2018 年末，团队通过多种方式力推该模式在六巷乡九年制学校的应用。在推广探索中，团队并未考量概念本身的落地，一直试图寻找一所能够将模式应用到管理中的学校。

基于以上理论分析，以"劳育铺垫＋课程支撑＋活动统领"三者支撑的"五育"融合模式在六巷乡九年制学校整合试行，学校管理层遵循"核心凸显＋资源聚焦"的原则，在具体实践中探索"五育"融合的路径。以"农学苑"劳动实践基地为铺垫，以"博畅文化"课程体系为支撑，以"趣味运动会""群文阅读教学""跟着校长去远足"、拔河与爬山等常态化活动统领，全面落实学生的全面发展，发挥"五育"的整体育人功能。

模式的推进要多点开花，这就需要无论是从学校的管理引导上还是评价结果上都要考虑全面性，推广探索主要围绕以下几个方面：

第一，完成学校文化建设规划，提高学校管理层的领导力和全体职工的执行力。学校负责人带头学习，提高管理层的综合素质，强化科学民主管理。尽可能实现领导班子由传统经验型向科研向学型转变。每周例会雷打不动的一个环节就是学习分享。第二个方面是想方设法地建立相对科学的管理网络，实现扁平化的管理。六巷九年制学校只有 31 人，但学校不因为小而减少正常管理岗位的设置，中层身兼数职，既是教务主任，又是班主任和学科教师的情况非常正常。第三个方面是实施民主管理，充分尊重教师的话语权，通过"博畅主题论坛"征求所有教师的管理意见，从而保证管理的顺利实施与和谐的工作生活环境。课题实施之初，学校管理层全面推进文化领导力的提升，全面梳理和规划学校的文化建设，向管理要质量。

基于"五育"融合的乡村学校实践就从师生能够明显感知的幸福感开始，学校管理层将其定位为幸福教育。幸福教育是对人本情怀的最高关怀，是通过教育的途径实现人对幸福的追求并在追求中获得幸福。学校应当是幸福的乐园，是促进师生成长的殿堂。"为师生顺畅实现其人生价值"是学校不懈的追求，我们努力构建以幸福为特色的"博畅"文化，促进学校发展，打造幸福教育。教育的本质是智慧与爱的传承，所以，拥有幸福的教师就成为培养幸福学子的人文前提。教师的专业发展是幸福感的来源，有了幸福感，教师才能享受事业、享受生命，进而才能让学生享受学习、享受生命。理想的教育是培养真正的人，让每一个从自己手里培养出来的人都能幸福地度过一生。这是教育应该追求的恒久性、终极性价值。学校在"博畅"文化的引领下，努力培养学生健康、高雅的兴趣、爱好和特长，以构建"人人有参与的机会""人人有展示的舞台""人人有自信的感觉""人人有成功的喜悦"的多彩课程文化为目标，全面促进每一位学生健康和谐、快乐幸福地成长。乡村学生相对来说缺乏自信心，行为习惯等养成方面与城市学生存在一些差异，告知学生成长的艰难，与城市学生生活环境的不同，只有曲折地成长才能成就诗意人生。让幼苗慢慢长大，"幸福教育"是最佳选择。学校将为每一位教师、每一名学生提供释放生命精彩的舞台，使幸福不断充盈在他们的教育与学习的生活中。教育不仅是生活，更是幸福；教育不仅是奉献，更是收获。怀揣"为师生顺畅实现其人生价值"的梦想，聚焦师生成长，凝练学校特色，在追逐幸福教育的大道上，我们将风雨无阻，不断前行。学校尽力打造博畅文化之幸福教育校本课程体系，全面推进校本课程建设，培养幸福的人、幸福地培养人。

第二，立足德育，推进劳育，建设劳动技术教育实践基地。劳动教育本身可随时随地进行，从收纳到种植、从课程到活动、从学校到家庭均可实现，但当前学生的劳动教育实践整体呈现发展不均衡、不充分的现象。1992年国家教育部（原国家教委）颁布《九年义务教育劳动课教学大纲的意见》，2015年11月教育部和共青团中央又印发《关于加强中小学劳动教育的意见》，2020年3月中共中央和国务院再次印发《关于全面加强新时代大中小学劳动教育的意见》，劳动教育在近些年引起了全民关注，在政策环境和舆论环境有了一定的支撑，学校层面开始以课程为载体强力推进劳动教育。六巷乡九年制学校坚持劳动生产与教育相结合，一是将劳动教育纳入综合实践课程，因地制宜开辟农学基地，指导学生在亲近自然、体验种植中增长知识，养成爱劳动勤动手的好习惯；二是贴近生活，走进田间地头，让农民伯伯指导自己学习农事知识，体验劳作的乐趣和艰辛；三是从身边事做起，树立劳动光荣的理念；从收纳、厨艺、草编和泥塑等多途径让学生感受劳动的价值。

在该模式推进初期，六巷乡九年制学校全力整合学校可用资源，因占地面积较小，没有可供直接使用的劳动教育土地，2019年上半年，学校通过多方筹措资金，发布土地租赁公告，征得学校周边居民的四亩土地全力筹建"农学苑"。经过半年多的运作，农学实践基地基本建成，由此，与课程相配套的较为均衡的劳动种植基地建设完成。通过每周每班两个课时的劳动课程，有力地促进劳动技术教育的落地生根。与此同时，学校通过"生活小达人"劳动技能大赛、课桌收纳和厨艺展示等劳动形式，助力劳动技术教育的全课程建设。

第三，聚合资源，构建符合学校实际的课程体系。为推进该模式的落地，学校在发展规划上做出调整，全力构建符合新时代乡村学校实际的"五育"融合的课程体系。"博畅课程"体系从国家课程、地方课程到拓展课程，将基础学科有效地融入校本课程和环境课程。其一是开足开齐国家课程，以活动课的方式把外教网络课堂和科技网络课堂引入常规课堂；其二是开全课程，开校本课程，除了音体美常规课程纳入正式课表外，将轮滑、阅读、书法、乞巧和劳动也纳入课程，这些课程的纳入成为课堂活动的有益补存，让学生在生活中接受全课程的教育。德育类的课程：学校以《道德与法治》为基础，在班队会主题活动中糅入"诚信教育、生命教育和礼仪教育"；通过中秋节、清明节等传统节日，形成德育节日课程，讲节日的来历、节日的价值，旨在让学生传承优秀的中华传统文化。智育类的课程：学校在基础课程的基础上，把语文、数学、英语、地理、历史和音体美等学科渗透到一个PBL项目化学习环境中，诸如开展远足活动中，画植物、查品性、写诗歌、量距离、搞科研，整个智育课程的落地显得异常充实。体育类的系列课程更是如此，学校细分为球类课程、棋类课程和常规课程，将跳绳、拔河、韵律操等多种运动融入体育课，学生提升了体质，也提高乡村学校师生的生命和生活质量。美育的课程克服师资匮乏的问题，尽可能开足开齐音乐和美术课程，让其他学科转型到此类学科，和学生一道边学边提升，还通过自学把版画、石头画、书法等也纳入社团课程，呈现了美育同行的势头。为了尽可能实现资源的协同，学校把少年宫、舞蹈室、书法室和美术室整合为多功能室，实现了一室多用的目的。以上课程基于学生的兴趣爱好实现了个性化的全面发展，各年级均能做到有梯度、有目标、成系列地推进实施，能够重视学生的亲身实践，充分体现了育人为本、德育为先、能力为重和全面发展的素质教育战略主题。

第四，立美尚体，举办丰富多彩的校园文化活动。目前，"双减"政策已经落地，但该模式在应用探索时，应试教育的余威仍在发挥，上级主管部门关于语文数学等主学科的成绩考核压力仍然存在，且相对较大。"五育"融合的本质是发挥学校的主阵地作用，通过一切可能的方式激发学校办学的活力，而各类文体活动则是最好的支撑。立美尚体，看似简单，但面临的困难也非常多。六巷九年制学校作为一所乡村学校，它有着和其他乡村学校一样的致命问题，那就是师资的欠缺，学校通过公益的力量培训师资，通过自学的方式提升师资，基本维持了学校需要的音体美师资。学校充分利用所有的教学空间，以空间为单位将学生分散到指定社团，从轮滑、红领巾广播站、绘画、书法等多个科目推进社团活动的开展。

与此同时，学校将黑板报的编排与设计、教室的布置与改良、学校《文畅报》的出刊等类型的工作融入学校"美的建设"工作中，为师生提供发表文章、抒发情感和展望未来的平台。

学校把乡村学校少年宫作为拓展素质教育空间的有效平台，把日常活动作为延伸教育活动触角的关键阵地，将经典诵读、"博畅学子"评选、主题班队会开展等活动作为切入点，培养学生的情感态度与价值观，不断强化社会主义核心价值观教育。在着力加强学生的思想引导和道德教育的同时，学校紧抓实践能力和创新精神不放松，以趣味运动会、拔河、远足和爬山等接地气的活动为突破口，推进本土特色教育资源的挖掘和使用，行走在希望的田野上，为振兴乡村教育提供了一种比较现实的新思考。尤其是师生跟着校长去远足活动，让学生走出校园，到大自然中感受家乡之美、体验生活之美，潜移默化地影响着他们的意志和行为。一系列的"立美尚体"活动，有效地培养了学生的美的能力和健康的体魄。

课题研究中期，笔者团队已经完成以博畅文化为主线构建的福巷书吧、博畅文化墙、畅风舞蹈室、畅语国学社、畅达书画社、留守儿童之幸福驿站（听音乐、看书、读报、视频电话）；成立了"博畅"文学社、出版《文畅报》、开通"博畅之声"校园广播站、打造"博畅"文化艺术节（文艺演出、体操比赛、校歌比赛）、组织"博畅"文化主题征文活动、打造矿石博物馆、创建学期博畅主题论坛、开展"博畅师者"与"博畅学子"年度评选……整个校园就像以博畅文化为主导的舒适的幸福乐园。活动则以博畅文化为指引，常态开展"博畅杯"师生拔河联谊赛（3月）、"博畅杯"庆六一文艺会演（6月）、"博畅师者"颁奖典礼（9月）、"畅语杯"中小学生现场作文竞赛（10月）、"奥博杯"小学生数学竞赛（10月）、博畅主题论坛（学期末）、"博畅杯"师生趣味运动会（11月）、"博文杯"英语单词竞赛活动（12月）、庆元旦歌咏暨广播体操比赛（12月）。

第五，健全评价体系。教育评价的指挥棒指向哪里，教育便走向哪里，六巷九年制学校在师生评价工作推进中想方设法利用好评价本身的导向，教师的终结性评价不只以学生分数进行，而是从师德、工作量、考勤、班级管理、教学常规、教学科研等多个方面进行量化考核，让过程性评价占到一半以上，尤其对音体美课程的落实情况、各类活动的开展情况进行积极评价、精细评价，有效激发了教师全面育人的工作热情。在学生评价方面，出台学生综合素质评价办法，尤其是在"双减"政策出台后全面实行等级评价机制，设立博畅学子系列奖励，从博识学子、健体学子、文畅学子、环保学子到乐群学子，"五育"均予以覆盖，促进了学生的综合成长，使学生的综合素质得以提升。通过评价，积极调动学生的非智力因素，充分发挥学生的个性特长，激发学生向上的动力，使学生学会学习、学会生活、学会做人、学会发展。六巷九年制学校管理层的定位是，在"博畅文化"引领下，最终呈现"个个进步、人人精彩"的学校精神风貌。教育的使命是育人，就是使人进步成长。"个个"着眼从师生的每一个个体来说学校文化的愿景及成效。"个个进步"从学校校情及生源实际出发，承认个体智力差异，不横向对比，只从个体的过去与现在纵向对比，只要每一个个体的今天比昨天进步就好。从没有兴趣到有兴趣，从兴趣单一到兴趣广泛，这就是进步。此外，"精彩"也指学校学习生活紧张有序、充实而有意义；还指师生在教学生活中有发现、有实践、有创新，生动活泼、才智飞扬、灵动和谐。同时，还指为精彩而做出的努力！在此，"个个"着眼个体，"人人"讲求全体，点面结合，体现党和国家赋予基础教育义务教育学段的办学使命，面向全体，全面育人。

（四）新时代乡村学校教育人才"画像"建构

本课题在研究之初，笔者团队一直在思考乡村学校应该寻找怎样的教育人才来推进"五育"融合的真正落地，本课题负责人曾经有幸入选马云乡村校长奖项，马云公益基金会曾经也建构过新时代乡村教育人才的"画像"，画像的构成主要涵盖四个部分，分别是教育幸福感、教育信念、教育智慧和领域影响力。笔者团队非常赞同该画像所建构的乡村学校教育人才，"五育"融合的真正落地需要这样的人才。"五育"融合需要高效的管理、有效的推进和强效的支撑，而这些需要有情怀有理想的教育人才来实现。

幸福感·信念·智慧·影响

一级指标	二级指标	定义
教育幸福感	/	在从事乡村教师这一职业过程中，对自我生活的整体满意度，在其中体验到的积极情感，以及投入其中时实现个人发展和发挥自我潜能的程度
教育信念	教育使命感	相信乡村教育的意义和价值，愿意投身其中贡献自己的力量
	乡村教育愿景	认同乡村教育有光明的前景，能描述乡村教育未来可能的发展方向和机遇
	阳光心态	乐观，习惯在工作过程中带入积极情感，思考和处理问题多采用正向视角进行鼓励引导，善于从乡村教育现状中发现积极、优势、可为的方面
	终身学习	有持续自我提升的动力，不满足于现状，愿意为了教育事业坚持学习教育理念、方法和相关技能
教育智慧	以学生为中心	主动关心和了解学生的成长，尊重和平等对待每个学生，激发和引导每个孩子成为最好的自己
	教学组织与执行	具有调动和组织学生的意愿和能力，克服教学实施过程中的困难，推动各种教育方式的落地执行，达成教育目标
	研究与创新	善于发现和分析教育过程中存在的问题，善于突破常规，寻找更多可能的解决方案，给教育技术和方法带来新意
	适应与融合	积极融入当地环境，因地制宜发展具有当地特色的乡村教育方式和模式，发现乡村教育的空间和可行性
	赋予教育时代感	关注主流和新兴的教育技术和工具（如互联网），主动了解和掌握并应用到教学中，让乡村教育保持与时代同步

（续表）

一级指标	二级指标	定义
领域影响力	开放与合作	以开放的心态倾听和接纳他人的意见，愿意和他人一起为共同的目标努力，与他人建立良好的人际与合作关系
	影响与支持	有意识的发挥个人影响力，在与家长、同事、社区的沟通中有策略地用自己的想法影响对方，并愿意为别人提供适当的帮助，赢得广泛的认可与支持
	行为示范	主动承担并认真完成工作任务，严格要求自己，规范自己的行为习惯，为团队树立标杆
	驱动变革	保持对发展机遇的敏感性，适时、有节奏地推动学校管理的变革，平衡发展机会、理念、资源和关系，确保学校不断向更好的方向发展，与时俱进
	激励与发展团队	给予他人正向反馈和激励，鼓励他人为教育事业积极投入，主动分享先进的教学理念和实践经验，带领团队共同进步
	共创力	善于引入和协调社会资源，秉承共赢的理念，与不同角色的合作者展开合作，集合多方力量共同为学校的发展创造更多可能性

三、新时代"五育"融合在乡村学校的实践效果分析与改进

（一）新时代"五育"融合在乡村学校的实践效果调查分析

本课题在研究之初，笔者团队就一直围绕乡村学校中小学生"五育"融合的开展情况进行一些口头调研，本研究在正式推进的过程中，笔者团队开展了基于数据的实践效果调查分析。选择县域内不同发展区域的四所义务教育阶段学校，就劳动教育、"五育"的认识与践行情况进行了细致分析，以看到"五育"融合在推进中的问题所在，以期达到发现"五育"融合的现状与其应用价值之间的差距。

第一，调查设计。本调查的目的是通过了解各教育主体对"五育"融合及其价值的认识和具体实践的开展情况，尤其是劳动教育的推进情况，来准确把握当前"五育"融合及劳动教育开展的实际情况。本调查涵盖了家长、学生、教师和校长四类主体。从劳动教育的必要性、劳动教育的育人价值、"五育"融合的认识、"五育"融合的实践内容和形式、养成教育的推进等多个方面，依据上述提到的模式全面开展对应的调查分析。调查的方法主要是线上问卷、纸质问卷、面谈和线上访谈，小学生主要用纸质问卷，初中生、家长和老师使用问卷星进行问卷调查。小学生主要以问卷中自己能理解的题目进行作答；劳动教育问卷则以劳动兴趣、劳动创造、劳动心理、劳动教育场所、同伴关系和家校合作情况进行调查；"五育"融合访谈则以理想中的教育、办学宗旨，"五育"融合的方式、劳动教育的呈现方式，项目化学习和跨学科学习为主。

第二，调查实施。调查实施严格按照调查设计推进，在预调查阶段，笔者团队于 2020 年下半年选取五所学校开展口头访谈调查，根据口头访谈情况遴选出对"劳育铺垫＋课程支撑＋活动统领"三者支撑的"五育"融合模式感兴趣的四所学校开展进一步的口头访谈调查，最后确定三所学校为该模式的试验校开始进入数据调查阶段，全面开展基于模式实践运用基础上的数据分析调查。在调查开展中，及时修正问卷方式和内容，重点对模式推进较好的六巷乡九年制学校和赵五学区所属学校进行实证调查。教师发放问卷 87 份，回收 87 份，剔除部分不合格问卷，共收集有效问卷 84 份；家长问卷 1744 份，回收 1677 份，有效问卷1643 份。围绕"五育"融合构建模式的落实情况，笔者还对五位学校校长和两位中层干部做了较深入的访谈，了解到不同教育主体对包括劳动教育在内的"五育"的认识及实践情况。此次访谈分集体访谈和个别访谈，依据调查角色，我们分三部分开展调查，第一部分是校长、管理层和教师，第二部分是家长，第三部分是学生。第一部分主要倾向于"五育"融合的开展，以深度面对面访谈和问卷星为载体开展问卷；第二部分面向家长主要倾向于学生德育及学校管理工作调查，同校使用问卷网小程序开展；第三部分主要倾向于劳动教育的调查，为了准确得到结果，采用纸质问卷的形式。通过目的性取样，较好的前期问卷设计和访谈技巧相对真实完整地保证了访谈结果的有效性。

第三，调查结果。从访谈结果和问卷结果汇总分析情况来看，当前"五育"融合工作的推进呈现严重的不平衡现象，对"五育"融合重视的学校，无论从管理、养成教育、劳动教育等多方面体现出了其办学的系统性和超前性。模式于2020年下半年试行后，各校的办学活力明显提升，学生的德育（尤其是养成教育）、劳育和艺术教育呈现较好的态势，社会的舆论环境明显有了较大程度的变化。对于各教育主体开展的与"五育"融合相关的问卷结果，尤其是劳动教育相关的分析结果，将有助于我们全面了解当前"五育"融合在各乡村学校的重视程度和实践力度。

呈现结果一：围绕"五育"融合，尤其是劳动教育和跨学科学习开展问卷。调查时间为4月上旬，以下问卷针对四个学区所属各学校的随机抽取的70位教师。

问卷与分析：

1.你在课堂教学中会考虑和其他教师合作开展教学活动吗？
[单选题]

选项	小计/人	比例/%	
经常	26		37.14%
偶尔	42		60%
从来不	2		2.86%
本题有效填写人次	70		

2.你有意识到自己所教的学科不少知识好像是其他学科的吗?［单选题］

选项	小计 / 人	比例 / %	
经常	38		54.29%
偶尔	25		35.71%
从来不	7		10%
本题有效填写人次	70		

3.你会在课堂教学中使用技术设备吗?［单选题］

选项	小计 / 人	比例 / %	
经常	48		68.57%
偶尔	21		30%
从来不	1		1.43%
本题有效填写人次	70		

4.目前,你本人对学生的评价,会孤立地评价智育或体育成效吗?［单选题］

选项	小计 / 人	比例 / %	
经常	9		12.86%
偶尔	19		27.14%
从来不	42		60%
本题有效填写人次	70		

以上结果反映出,近年来,乡村学校管理层和一线教师还是相对重视"五育"融合的价值所在,但因管理效能差异,不同学校整体效果差距仍然较大。

呈现结果二:学生养成教育调查问卷。调查时间为2021年4月下旬,以下网络问卷针对六巷乡九年制学校和北辰小学的

701 位家长。

问卷与分析：第 1 题至第 6 题是基本情况调查。

1. 孩子在家是否会主动复习老师当天所讲的内容？[单选题]

选项	小计 / 人	比例 / %
是	511	72.9%
否	190	27.1%
本题有效填写人次	701	

2. 孩子是否有自己的学习计划？[单选题]

选项	小计 / 人	比例 / %
是	412	58.77%
否	289	41.23%
本题有效填写人次	701	

3. 孩子是否在家一边做作业，一边看电视（或者做别的事)？[单选题]

选项	小计 / 人	比例 / %
是	92	13.12%
否	609	86.88%
本题有效填写人次	701	

4. 孩子是否在公共场所爱护公共物品？[单选题]

选项	小计 / 人	比例 / %
是	689	98.29%
否	12	1.71%
本题有效填写人次	701	

5. 孩子在家写字和读书时是否能保持正确的写字和读书姿势？ [单选题]

选项	小计 / 人	比例 / %
是	449	64.05%
否	252	35.95%
本题有效填写人次	701	

6. 孩子见到老师、同学、亲人是否会主动问好，待人接物使用礼貌用语？ [单选题]

选项	小计 / 人	比例 / %
是	651	92.87%
否	50	7.13%
本题有效填写人次	701	

7. 孩子是否喜欢学校开展的各类文体活动，尤其是跨学科实践活动，例如跟着校长去远足、环保研学课程？ [单选题]

选项	小计 / 人	比例 / %
是	675	96.29%
否	26	3.71%
本题有效填写人次	701	

8. 孩子对当前的劳动教育是否满意？ [单选题]

选项	小计 / 人	比例 / %
是	655	93.44%
否	46	6.56%
本题有效填写人次	701	

9. 学校想继续推进劳动教育课程的优化，且举办更多的文体活动，你是否喜欢？[单选题]

选项	小计 / 人	比例 / %
是	691	98.57%
否	10	1.43%
本题有效填写人次	701	

10. 孩子最近在行为习惯上是否有所改善？[单选题]

选项	小计 / 人	比例 / %
是	631	90.01%
否	70	9.99%
本题有效填写人次	701	

11. 家长意见建议。[填空题]

以上结果反馈出，模式试验校对"五育"融合非常重视，尤其是在德育与劳育的推进上，能够严格按照大框架构筑"五育"的执行体系，无论从管理、养成教育、劳动教育等多方面都体现出了其办学规划的系统性。

呈现结果三：调查访谈与问卷分析报告

访谈时间：2021 年 5 月 17 日—5 月 21 日

访谈地点：赵五九年制学校

访谈对象：赵五学区所属学校，赵五学区部分校长、教师、学生（共有 5 位校长、70 位老师和 421 名学生进行了网络问卷的填答）

试验校管理者和教师关于"五育"常识的问答，切中了要害，模式的推行让"五育"融合变得不再那么难以把控。

一、您理想中的教育应该是什么样子?

理想中的教育大多回答为"五育"并举,全面均衡,着重抓学生的核心素养。

基本观点有:(1)应该是以快乐为前提,在教育的过程中注重习惯的养成和学习方法的使用;(2)学生健康快乐成长,在愉悦中学习,教师们教学相长,终身学习,校园一片和谐;(3)具有爱国、敬业、孝道、有益于社会发展、和谐的教育;(4)我理想中的教育是教师能够专心地教学而不受其他无关事情的干扰,校园井然有序,教师书声琅琅,学生文明礼貌;(5)我理想中的教育应该是培养认知美,具有审美素养塑造人格和爱心的人;(6)学生乐学,教师乐教,家庭共育,教学相长;(7)学校、家庭、社会共同承担教育而不是积累到教师头上;(8)有自主的思想、清晰的三观和是非观,有健康的生活习惯,有思辨能力,能够适应环境;(9)学生有良好的学习习惯、生活习惯、行为习惯,有好的学习成绩,有健康的体魄;(10)均衡发展、全面发展,学生能在快乐中学到各种知识。

二、您秉持的办学宗旨是什么?(校长)

快乐学习,健康成长;快乐成长中学会做人、学会做事、学会知识,让学生发挥个性,激发学生创造性!发掘学生的潜力等。

基本观点有:(1)学生的全面发展,全体发展;(2)办一个学生以快乐、全面、健康为成长的学校;(3)爱心立校,责任强校,质量兴校,文化融校;(4)让老师有工作热情,让学生积极向上;为学生安康成长奠基,为教师持续发展铺路。

三、您能说说"五育"的具体来源和具体指哪"五育"吗?

基本观点有:(1)"五育"指德、智、体、美、劳,德育最早提出的人是康德,最早提出智育的人是亚里士多德,最早提出体育的是法国人,最早提出美育的是柏拉图和亚里士多德,最早提出劳育的是马克思；（2）德育、智育、体育、美育、劳育；（3）十一届三中全会后邓小平的讲话，"五育"：德、智、体、美、劳；（4）"五育"来源于教育思想家蔡元培提出的"军国民教育，实利主义教育，公民道德教育，世界观教育，美感教育的思想主张"；道德教育、智育、体育、美育、劳动教育。

四、您能说说目前您知晓的"五育"融合的方式吗？这些方式对学生的影响有哪些？

基本观点有：（1）消防演练、地震演练等；（2）德、智、体、美、劳之间是相辅相成、缺一不可的有机整体，当前重点培养的是学生的全面发展，提升学生的素质素养，德、智、体、美、劳的融合能让学生更好地全面发展；（3）其实各校的教学中，"五育"的教育是相互贯通融合的，这些方式能使学生全面发展；（4）课程开展了劳动教育课，参加学校农学苑的课堂，锻炼学生的劳动技能；（5）课程上设置，课堂上拓展"五育"、各方面拓展学生思维；（6）学科融合，教材融合，活动融合，价值融合，将"五育"有机地融合为一体；（7）乡村学校"五育"比较薄弱，还有待提高，尤其体、美、劳的结合；（8）相互渗透、相互融合，对学生全面发展有很大的作用；（9）课程设置上增加音体美等课程，在学习上有提升，身体素质方面得到良好的锻炼；（10）在课程具体实践中将"五育"相互结合，在课程评价中加入相关要素，促进学生发展。

五、目前你们学校开展劳动教育了吗？劳动教育呈现的方式都有哪些？

基本观点有：（1）开展了劳动教育，比如有"劳动小能手""农学苑"等；（2）是，已开展，本学校开展的劳动教育遵循因地制宜的原则，作为一所农村学校，在本学校设立"农学苑"，为学生提供了劳动教育的场所；（3）参观了实验基地，亲身实践具体的农活；（4）学校开设了劳动教育课程，学校"农学苑", 开展"小手拉大手"等活动进行劳动教育; (5)"农学苑", 体验劳动教育的快乐; (6) 学校因地制宜开辟"农学苑", 举行"小手拉大手"周活动; (7) 利用"农学苑"开展劳动教育, 举行"小手拉大手"周活动; (8) 我校开设劳动教育课, 设立"农学苑", 利用劳动课种植蔬菜等作物; (9) 劳动课程 + 劳动实践, 学校设立"农学苑"将学生学到的劳动技能、观念用于实践; (10) 学校开展"农学苑"和"小手拉大手"活动。

六、您知道 PBL 项目化学习吗? 您理解的跨学科融合课程应该是什么样的?

基本观点有: (1) 知道, 以学生为主体的教学方法, 音乐课与道德与法治、美术、语文、艺术相融合, 有利于培养学生的创新思维; (2) 我觉得跨学科融合课程应该是研究多种文化的相互影响, 培养学生以不同道德观点分析多种文化问题的能力; (3) 不知道 PBL 项目化学习; (4) PBL 是项目化学习, 各学科之间应该紧密联系; (5) 跨学科融合课程是各学科间有联系、有区别、全方位地传授知识; (6) 问题驱动教学法, 让学生围绕问题寻求解决方案、内在联系, 加强知识间的横向联系; (7) 项目化学习各学科之间的紧密联系; (8) 应该是学生乐于参与, 各学科相互帮扶, 共同进步; (9) 学科之间紧密联系又独立存在; (10) 起源于美国, 让学生在项目学习中会积极收集信息、获得知识, 探索解决方案, 从而解决实际问题, 以跨学科的思维、观念、方法解决具体问题。

以下问卷针对赵五九年制学校教师, 作为模式试验校的赵五九年制学校, 以下问题回答反馈, 反映出"五育"融合模式推进的成效是显著的。

1. 你在课堂教学中会考虑和其他教师合作开展教学活动吗?

频率	小计 / 人	比例 / %
经常人数	51	72.8%
偶尔人数	19	27.2%

2. 你有意识到自己所教的学科不少知识好像是其他学科的吗?

频率	小计 / 人	比例 / %
经常人数	45	64.3%
偶尔人数	25	35.7%

3. 你会在课堂教学中使用技术设备吗?

频率	小计 / 人	比例 / %
经常人数	57	81.4%
偶尔人数	13	18.6%

4. 目前,你本人对学生会孤立地评价智育或体育成效吗?

频率	小计 / 人	比例 / %
从来不人数	70	100%
偶尔人数	0	0%

以下问卷主要针对两所试验校的劳动教育开展情况的调查,结果反馈如下:

一、你身边同学的劳动观念如何?

频率	小计 / 人	比例 / %
很强人数	115	27.3%
较强人数	239	56.7%
比较淡薄人数	53	12.5%
非常淡薄人数	14	3.3%

二、你认为当前你身边的同学在劳动素质方面存在的主要问题有哪些?

频率	小计/人	比例/%
劳动价值观有问题,有轻视体力劳动和看不起体力劳动者现象人数	68	16%
劳动价值观有问题,有轻视体力劳动和看不起体力劳动者现象和劳动习惯与劳动能力较差人数	78	18.5%
劳动价值观有问题,有轻视体力劳动和看不起体力劳动者现象和缺乏勤劳朴素的劳动品质与艰苦奋斗的劳动精神人数	22	5.2%
劳动习惯和劳动能力较差人数	73	17.4%
存在铺张浪费以及不珍惜他人劳动成果的现象人数	27	6.4%
缺乏勤劳朴素的劳动品质和艰苦奋斗的劳动精神人数	66	15.7%
劳动习惯和劳动能力较差和缺乏勤劳朴素的劳动品质和艰苦奋斗的劳动精神人数	51	12.1%

三、你认为当前身边的同学劳动价值观念缺失的主要原因是什么?

频率	小计/人	比例/%
父母和家里监护人宠惯溺爱人数	131	31.1%
父母和家里监护人宠惯溺爱人数	151	35.9%
缺乏系统的劳动实践教育人数	93	22.1%
社会上轻视劳动的风气所产生的部分消极影响人数	46	10.9%

四、你认为当前学校开展的劳动教育对自己能起到什么作用?尤其是在自己身上能够切身体会到的。

频率	小计/人	比例/%
有助于养成吃苦耐劳精神人数	120	28.5%
有助于养成良好生活习惯人数	149	35.4%
有助于形成正确的人生观和价值观人数	97	23%
有助于锻炼意志品质人数	23	5.5%
其他人数	3	0.7%

五、你认为学校应采取哪些方式来加强劳动实践教育？

频率	小计 / 人	比例 / %
增加劳动价值观、劳动精神等教育内容的人数	85	20.1%
增加劳动价值观、劳动精神等教育内容和加大劳动实践活动基地建设力度的人数	79	18.8%
加大劳动实践活动基地建设力度的人数	224	53.2%
加大劳动实践活动基地建设力度和增加各种劳动实践活动形式和次数的人数	2	0.4%
增加各种劳动实践活动形式和次数的人数	31	7.4%

六、你都参加过哪些劳动实践活动？尤其是校内外劳动岗位你都体验了哪些？

频率	小计 / 人	比例 / %
在学校参加种植劳动的人数	130	30.1%
回答"无"人数	5	1.1%
其他学生大多数为在学校打扫卫生		68.8%

七、你认为应该开设哪些通识类的劳动教育课程且这些课程贴近日常生活？

频率	小计 / 人	比例 / %
认为开设种植课程的学生	146	34.7%
认为开设养殖课程的学生	97	23%
认为开设打扫卫生课程的学生	12	2.8%
认为开设做饭课程的学生	48	11.4%

八、你认为当前学校教育是否有必要开展劳动教育课程，为什么？

频率	小计 / 人	比例 / %
认为有必要的学生	416	98.8%
认为没有必要的学生	6	1.2%

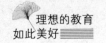
九、你认为参加劳动实践的学生能收获什么?

主要回答是收获了习惯,锻炼了身体和意志。

十、针对劳动教育实践基地建设,你有哪些建议?

频率	小计 / 人	比例 / %
认为开设基础的种植、养殖、烹饪等的学生	212	50.4%
认为没建议的学生	48	11.4%
其余的为打扫卫生		38.2%

十一、你认为当前开展的劳动教育对你的生活有哪些方面的改变?

回答大多为懂得感恩和加强了劳动精神。

围绕上述问卷结果,鉴于劳动教育的"五育"融合方面的重要性,笔者团队开展了成因分析,结果明显反馈出团队构建的乡村校"劳育铺垫+课程支撑+活动统领""五育"融合模式是可行的,有一定的推广价值。

对学生进行劳动教育是理所当然的事情。因为劳动教育是一切教育的基础。人之所以成为"人",正是因为长期劳动进化的结果。如果没有劳动,就不会有人类。正是基于此,古今中外的有识之士都非常关注青少年儿童的劳动教育,重视培养他们的劳动技能,把帮助他们树立正确的劳动观念视为己任。劳动教育是马克思主义教育思想的基本点,是党和政府必须坚持不懈的教育方针。近日,教育部正式印发《义务教育课程方案》,将劳动从原来的综合实践活动课程中完全独立出来,并颁布了《义务教育劳动课程标准》(2022 年版),规定从今秋开学起,劳动课将正式成为中小学的一门独立课程,根据义务教育课程方案,劳动课程平均每周不少于 1 课时。

党和政府对劳动教育如此重视，我国的劳动教育局面理应非常良好，但摆在我们面前的现状不容乐观。究其原因，主要是应试教育、校园安全和家庭教育。我们评价的标准仍然是学生的分数，只要分数高就是优生、就是人才；学校害怕发生安全事故，不敢对学生进行劳动教育，更不敢大规模组织学生进行劳动；还有不得不说的是，家长对学生过分溺爱，害怕学生劳动影响学生成绩。

正是由于家庭、学校和社会不同程度地轻视对学生的劳动教育，才造成了学生劳动观念的扭曲和劳动技能的低下。但是，作为一个"人"，没有正确的劳动观念，不能掌握基本的劳动技能，势必会被社会淘汰。

基于上述原因，笔者认为，"劳育铺垫+课程支撑+活动统领"三者支撑的"五育"融合模式，首先家长、学校应做到齐心协力，家校联动，让学生从小树立正确的劳动观念，掌握基本的劳动技能。实现了劳育铺垫，推进课程支撑和活动统领就相对轻松。

从学校层面来说，应该做好如下工作：一是让学生从小树立正确的劳动意识，学校要利用班会、国旗下的讲话等对学生进行劳动教育，让劳动光荣的理念深入人心。二是学校建立合理科学的劳动课程体系；根据最新颁布的《义务教育劳动课程标准》（2022年版）开展有针对性的劳动技术教育，在课程结构的安排上适合学生的年龄特点和兴趣爱好的劳动课程体系。三是建设劳动教育实践基地。劳动教育具有很强的实践性，所学知识只有通过实践才能入脑入心，学校要根据实际情况建设相应的实践基地，如"农学苑"等开展劳动教育。四是加强劳动教育师资队伍建设。学校要建立一支素质高、专业化强和相对稳定的专兼职的劳技课教师队伍，或聘请乡村劳动经验丰富的乡土人才利用课后服务时间对学生进行专业指导。只有有专业的劳动教育教师，才能保证劳技教育的质量。五是完善劳动教育考核手段。要提高劳动教育课的教学质量，学校必须形成完善的管理体制，形成行之有效的劳技教育考核手段，才能从根本上解决师生不重视的问题。考核的内容主要包括劳动观念、劳动习惯、基础知识、基本操作和结果运用五个方面。

从家长层面来说，应该做好如下工作：一是家长要转变劳动教育观念。家长要转变劳动教育的观念，认识到劳动教育的重要性，更要以身作则，让孩子从小树立劳动意识。不能过分溺爱孩子，也不能认为劳动可有可无，一定要让孩子做一些适合年龄特点的力所能及的事。二是教给孩子一定的劳动技能。劳动也需要一定的技能，家长要在日常的生活中逐步教给孩子一些劳动的方法和技巧，在孩子日常生活中要给予指导，当孩子取得进步时，哪怕这个进步是微小的，家长也要给予鼓励和支持，让孩子体验到劳动的快乐和幸福。三是注重实践锻炼。对孩子进行劳动教育，不能只停留在口头上，而应通过劳动实践来进行。如果家长平时没有参加具体的劳动，那么孩子是不可能爱好劳动的。因此，家长一定要让孩子参加劳动实践。当然，劳动的内容要根据孩子的实际情况决定，从简单到复杂逐渐过渡，切不可一开始就让孩子做难度比较大的劳动，挫伤孩子的劳动积极性。四是利用各种方法让孩子参加劳动。当孩子不愿意参加劳动时，家长不能听之任之，一定要想方设法让孩子参加劳动。作为家长应该明白，不管孩子愿不愿意，为了适应社会必须劳动。一个不会劳动的人体验不到劳动的快乐，也不会珍惜别人的劳动成果，这样的孩子注定是不会幸福的。

综上所述，乡村学校"劳育铺垫＋课程支撑＋活动统领"三者支撑的"五育"融合模式是可行的，构建德智体美劳全面发展的培养体系，不是"五育"全都量化开设，而是要基于"五育"的融通性进行资源的整合，形成一个整体的教育观念、发展规划、课程体系和文体活动体系，在综合素质的提升和培养上下功夫。我们必须在党的教育方针的指引下，坚持家校联动，切实践行德育、智育、体育、美育和劳动教育"五育"并举，树立全方位教育的理念；以劳育为铺垫，以课程为支撑，实施全学科、全过程和全细节育人，以多元评价为保障，才能让学生成为社会主义现代化建设的合格接班人，我们的祖国才能繁荣昌盛。

（二）新时代"五育"融合模式在乡村学校的实践改进

1. 存在的问题

本课题模式在研究推广试验的过程中，存在着试验校在前期课程规划欠缺、对劳动教育价值的认识不足、教育教学资源严重短缺、活动统领思路不明晰和师生学习意识不足等问题。这些问题也是众多主观因素和客观因素综合作用的结果，从侧面反映出"五育"融合在乡村学校的推进，不仅受管理者和师生价值取向、思维模式、办学理念、劳动价值观和儿童发展观的重要影响，还会受到师资、物资和制度缺失等客观条件的制约，更会受到社会大环境和舆论氛围的牵制。

一是课程规划和课程融合的欠缺。笔者团队在调研中发现，试验学校没有自己的校本课程规划体系，尤其劳育和美育对学生的影响方面认识严重不足。没有从"五育"并举的方面考虑校本课程的设置，就连国家课程中美育相关的课程都不能保证开足开全。各教育主体对劳育、美育和体育价值的认识不足，甚至有些偏误和功利化。课程规划中，国家课程的定位相对准确，但对地方课程和校本课程定位出现认识严重"窄化"的现象，比如对实施劳动教育课程的重要性和紧迫性没有形成共识，窄化了劳动教育的内涵，其丰富的育人价值被遮蔽。对课程理念的理解也过于狭窄，不能用"一切有积极影响的元素都是课程"的理念来设置课程，劳育美育课程被智育课程边缘化，这也与上级评价的导向有关。不能很好地借助课程来开展活动，更不能很好地把课程与活动进行有效融合，比如劳动教育的覆盖面目前仍然多为手工和卫生清洁等，而技能比赛、参观研学、调研辩论等方式不能很好地应用到课程中，贴近生活的家务厨艺、志愿者服务和职业体验更不能进入课程。这些反映出课程的融合性也欠缺。

二是对劳动教育价值的认识不足。工具性思维已经渗透到家长和教师工作生活的方方面面，这种价值取向的增强将教育工具化，在劳技与能力、审美与道德之间，多数教师和家长选择了前者，严重忽略了后者对学生成长的影响。对于劳动教育本身的价值只趋向于是否有用，当下被未来的进阶目标所淹没。基于此，综合实践课程，尤其是劳动技术教育综合课程发展非常缓慢，知识测评性的评价体系成为是否开展教育实践的导向，不合理的劳动教育观让劳动教育的魅力已然丢失。工具性的价值取向完全成为单向思维，家长和教师对劳动教育的认识愈加狭隘和畸形，一切教育实践的主体都指向了学校；学校又不得不将教育目标定位在知识的掌握程度和智力的发展程度上，与情感、态度和价值观相关的因素就这样被忽视，学生个体的劳动兴趣与情感需要难以得到家长和教育者的满足。知识与就业的现实必要性很大程度上把道德、审美、人格和兴趣等方面的评价权掠夺。

三是教育教学资源严重短缺。从软件资源的角度讲，师资的短缺是乡村学校落实"五育"的硬伤，多数学校缺乏音体美教师，尤其是劳动教育的专业教师，大多数教师身兼多职，教育管理与教学任务异常繁重。从问卷调查数据分析，47%的教师除了上语数外这些所谓的"主科"外，还要兼任至少一科其他科目，访谈数据显示，83%的教师表示教学任务繁重，学校大量缺乏专业的美育教师，而当前对教师的培养与培训又不能实质性实现教师的转岗。另外，学校对当前的师资缺乏整体有效的安排，不能很好地根据教师的兴趣、专业能力和承担课时合理安排师资。还有一个让笔者团队担心的问题，教师本人的继续学习意识不强，缺乏对较新的教育理论与实践的持续学习与反思，教学又不能超越教材文本，无法达到认识教育本质的目的。从硬件的角度来讲，笔者团队在调研中发现，多数乡村学校无法达到充分挖掘乡土教育资源的高度，多数管理者总是从学校公用经费的多少来衡量"五育"落实的可能性。物资的匮乏是相对而言的，教育的技术取向以及管理层与教师普遍接受的消费主义，反映出乡村教育对物质的依赖性超出挖掘资源的承载程度。其背后涉及的教育问题止步于办公经费，教育的质量不能很好提高。

四是学校举办的各类文体活动，其统领思路不明晰，且师生学习意识不足。笔者团队在走访调研和数据分析中发现，大多数乡村学校的管理者不能明晰"五育"融合的价值，无法站在较高的层次统一规划学校各类文体活动的开展，更不知晓开展此类活动必须达到的教育目标。活动的举办缺少"五育"素养的全覆盖，缺少有效的设计支撑。师生学习意识不足，不能主动学习，无法以较高的定位来完成活动的要求。

2. 改进的措施

笔者团队经过对 7 所乡村学校的调查走访，围绕基于以上问题的解决办法形成以下改进路径。核心仍然是管理者和教师的强化学习，通过读好理论书、练好基本功，时间允许的情况下，做好课题和教学反思，从根本上解决教师调配资源的能力。

一是在专家的指导下，开展符合乡村学校实际的校本课程规划，围绕"五育"融合设置跨学科实践课程，调整课程设置的思路，用"一切有积极影响的教育元素都是课程"的思路推进学校校本课程的建设。把课程落实到课堂上，尽可能活化资源、活用教法，进行活力的完美展示。学科教学上，要强调课程综合育人的作用，利用课程创新跨学科教学和主题教学，强化"主题教学"的项目设计和大单元教学。

二是强化劳动教育价值观的宣传与教育，准确把握劳动教育的价值和内涵，强化劳动教育丰富性的完整形态的引导。把劳动教育课程上升到为一切课程作铺垫的地位，有效把握劳动教育的价值与内涵。

三是统筹和挖掘一切可利用的乡村教育本土资源。师资方面，学校可利用固定时间段开展教师的校内培训，利用公益直播和优秀教师开展近距离的美育素养提升培训，让教师在边学边教中提升自己。硬件资源方面，改变管理层对资源的看法与认识，挖掘身边一切可利用的资源，围绕农学基地建设、生活技能展示、跨学科融合教育和乡土资源开发（比如当地盛产石头，可以开发石头画），用尽可能少的钱（办公经费）来推进"五育"覆盖。

四是梳理活动体系，建构"五育"融合的文体活动体系。围绕"健康第一"的理念，让学生掌握必备的运动技能，学生的体质得到增强、体育技能得到提升、学生意志得到磨炼。实施美育推进行动，让学生能够掌握至少一项艺术技能，严格落实音乐、美术和书法类课程，设立特色艺术课程，尤其是本土乞巧、草编和剪纸等课程。全力推进社团活动的开展，做好常态化的训练，渗透文学、音乐、书画等艺术教育。围绕"五育"办活动，办好活动促"五育"。学校可构建相关活动的考核体系，确保"五育"融合教学活动落实到位。另外，我们需要拓宽实践活动的渠道，统筹课程执行和校内外实践活动的关系，建立"学校＋家庭＋社会"一体的大课程或在大课堂，学校则要进一步引导学生学会跨界学习。

四、总结

（一）研究结论

笔者团队经过两年多的研究实践，以"五育"融合的理念和思维方式为基础，构建了"劳育铺垫＋课程支撑＋活动统领"三者支撑的"五育"融合模式，勾画了乡村教育管理人才画像。该模式基本解决了"如何让'五育'融合真实地在日常发生"的问题，对融合的课程和活动、融合的开展方式进行了整体设计，推荐了可供参考的教育评价方式，不再孤立地评价德育、智育、体育、美育和劳育的成效。

一是建立的模式能够让"五育"融合在乡村学校真实发生。"劳育铺垫＋课程支撑＋活动统领"的模式其实就是行之有效的管理机制，随之而来的就是课程体系和教学体系的变革，与之相对应的就是学校的治理体系的改变，诸如组织体系、教研体系、学科教师和班主任发展体系和学生工作体系都要围绕模式发生变革，最终以"劳育铺垫＋课程支撑＋活动统领"为构建目标，形成乡村学校独有的学校教育管理新系统。

二是建立的模式倒推学校管理层和教师进行综合素养的自我提升。破解"五育"融合之难，关键在于融合的主体执行者，如上所述，正因为要推进"五育"融合，我们对优秀管理者和学科教师的专业素养、培训深度都要赋予新的内涵。笔者团队认为，除管理者要做好"五育"融合推进的整体规划外，所有的学科教师对"五育"融合实践能力的提升应该从日常的教育教学设计入手，在教学过程和教学反思中实现，在组织活动的目标中实现。比如，好的教学设计应该能够从"五育"融合的视角来解读教材，发现教材中蕴含的"五育"融合的价值点，好的教师能够捕捉课堂中出现的"五育"融合资源，并加以梳理和编织、利用和生成，转化为长期坚持的课程资源。

三是建立的模式让"五育"融合生态得到修复，学生得到全面发展。学校治理本身有着不同的层面和视角，该模式在建立后，在"五育"融合的价值与理念明确的情况下，将有助于聚集制度与评价的改革，促使学校管理者和上级管理者寻找多元的教育主体和不同教育力量之间的平衡点，更进一步完善"五育"融合的实施路径。

（二）研究不足

课题组在研究后期，围绕本课题的缺憾展开了研讨，"五育"的融通性决定了我们更多地考虑"五育"的融合推进，但现实情况是如何构建乡村学校适应"五育"融合管理的体制机制和规章制度体系。"五育"如同车轮，以学生的全面发展为核心，轮胎和辐条连在一起才是一个有机整体，"五育"融合不是简单地做加法，而是更多地要考虑做乘法；我们建构支撑的"五育"融合向纵深发展的课程体系、教学体系和班级管理体系是否可以保证"五育"达到"全方位"的目标，还需要时间进一步地检验。另外，因为一些特殊原因，本课题没有赴外省市乡村校开展实地调查研究，研究数据不能获得更加有效的支撑，或许这也是本次研究的缺憾所在。

2021 年 11 月

附　录

附录1：六巷九年制学校"博·畅"文化建设手册

◎博畅之魂

一、学校核心价值观

博·畅

释义："博·畅"的核心价值观由校名的关键词"六巷"之释义引申而来。"六"本义为数字，即五加一的和。《易》卦之阴爻称为六。有"全体、丰富、多、繁"之意，民俗文化中"六"还有"顺溜、吉利、上升"之意。在此，引申为"广博、开阔"，最后提炼为"博"。"巷"（xiàng 或 hàng），从共从邑。邑中所共也，即城中的胡同，人们共同使用的道路。读 xiàng，直为街，曲为巷；大者为街，小者为巷。读 hàng，矿坑里的通道。如：平巷、煤巷、风巷。不论读 xiàng 或 hàng，均有"通道"之义，引申为"融合、兼容、整合、约取、通畅"之义，最后提炼出"畅"。合称"博畅"文化，扣合校名限定关键词"六巷"。

二、校训

博约畅达

释义：由核心价值观"博畅"之释义引申而来。"博约畅达"意指六巷学校师生眼界开阔、求知广博、批判性吸收；《论语·雍也》中"子曰：君子博学于文，约之以礼"。苏轼在《稼说送张琥》中说："博观约取，厚积薄发，吾告子止于此矣。"广博读书而简约审慎地取用，经过长时间的积累，定将有所作为。意指师生用自己丰富的知识涵养，为顺畅实现自己的人生价值而奠定坚实基础。

三、办学理念

博约并蓄　畅达人生

释义：从校训"博约畅达"引申而来，从育人的途径和育人的目的两方面表明办学的目的。其实也是教育永恒的目标，即"教育为人生"（叶圣陶），教育为提升人的尊严而存在。

"博约并蓄"表明了育人的方式、手段和途径；"畅达人生"表明了育人的终极目的。意指六巷师生采用广博的眼界，博览群书，博采众长，批判性吸收，教学相长，师生共育。最终为顺畅实现自己的人生价值而铺平道路。

四、教风

博采众长　精益求精

释义：意指教师执教的境界、胸怀，以及其施教的理念。

五、学风

广博求知　融会贯通

释义：意指学生的学习方式，学思结合，多元发展。

六、校风

个个进步　人人精彩

释义：学校在"博畅文化"引领下，最终呈现的学校精神风貌。教育的使命是育人，就是使人进步成长。

"个个"着眼从教师、学生的每一个个体来说学校文化的愿景及成效。"个个进步"从学校校情及生源实际出发，承认个体智力差异，不横向对比，只从个体的过去与现在纵向对比，只要每一个个体的今天比昨天进步就好。从没有兴趣到有兴趣，从兴趣单一到兴趣广泛，这就是进步。此外，"精彩"也指学校学习生活紧张有序、充实而有意义，还指师生在教学生活中有发现、有实践、有创新，生动活泼、才智飞扬、灵动和谐。同时，还指为精彩而做出的努力！

在此，"个个"着眼个体，"人人"讲求全体，点面结合，体现党和国家赋予基础教育义务教育学段的办学使命，面向全体，全面育人。

七、校徽

校徽是学校的象征，是学校办学理念及精神的艺术化体现，更是历史和传统的积淀。本设计注重形式美观和视觉冲击力的统一，凸显学校特色，释义如下：

校徽设计以绿色为主色调，显得庄重、大方，六巷乡古时曾称上绿县，其称上绿主要原因为其地多为林区。六巷境内有薤韭、画眉、箭杆三条山系，山峦起伏、沟壑纵横。学校所有文化建设的基础色调定为绿色。范围可用于校服、名片、信封等，图案上方的学校名字与下方的名字上下照应，整体色彩搭配协调合理，给人以美感。

校徽设计以"六巷"拼音首字母"L"和"H"的艺术变形为依托。旋转的"L"既似环校流淌的六巷河，也似环抱学校的巍峨群山，隐喻全体教师的关爱，采用艺术抽象的变形手法，给人以动感，呈现出一种向上的气势，寓意学子们朝气蓬勃、意气风发之精神。其色调采用蓝色，象征校园的蓬勃生机。"H"似错综交叉的三条山系，隐喻通往大千世界的三条曲折的巷道；又似一棵茁壮成长的绿苗，象征勇攀知识巅峰的莘莘学子。红日、河流、大山、绿苗，一幅美丽的六巷画卷。

"1948"是学校可以追溯的建校时间，是学校永远的起点。

其外观在视觉上具有强烈的动感，突出奋发向上的精神气质。两片绿叶蕴涵出学校"博约畅达"的校训理念；绿叶由浅变深，代表知识的沉淀及其创造辉煌的人生曲折历程。

八、校歌

《心怀博畅向未来》

珍山的微风，在轻轻呼唤，

摇曳的烛光，在闪闪发亮，

你张开着笑脸，让我们沐浴阳光，

你耕耘着大地，让我们梦想飞翔，

琅琅的书声在六巷的上空回荡。

六巷河的水，在尽情歌唱，

美丽的校园，在谱写辉煌，

你传授着知识，让我们开启心扉，

你播撒着希望，让我们童心飞扬，

谆谆的教诲在六巷的大地回响。

啊，依山傍水，大美六巷。

迎着朝阳奔去，我们肩负神圣的未来。

在蓝天书写豪迈，加入时代的交响。

向着蓝天展翅，我们放飞远大的理想。

在沃土浇灌希望，汇聚智慧的力量。

啊，博约畅达 幸福一生，

校训激励着我们

明天我们将扬帆远航……

九、校旗

学校校旗含有校名、校徽；标准字体为黑体，显得庄重大方；基准色定为绿色（C:87，M:0，Y:100，K:0），与学校文化体系建设基准色融为一体。校旗蕴涵了学校的学术气质，彰显了学校"博约并蓄　畅达人生"的文化理念，体现学校的精神风貌，展示了学校的个性特色。

十、文化主体建筑命名（文化物象）

至博楼（综合楼）：至博而约于精，深思而敏于行（《中华圣贤经》，学问之道既要十分广博，不能寡陋，但也要尽量汲取其精华；不能泛滥，既要深思，不可浮光掠影，更不能蹈袭他人，或者人云亦云，但也要力行，或者笃行，做到知行合一。）

畅学楼（教学楼）：舒畅快乐地学习。

畅源楼（中心园）：源起则畅；自入学起就接受流水般柔美的教育。

静远楼（教师周转房）：取自"宁静致远"；只有心境平稳沉着、专心致志，才能厚积薄发、有所作为，意即畅达。寓意为师者的博大胸怀。

◎ 博畅之行

一、教师誓词

我是六巷九年制学校教师，面对国旗我庄严宣誓：我将忠诚于党的教育事业，履行教师的神圣职责，贯彻国家教育方针，以"博畅文化"为指引，全面实施素质教育。依法治教，教书育人；追求真理，崇尚科学。勤勉敬业，严谨治学；因材施教，注重实践。热爱学生，为人师表；尊重学生，教学相长。廉洁从教，乐于奉献；终身学习，勇于创新。做学生的良师益友，铸教师高尚人格。为祖国培养优秀人才，为人类社会文明进步而奋斗终生！

（每年"博畅师者"颁奖典礼、教师节庆祝大会集体宣誓，由学校校长领誓！）

二、学生誓词

我是六巷乡九年制学生，我宣誓：我要将满腔的热情投入学习上，一心一意，全力以赴，脚踏实地，挑战自我！不放过一丝一毫疑问，不虚度一分一秒时光！信赖老师，严守纪律，约束自我，勤学苦练。用信念和意志征服一切，用优异的成绩证明自己的实力。无愧于祖国，无愧于父母，无愧于老师，无愧于母校。博约并蓄，铸就畅达人生！

（学校大型集会或各种庆祝活动，由少先大队辅导员领誓！）

三、师生荣誉

博畅师者：（按照教学成绩、家长与学生受欢迎程度、教龄、学校工作完成四个维度进行全面评价；表彰办法：奖杯、荣誉证书及荣誉墙）本荣誉称号为本校教师最高荣誉，每年教师节前夕隆重举行颁奖典礼。

博畅学子：表彰德智体美劳全面发展的优秀学子，为本校学生最高荣誉。

分列奖项：

德育|文畅学子（校报优秀小作者及读书之星）、乐群学子（优秀宿舍、优秀班干部及路队长）

智育|博识学子（学科能手、作业标兵）

体育|健体学子（早操之星等）

美育|阳光学子（养成习惯较好、积极向上的文艺优秀学子）

劳动卫生|环保学子（清洁卫士、劳动积极分子）

四、学校微信公众号

"诗意校园"

教育的诗意，是教育中的人诗意栖居的产物，意味着教育活动的自然、优雅、浪漫，以及教育活动者充沛的、向善的生命力量。诗意本身又是建立在幸福基础上的，诗意的超越性让教师和学生可以从现实生活中抽身出来，在一个自由的精神世界中享受知识与人性的美感。把诗意注入教育，教育才能显现其更为深层的意义。

五、办学宗旨

留下童年记忆、延续乡村文明！

六、育人目标

提升自信，培养诚信，弘扬天性，塑造个性，启迪灵性，诱发创造性！

七、办学目标

畅达人生，做赢在终点的教育。

九年影响一生——构建支撑一生的生活，启迪享用一生的智慧，夯实伴随一生的学识，提高发展一生的能力，培养受用一生的习惯，增强恩泽一生的体质，打造幸福一生的个性。

八、学校管理的六方针

干净、有序、规范、务实、高效、创新。("三精三自"模式：精神引领、精心实施和精细评价，实现学生自我教育、自我管理和自我服务。)

九、博畅文化重点关注的六个维度

健康体魄（健康），博爱情怀（博爱），协作能力（协作），创新精神（创新），健全人格（独立），社会责任感（责任）。

十、学生综合素养的六项定位

身心健康、兴趣广泛、行为端正、视野开阔、潜力无限、做人成功。

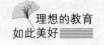
十一、学生形象设计的定位

着装得体、谈吐文明、举止高雅、富有教养；具有一定的国学基础；写一手漂亮的钢笔字；讲一口流利的普通话；艺术潜能初步得到开发；有一定的英语基础；养成良好的读书习惯；具备基本的生活自理能力；初步找到适合自己的学习方法；有一定的幸福感，能够树立高远的志向、高昂的志气、高雅的志趣。

十二、办学方向的定位

实现"从办大到办精、从外向发展到内涵发展、从规范化向特色化、从优秀向卓越"的战略转移。

十三、治校六要素

文化润校、教研兴校、专家治校、人才强校、特色立校、质量固校。

十四、学校管理的六项指导思想

生活自理化、活动探究化、学习情趣化、评价科学化、管理人性化、发展特色化。

十五、学校管理六项特色工程

建设平安校园、和谐校园、书香校园、数字校园、幸福校园、诗意校园。

十六、六项重点教学管理

阅读、写字、古诗文朗诵、普通话、文明礼仪与行为习惯、常态教学质量。

◎博畅之根

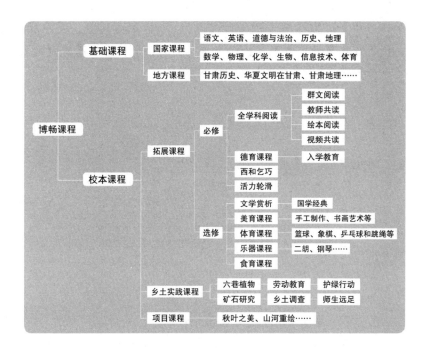

一、课改目标的定位

以多元课程管理理念为引领，以全课程教育实施为手段，以搭建全课程活动平台为抓手，以提升学生整体综合素养为目的，进而打造学校全新的课程管理体系及鲜明的办学特色和个性化品牌。

第一阶段：分层作业，核心为因材施教；

第二阶段：推门查课，核心为教学相长；

第三阶段：分层教学，核心为乐学活用；

第四阶段：多元课程，核心为校本课程体系建设。

二、特色教育主题

博畅文化之幸福教育：

1. "博"本意是大。《管子·权修》:"土地博大,野不可以无吏。"引申指丰富、宽广。又引申指广泛、普遍。如《荀子·劝学》:"君子博学而日参省乎己。"博德与博学,是中国古代圣哲共同追求的修身正心之道。如周公便推崇"德博而化"(《易经·乾》),孔子亦主张"博学于文"(《论语·雍也》)、"博学而笃志,切问而近思"(《论语·子张》)。而倡导和践行的"厚德重基"的办学方针,与其可谓一脉相承——"博",表明了学校博贯古今、承前启后的大智慧。《礼记·中庸》有云:"天地之道,博也厚也。"在中国传统文化"天人合一"的价值取向中,以博厚为特征的天地之道是有德行的,它喻示我们志向广博,立志站在全县教育的最高处规划办学——"博",体现了学校博览众山、誓为人先的大境界。"博",同样展示了学校博爱众生、海纳百川的大气象。

以博学促博识,阅读为主,开设图书角。以博爱养博大,以陶行知爱满天下的办学精神培育博大的胸怀。

2. "畅"基本字义是没有阻碍地;痛快,尽情地。它是人们对做人处事所期望和追求的理想境界,也是对自我的修养和要求。"畅"是一种境界,有和畅、舒畅、欢畅、流畅、畅游、畅想、畅达、畅意之愿望,是一切文化的最高理想。

3. 幸福教育的校本理解。

通常来说,幸福教育是对人本情怀的最高关怀,是通过教育的途径实现人对幸福的追求并在追求中获得幸福。学校,应当是幸福的乐园,是促进师生成长的殿堂。"为师生顺畅实现其人生价值"是学校不懈的追求,我们努力构建以幸福为特色的"博畅"文化,促进学校发展,打造幸福教育。教育的本质是智慧与爱的传承,所以,拥有幸福的老师就成为培养幸福学子的人文前提。教师的专业发展是幸福感的来源,有了幸福感,教师才能享受事业、享受生命,进而才能让学生享受学习、享受生命。理想的教育是培养真正的人，让每一个从自己手里培养出来的人都能幸福地度过一生。这是教育应该追求的恒久性、终极性价值。学校在"博畅"文化的引领下，努力培养学生健康、高雅的兴趣、爱好和特长，以构建"人人有参与的机会""人人有展示的舞台""人人有自信的感觉""人人有成功的喜悦"的多彩课程文化为目标，全面促进每一位学生健康和谐、快乐幸福地成长。

乡村学生相对来说缺乏自信心，行为习惯等养成方面与城市学生存在一些差异，告知学生他们成长的艰难，与城市学生生活环境的不同，只有曲折地成长，才能成就诗意人生。让幼苗慢慢长大，"幸福教育"是最佳选择。

学校将为每一位教师、每一个学生提供释放生命精彩的舞台，使幸福不断充盈在他们的教育与学习的生活中。教育不仅是生活，更是幸福；教育不仅是奉献，更是收获。怀揣"为师生顺畅实现其人生价值"的梦想，聚焦师生成长，凝练学校特色，在追逐幸福教育的大道上，我们将风雨无阻，不断前行。

尽力打造博畅文化之幸福教育校本课程体系，全面推进校本课程建设，培养幸福的人、幸福地培养人！

特色教育之升级教育主题：博畅教育。

博畅教育引自学校办学理念"博约并蓄、畅达人生"，"博约并蓄"表明了育人的方式、手段和途径；"畅达人生"表明了育人的终极目的。博畅教育的提出，始在学校实践。

博畅教育在我校指的是求知的教育，即广博求知、融会贯通、批判吸收。意指六巷师生通过多彩的活动、多样的课程、多元的评价，采用广博的视角，博览群书，博采众长，批判性吸收所学，教学相长，师生共育，最终为顺畅实现自己人生价值铺平道路而开展的教育活动。

博畅教育之问，我们需要学什么？我们需要到哪里？

三、博畅文化之校本课程体系规划

《西和乞巧》《矿石的秘密》《六巷植物》《大美六巷——风景摄影》《艺术与审美》《时代好文章》《古诗词阅读》《经典阅读》《书法与汉字》《分层作业探索与实践》《网络公开课》。

四、博畅实践课程体系规划

《书法》《象棋》《基础绘画》《体育课间》《博畅文学》《中小学生养成教育》等。

五、学校文化定位与特色活动

以博畅文化为主线构建福巷书吧、博畅文化墙、畅风舞蹈室、畅语国学社、畅达书画社、留守儿童之幸福驿站（听音乐、看书、读报、视频电话），成立"博畅"文学社，出版《文畅报》，开通"博畅之声"校园广播站，打造"博畅"文化艺术节（文艺演出、体操比赛、校歌比赛），组织"博畅"文化主题征文活动，打造矿石博物馆，创建学期博畅主题论坛，开展"博畅师者"与"博畅学子"年度评选……整个校园就像博畅文化为主导的舒适的幸福乐园。

以博畅文化为指引，常态开展"博畅杯"师生拔河联谊赛（3月）、学期"生活达人"寄宿生生活技能比赛、"博畅杯"庆六一文艺会演（6月）、"博畅师者"颁奖典礼（9月）、"畅语杯"中小学生现场作文竞赛（10月）、"奥博杯"小学生数学竞赛（10月）、博畅主题论坛（学期末）、"博畅杯"师生趣味运动会（11月）、"博畅杯"远足与爬山比赛、"博文杯"英语单词竞赛活动（12月）、庆元旦歌咏暨广播体操比赛（12月）。

（此研究成果为甘肃省教科研十三五重点课题《新时代"五育"融合在乡村学校的实践研究》结题报告）

附录2：北辰小学星光文化规划手册

视觉文化识别系统（VI）

【标准字】

中文：北辰小学（由著名书法家郑虎林老师书写）

英文：BEICHEN PRIMARY SCHOOL

中英文组合：

【标准色】

星光蓝（蓝色趋深）

深红（R：103，G：11，B：10；C：53，M：100，Y：100，K：41）

【校旗】（略）

【校徽】（设计师：杨大树）

释义：

巍巍仇池山，涓涓漾水河。一个是始祖文化的发源地，一个是先秦文化的孕育者。万千星辰属北极星最亮，北辰小学愿意做莘莘学子求学路上的北辰星，带领学子们"逐光而行，向美而生"。校徽设计以始祖文化和先秦文化为源头，对秦小篆"北辰"二字予以转化，横平竖直的架构方式形成一个秩序的组合字形，其形似青铜大鼎，厚重稳实。"北"字又形似两个背靠背的人，象征团结友爱、互帮互助；"辰"字下部酷似奔跑的人，象征北辰师生的逐光、向美、追梦的精神。校徽边缘文字间隙中间有总共七个小五星，象征北斗七星，2020标识为北辰小学建校元年。

【吉祥物】星宝（设计师：严秋明）

（可成为奖品，通过财商课程星宝币购买兑换，结合红领巾争章活动）

【校歌】（略）

【校服】（略）

【校花】向日葵

释义：逐光向美。

【文化传承读物】《北极星》

作者：（加拿大）彼得·雷诺兹（Peter H. Reynolds），1961年出生于加拿大，毕业于美国麻省艺术学院，现居住马萨诸塞州戴德海姆。《纽约时报》畅销童书作家、插画家、艺术家，著有多部得奖和畅销作品。他的童书素以传递"真正的学习、创造和自我表达"而著名，作品有《点》《味儿》《有一天》《北极星》《罗丝的花园》《天空的颜色》《我的大大的小世界》等。

内容简介：一阵轻柔的风吹过，一个小男孩醒来开始了旅程。他慢慢会爬、会站、会走、会跑。他一边漫步，一边探索和感受新鲜的世界。有时候他转个圈、跳个舞，还会歇一歇，睡上一会儿。有一天，一只兔子从他身边匆匆跑过。他追兔子到了一个路口，碰到一只猫。猫催他开始旅程。小男孩沿着兔子跑过的那条路开始往前走，慢慢迷了路。有次为了追橡树叶，他离开了那条路，而猫又出现催他走回了那条路。后来他陷入沼泽，迷失了方向。沼泽中一只鸟儿的提示，让小男孩发现了给他指路的星星。在跟随星星走出沼泽地的过程中，一只青蛙让他明白了每个人都有各自不同的旅程、不同的路标、不同的星星。走出沼泽后，他救了之前那只急匆匆赶路的兔子。之后，小男孩走上了属于自己的旅程。

《北极星》英文原版由 FableVision 于 1997 年首次出版，2009 年 Candlewick Press 再版，以全新的版本庆祝《北极星》自己走过的旅程。2014 年简体中文版的出版，让这本书又踏上了一段崭新的旅程。

入选理由：书名契合北辰小学学校文化建设理念。人们常说，人生是一段旅程。说得没错。当社会以它固有的标准鞭策我们，把很多人都在走的那条路摆在我们面前，大多数人开始都会不可避免地走上那条路。但是，当我们渐渐迷失方向，而路标却指向很多不同的路口时，我们很难知道该走哪一条路。这个时候，花点时间，停下脚步，思考一下自己到底要去哪里；抬头望望天空，找到属于自己的那颗北极星，属于自己的路。然后，勇敢前行，去追逐自己的梦想。著名童书作家、插画家彼得·雷诺兹以他那独具风格的线条、色彩和画风，以及充满启迪意味的故事，激励我们去观察、去思索，想一想是否要离开很多人走过的那条路，去追寻自己的梦想，开始属于自己的美好旅程。

【视觉文化标识范围】

学校公众号、文化手册及新闻稿等宣传文稿；教师工作手册、班主任工作手册、备课本等各类工作手册及作业本；学校行事历、德育、少先队、教务、总务等工作历；教师办公室等摆放标识物，诸如校旗支架；PPT演示模板。

精神理念识别系统（MI）

【核心价值观】逐光

释义：逐，原意为追赶，引申为向往，趋向。逐光，即向着光明出发，有引领向上、追求灿烂光明的寓意。从"北辰"原意"北极星"提炼而出的逐光核心价值观，预示着北辰教育人将立足脚下，并通过刻苦务实让北辰教育走向光明未来。

这里的"光"其意有三，一是指教育学生树立正确的人生观、未来观，使学生学业有成、前程光明；二是指通过教书育人，培养具有专业素养和远大抱负的教育团队，促使教师个人发展走向光明，取得令人瞩目的成就；三是通过立足教育教学建成较有文化学术氛围、具有较高社会认可度的学校。

【办学宗旨】践行星光教育，让每个师生都发光

【办学理念】点亮人生，引领未来（星光教育理念）

【办学愿景】家长青睐　社会满意　陇原一流

【办学目标】办一所充满光、充满爱和智慧的学校

释义：高扬教育是开启智慧、涵养精神与灿烂生命的信念旗帜，过幸福而完整的教育生活。

【新教育生活样态】爱读写、好运动、育涵养、勤实践、享智能

【学校精神】做最好的自己，成为最亮的星

【育人目标】培养品行优、活力足、兴趣广、志向远的追光者

释义：从品德、精神、兴趣、志向四方面确定学校育人目标。古人历来重视道德修养，修身、齐家、治国、平天下，修身为最基本的道德规范。而现代教育学家赫尔巴特依据其伦理学思想，论述了教育的目的，在他看来，教育目的可分为两部分，即"选择的目的与道德的目的"。选择的目的又称"可能的目的"，它是指培养和发展儿童多方面的能力和兴趣，以便其将来选择职业；道德的目的，则是指通过教育培养品行优良的人格。

"问渠那得清如许？为有源头活水来。"宋代理学大师朱熹所写的这句诗，包含着隽永的意味和深刻的哲理，说明了活力来源于源源不断的学习，来源于追根究底的精神，来源于志存高远、上下求索的决心。

【校训】逐光而行，向美而生

释义：满天星斗，北极星守望征途；浩瀚星空，北辰温暖相伴。逐光而行，向美而生，既是天性使然，也是人生应该追寻的一种状态。逐光，代表团结向上，向美，代表创新发展，光和美，指引每一个北辰人向着明亮方向前行。我们是追光者，不断追寻梦想！北辰人，一直在路上……

【校风】求真、诚信、明德、尚美

【教风】启智、创新、厚德、育美

【学风】争先、明理、正德、学美

释义："为政以德，譬如北辰。"逐光路上，德字为先，我们必须要有求真的精神、向美的志向。三风紧密围绕校训，衍生出不同层面的育人要求，教师厚德育美，学生正德学美，学校整体风气是明德尚美。

《礼记》说："大学之道，在明明德，在亲民，在止于至善。"此处之明德，既是弘扬光明正大的品德，以德立校，厚德载物，

文化育校，正德厚生，又强调了学校对国家社会的责任。一所有浓厚文化底蕴的学校，学风要阳光而积极向上；对教师而言，则要过幸福而完整的教育生活。古人从天地生养万物的过程中，看到了天地真实无妄、自强不息的特征，就把这种特征称作"诚"，并由此推出人的行为准则："是故诚者，天之道也；思诚者，人之道也。"指出了人应思诚而与天道相通。孔子教育他的学生对待学习的态度是："知之为知之，不知为不知。"谈个人修养和待人之道时多次说到"信"："为人谋而不忠乎？与朋友交而不信乎？"因而，诚信是为人处世之根本，当为学校文化不可或缺的元素。

美，原意指美好的事物，引申为美德，完备完美。我国古代教育家孔子视美育为人格完成的必修课。在中国古代，"美"代表了君子之风，更是一种高尚的人格。苏霍姆林斯基也认为："美，是道德纯洁，精神丰富，体魄健全的强大源泉。"引导学生崇尚美好品德、塑造高尚品质，是现代学校的最终目标。美的教育不只是愿景，而且是师生思想和一切教育行为的指南，更是学校前进的方向和学校发展的动力源泉。

学校文化对应的育美、学美，分别从教师角度和学生角度出发，明确以美育为核心的育人方向，坚持以学习美好品德为高尚情操；而真、智、理三个维度的提出，是引导学生崇尚科学、追求智慧真理和确立"做最好的自己，成为最亮的星"的学校精神。

（精神理念注释部分修改由李春风、吕敏讷、张玉莲、朱雪晴、钱欢欣等参与完成）

【教师誓词】

我志愿成为一名人民教师，忠诚党的教育事业，遵守教育法律法规，履行教书育人职责，引领学生健康成长，做到有理想信念、有道德情操、有扎实学识、有仁爱之心，为教育发展、国家繁荣和民族振兴努力奋斗。宣誓人：×××

【学生誓词】

今日之责任，不在他人，而全在我少年。少年智则国智，少年富则国富，少年强则国强，少年独立则国独立，少年自由则国自由，少年进步则国进步，少年胜于欧洲则国胜于欧洲，少年雄于地球则国雄于地球。红日初升，其道大光，前途似海，来日方长。美哉我少年中国，与天不老；壮哉我中国少年，与国无疆！
（梁启超《少年中国说》改）

【门廊楹联】

仰望星空腾蛟起凤鼓斗志；足履实地善学笃行书华章。

释义：2010年全国高考命题作文《仰望星空与脚踏实地》命题比较深入人心，背景为诗歌《仰望星空》，后北京航空航天大学将其作为校歌。仰望星空即表达了展望未来的意思，脚踏实地，是说从脚下土地出发，求真务实地向前走。

【北辰语录】

1.做最好的自己，成为最亮的星。

2.最好的我，最亮的星。

3.我们都是小星星，遇见最好的自己，争做最亮星。

4.过幸福而完整的教育生活。

5.向着北极星的方向前进！

6.让每一颗星星闪闪发光！

7.北辰，梦开始的地方。

8.永耀北辰，北辰永耀。

9.为每一个学生的美好未来引领方向。

10.让每一个孩子拥有向上的力量。

11.北辰璀璨，幸福有你。

12.向阳而生，逐光而行。

13.万千星辰，逐光而行；群星闪耀，幸福有我。

14.点亮人生，引领未来。

15. 逐光而行，向美而生。

16. 星辰大海，逐光启航。

17. 星光灿烂，卓越人生。

18. 文明北辰，我的光荣；北辰文明，我的责任。

19. 手捧星光，逐梦而行。

20. 仰望星空，足履实地。

21. 世上所有的惊喜与幸运，都是你累积的美好和善良。

22. 心之所向，星辰大海，诗与远方。

23. 在北辰，处处是机会，只要你努力，就一定会发光发热。

24. 问道何惧星辰远，读书方知日月新。

25. 北辰"星光"，熠熠生辉。

26. 心中有光，脚下有路。

27. 做一颗星星，努力发光。

28. 像一颗星星一样，努力发光。

29. 星星在努力发光，我也要加油。

30. 心里藏着小星星，生活才能亮晶晶。

31. 能遇见你，是银河赠我的糖。

32. 保持光和热，奔赴下场山海。

33. 做颗星星，有棱有角，努力发光，这样的人生注定光芒万丈。

34. 要善良，要勇敢，要像星星一样努力发光。

35. 面向阳光，自信成长。

36. 每颗小星星都拥有自己的光芒。

37. 点点繁星，璀璨耀眼。

38. 星星点灯，照亮夜空。

39. 红星闪闪放光彩，红星灿灿暖人心。

40. 做银河中最闪亮的星星。

41. 目之所及，光芒万丈。

42. 银河以北，吾彦最美。

43. 北辰守护，温暖相伴。

44. 你的自律之光配得上世间所有美好。

45. 光之所至，皆是向上的力量。

46. 看见光，追随光，成为光，散发光。

47. 夜空因星星而美丽，凡人因理想而成功。

48. 星星是夜空中闪光的哨兵。

49. 梦想之石，敲出星星之火。

50. 星星之火，可以燎原。

51. 幸福就是星星之光，透过缝隙随处闪烁。

52. 星星撒满夜空，童趣填满校园。

53. 星星使天空绚烂夺目，读书使人生永远泛光。

54. 像星星一样从容不断地前行。

55. 让书籍绽放星星的光芒。

56. 我们是小天使，沐浴在星光里。

57. 让梦想的光芒一步步照进现实。

【通向一流小学教育的路径】

1. 坚持五育融合的育人模式。

2. 优化时间管理，尤其是作息和课时调整。

3. 坚持课程与教学改革。

4. 持续提升课堂质量。

5. 全力改变学习方式。

6. 推进有效作业、优化作业设计与考试管理方式。

7. 加强教学资源与学校信息化建设。

8. 长效开展师训，全面优化教师发展。

9. 构建和谐氛围，推进管理系统变革。

【六项核心教育目标】

1. 快乐　愉快的学习，我们最应该给予孩子的是快乐。

2.兴趣　兴趣第一，我们应把培养学生的兴趣放在教育之前。

3.习惯　我们应该明白，教育就是培养习惯，习惯决定命运。

（小学教育必须培养三大习惯：阅读习惯、问题意识和统筹时间，其中阅读习惯尤为重要。）

4.天性　我们要顺应孩子的天性，发展孩子的个性，遵循孩子身心发展规律。

5.基础　我们要做为未来奠基的教育，必须启蒙孩子，夯实基础，博学未来。

6.智慧　我们要发展学生的智力，要及时开发学生的能力，发展学生的学习力、思考力、创造力、想象力，发现问题和解决问题的能力。

【党建工作思路】

品牌——星耀北辰，红星向党；以党建带队建，开展"1+N"搞好课程改革，践行"星光课堂""青苗课堂"……

【北辰大事记】

用"北辰年轮"的形式形成校史积累。

【北辰教育叙事】

以"北辰故事"的形式记载教育片段，推进学校教师的专业成长。

西和是乞巧文化、始祖文化和秦文化的发祥地之一。北辰小学地处西和县城正北，具有明显的地方文化特色和深厚的历史底蕴。学校的文化规划以乞巧文化的星汉和艺术元素、始祖文化的农耕和礼仪元素、秦文化的海纳百川和兼容并包的气质来建构星光文化，以此来滋养师生的成长，塑造师生的未来。

爱读写、好运动、育涵养、勤实践、享智能，这是一种纯粹的新教育生活，知书达礼、多才多艺是学校未来育美的重要导向。为此，学校将以乞巧文化元素为蓝本，不断开发具有乞巧元素的课程来提升学生的美育涵养；以始祖文化元素为蓝本开发与农耕文明礼仪课程来培养学生的良好习惯与实践能力；以秦文化元素为蓝本开发运动和创新课程体系，以此来培养学生的创新和发展能力。

行为标识系统（BI）

【学校组织系统】

行政管理中心（含党建、工会、共青团、妇委会）、社团活动中心、后勤保障中心、教师发展中心、教学管理中心、学生发展中心（含少先队）、技术服务中心共"七大中心"，智慧校园提供信息化综合服务。

以教务、教研、德育和少先队工作历的形式统筹工作，以《北辰教学简报》《北辰德育简报》《北辰社团简报》《北辰党建》和《少年先锋》简报的形式形成管理档案。

【教师礼仪规范】

教师文化：从知识育人走向文化育人

培训载体：北辰师训讲堂

礼仪规范重点载体：优秀教师、优秀班主任、先进教育工作者、功勋教师、星级教师颁奖典礼

学校标识载体：师生校服；办公桌等学校物化标识

【学生礼仪规范】

德育模式：构建"一核（养成教育主题化）、两翼（德育活动化、德育合力化）、三常规［评价精准（日常评价、红领巾争章、北辰之星评选）、评价多元（北辰之星系列奖项，社团承载）、评价多方（每周每月每学期为周期评价周期，从家长、教师、班级到学校）］"的育美德育模式。

行为文化:《北辰学子N个细节习惯》;北辰小学课堂常规(《北辰小学课堂学习常规及评价办法》);《北辰小学各科作业规范》;放学诵读篇章《书座右》(宋·张绎);学生发型、红领巾佩戴及校服穿着具体要求;北辰小学新生入学课程;少先队基本知识;少年交警队。

北辰之星系列学生奖项评选;星级学生评选与学校红领巾争章活动有效衔接;德育"四讲"[时时讲、天天讲(晨训)、周周讲、月月讲](文明监督员、小小讲解员、红领巾广播员)。

各班基础章的评选必须严格依据奖章评选细则和班级优化大师积分。考核以月为单位,每班每月共设15枚,表现较好的学生可重复授章,月底各中队负责人在班队会上宣布评选结果,并前往大队部备案盖章。学期末清零;学校层面每月每班在获得基础章的学生中奖励3名北辰之星(七选三),授予奖状和奖品。

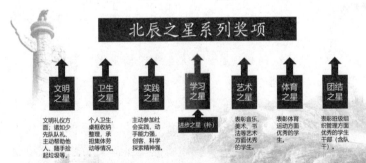

北辰之星系列奖项

文明之星 —— 文明礼仪方面;诸如少先队礼,主动帮助他人、随手捡起垃圾等。

卫生之星 —— 个人卫生,桌я收纳整理,承担集体劳动等情况。

实践之星 —— 主动参加社会实践,动手能力强,创客、科学探索精神强。

学习之星 —— 进步之星(补)

艺术之星 —— 表彰音乐、美术、书法等艺术方面优秀的学生。

体育之星 —— 表彰体育运动方面优秀的学生。

团结之星 —— 表彰班级组织管理方面优秀的学生干部(含队干)。

本奖项与红领巾争章活动相辅相成,各班每月推荐的3名北辰之星可以是同一类别,也可以是除学习之星外的任意3个类别。每月28日前将名单报送少先大队部。学期末系列奖项全覆盖。学习之星仅在每学期期中和期末考试成绩公布后推荐,具体名额由教导处根据每次考试情况直接确定。

北辰小学红领巾徽章设计

【星宝币】

学校成长评价采用单学科分项等级累进式评价，均为电子档案，寒暑假发放纸质评价书。

环境文化识别系统（EI）

导向：以交互式设计为前提，使用立体化思维构建校园文化，尽力避免平面思维，打造属于孩子的童年展览馆。

【建筑物语】

走廊文化（学生发展目标、课程体系构成、北辰N条习惯、学生核心素养、通行提醒、课堂常规、二维码注解）

办公室文化（中国学生核心素养解读；新时代教师职业行为

十项准则；中小学教师职业道德规范、达克效应曲线图）

活动区文化

【校园人文景观】

1.主题雕塑（日晷、二十四节气石等）与主题浮雕（核心价值观）

2.一楼"蓝色的星球"文化长廊（宇宙与科技）

3.二楼"我们的祖国"文化长廊（爱国与奉献）

4.三楼"和而不同，美美与共"文化长廊（艺术与人文）

5.四楼"文字的故事"文化长廊（传统与未来）

以上走廊间杂（北辰小学学生课堂规范、作业规范、红领巾争章相关、N条细节习惯、校花校徽学校传承读物介绍、楼梯通行提醒等）

6.读书长廊（木质）

7.学生文化墙（星形笑脸墙）

8.学校博物馆（教师博物馆、校史馆）

9.辰基教师书吧（教师繁星读书会）

10.星光小舞台

11.辰达大厅［校名校徽下：逐光而行，向美而生；群星璀璨（笑脸墙）；我们都是追光者；学校精神；北辰学子六年必做事；北辰新教育样态；北辰育人目标］

其他：教室墙群有机板处理，一楼读书位的建设，校内侧墙绿植，互动航空教室，智能机器人研发，音乐、舞蹈教室专用音响配备。

【楼层功能室分布安排】

一楼：卫生室、体育器材室

二楼：书法美术教室、少先队活动室、北辰乞巧苑

三楼：科学实验室一、微机室一、北辰匠工坊

四楼：图书室、北辰书苑、微机室二

五楼：校史档案室、资料室、多功能大厅、党员活动室、心理咨询室、音乐教室、舞蹈教室

【规划建设】

北辰书画苑（书法美术教室）、北辰乞巧苑（剪纸、草编、刺绣、石头画、编织、裁缝等）、北辰书香苑（繁星读书会、师生阅览与访客接待）；北辰匠工坊（木工、金工、电工、烙画和拆卸安装等）、北辰心悦坊（心理咨询室）；北辰声乐湾（音乐教室），北辰形体室（舞蹈教室）；北辰校史馆（校史陈列），北辰星光文化学习馆

【新建综合楼】

棋艺室、陶艺室、茶艺室、厨艺室；北辰科技苑（含 STEM 课程教室、科学教室二、创客工坊）；北辰书香苑（师生阅览室、图书室、小型报告厅全整合）；12 间教室；二楼至一楼滑梯改造（侧面二楼木质滑梯）

【新辟地】

北辰生态园（植物动物角等）、趣味活动场（含鼓镲），农具博览园（农艺馆）

【体育场地】

乒乓球、篮球、足球等（开放式球类管理间），星形师生笑脸墙，分年级涂鸦墙

【智慧校园】

考勤系统、评价系统、家校沟通平台、校史记载、学生成长记录；二维码宣传系统

星光教育理念

北辰小学以"点亮人生，引领未来"为办学理念，践行星光

教育，让每一位师生都发光。着力打造以"星光教育"为特色的课程体系，极力推动课程创新和教育教学改革，营造适合学生成长的教育环境，促进学校新时代高质量发展。

爱读写、好运动、育涵养、勤实践、享智能，这是一种纯粹的新教育生活，知书达礼、多才多艺是学校未来育美的重要导向。为此，学校将以乞巧文化元素为蓝本，不断开发具有乞巧元素的课程，提升学生的美育涵养；以始祖文化元素为蓝本开发与农耕文明礼仪课程，培养学生的良好习惯与实践能力；以秦文化元素为蓝本开发运动和创新课程体系，以此来培养学生的创新和发展能力。

一、星光教育核心思想

学校以"星光教育"作为核心办学思想，源自以下几个方面：

一是源于校名及地方文化的孕育。

学校地处西和县城正北，地域具有明显的地方文化特色和深厚的历史底蕴。学校的文化规划以乞巧文化的星汉和艺术元素、始祖文化的农耕和礼仪元素、秦文化的海纳百川和兼容并包的气质来建构星光文化，以此来滋养师生的成长、塑造师生的未来。在"星光"校本文化的基础上提出"星光教育"。以"点亮人生，引领未来"为办学理念，培养全面而有个性的星光少年，让每个孩子成为最闪亮的自己。学校以"星光"教育为特色，孕育着闪亮、探索和创新。

二是源于对教育本真的追求。

"星光教育"旨在尊重儿童、走近儿童，倡导幸福而完整的教育，回归教育本真。点亮人生，意味着让每个孩子都发光，每个孩子光芒也不同，但都在努力发光。引领未来，意味着每一个师生都是一颗星星、一个希望；人生有无限可能，通过无限的努力，让每个师生有一个明亮的前途，通过我们的教育都能迸发出夺目光彩。

三是源于对儿童个性发展的尊重。

学校的立足点与出发点是基于"人"的个性发展，寻找适应儿童未来生存与生活的个性价值追求，注重培养全面而有个性的学生，办融合、开放、多元的高品质教育。

学生是小星星——充满活力，自身渴望发出灿烂的光芒；

教师是启明星——闪亮自己的同时引导小星星发出光芒；

家长是北极星——做引领者，用榜样的力量指引小星星；

学校是星空——追求群星璀璨的景象，是星星们成长的摇篮，也是启明星闪耀的舞台，更是北极星守护和期待的未来。

二、星光课程体系

北辰小学课程文化：有积极影响的所有教育元素都是课程。课程是赋予师生生命成长的重要载体。学校通过星光课堂内外叠加，学校、家庭的碰撞，以及各种形式相互作用，由量变到质变，最终让知识与社会生活、师生生命达成共鸣。星光课程的开发就是让每一位师生在课程实践中都能找到属于自己的那颗星。课程以"结构均衡、素养导向、学为中心"为价值取向，聚焦"星光少年"培养目标的课程体系。由明德课程、启智课程、健体课程、尚美课程、劳育课程五大场域课程领域构成，共 9 类约 32 个校本课程。

星光课程体系

一、课程文化：有积极影响的所有教育元素都是课程

五大场域课程：

明德课程：道德与法治

启智课程：语文、英语、数学、科学、信息技术

健体课程：体育、生命教育、心理健康教育、安全教育

尚美课程：音乐、美术

劳育课程：劳技

北辰小学星光课程体系规划

明德课程 必修	明德课程 选修	启智课程 必修	启智课程 选修	健体课程 必修	健体课程 选修	尚美课程 必修	尚美课程 选修	劳育课程 必修	劳育课程 选修	专项课程	融合探究课程（PBL）	校园四节	主题活动课程	师训课程
语文	绘本阅读	数学	智造工坊（创意搭建发明create）	体育	健康的秘密	音乐	书画鉴赏	劳动技术	快乐农庄	思维训练（数学计算与解决问题）	趣味活动场	校园读写节（戏剧节）	新生入学礼（含新生入学课程）	微课制作
英语	故事商店	科学	机器人竞赛	生命教育	中华武术	美术	北辰合唱	实践课程	山水田园	阅读专项	环保研学	校园艺术节	入队礼（含队前教育系列课程）	粉笔字比赛
道德与法治	红领巾播音	信息技术	人工智能	心理健康教育	韵律操		辰光舞蹈	（生活、服务、农、耕）	花卉栽培	书法训练	远足活动	校园健体节	成长礼	演讲与朗诵
	美好阅读		海陆空模型		安全教育		音乐欣赏		厨艺展示	英语口语	乞巧、始祖和秦文化之旅	校园科技节	毕业礼（含毕业生日记课程）	少先队知识培训
	演讲与口才		益智器具		军旅乐园		音乐敲敲			人工智能	小城说数			信息素养提升培训
	智慧文学（课本剧）		电子百拼		中国象棋		蛋壳画			古诗词素养	社区实践			班级管理能力提升
	中华传统节日		积木乐园		中国围棋		衍纸							教学能力提升
	鉴赏教育		创客课程		五子棋		葫芦画与刺绣							
			启辰理财		乒乓球		辰娃戏曲吧							
			启辰科技（七彩数、魔方、极速码、鸡蛋撞地球）		篮球		翰墨书法							
			口心算		羽毛球		七彩美术							
					足球		诗词鉴赏							
					跳绳		口风琴							
							辰娃泥塑							
							辰娃文创剧社							
							向日葵绘本剧社							
							剪纸艺术							
							北辰乞巧							

考核展示	公开课体系（个人选择公开时间）	
校园四节	基础课程常态公开课	美术实践教研课
绘本公开课	班队活动公开课	科学实践教研课
微课大赛	养成教育社队公开课	高年级群文阅读公开课
生活小达人劳动技能比赛	绘本阅读教学公开课	数学计算能力专项培训
项目式教学（PBL）成果展示	英文经典诵读公开课	同课异构比较课
心理健康系列活动	信息技术应用公开课	
星光小舞台	个体美常态态公开课	
歌咏比赛	音乐社团公开课	
大课间比赛	舞蹈社团公开课	

课程说明：国家基础课程适时试行35分钟课堂、社团活动课程集中开展；课后服务全覆盖。
基础课程建设执行流程：任务导引、探究质疑、引领思维、评价巩固。
课堂学习建设方法：小组合作的形式、学习任务驱动、创设情境教学、软件评价衡量。
体育教学模式：健康知识+基本运动技能+专项运动技能
课程文化：有积极影响的所有教育元素都是课程

二、学校课程规划

启动校编教材编写（乞巧仇池始祖三国文化读本、文学阅读推广读本、科技发明等），用于社团课程支撑。

诸如以新教育课程实验为例，推进"二十四节气"校本课程的研发。以二十四节气为主题，每个月围绕两个节气，语文学科关注作家笔下的二十四节气，感受诗词之美；数学学科开展与之相关的日期等的统计与分析；音美艺术学科关注艺术素养中的二十四节气；科学学科探索二十四节气成因，开展大气物候学观察；劳动及综合实践活动开展与节气匹配的一些劳动实践教学。也就是说围绕这个主题，各学科协作进行系统多学科探究，变学科逻辑教学为生活逻辑为主线学习，实现五育融合共生。

启动"双减"背景下的有效作业习题集研发，用于教育教学

质量提升。启动国学选读（低段：《千字文》《三字经》和《百家
姓》；高段：《笠翁对韵》《增广贤文》或《论语》等），研发国学
素养评价手册，推进学生国学素养提升。

序号	拟研发教材（使用教材）	参与人员	备注
1	有效作业集	县级优秀学科教师	
2	跨学科学习（融合探究课程）教材	各年级组	
3	社团活动教材	各社团负责教师	
4	群文阅读教材	省教科院	
5	新教育推荐读物	新教育研究院	
6	星报合订本	技术服务中心	
7	学校文化传承读物《北极星》	北辰书香苑	
7	公众号汇编	行政管理中心	
8	教育叙事汇编	教师发展中心	
9	北辰故事图片集	行政管理中心	

（一）基础性课程：

国家课程（试行35分钟或长短课堂、社团日集中活动，推
进大小班走班分层教学）

基础课程建议执行流程：任务导引，探究质疑，引领思维，
评价巩固

课堂学习建议方法：小组合作的形式，学习任务驱动，创设
情境教学，软件评价推进

体育教学模式：健康知识＋基本运动技能＋专项运动技能

（二）专项课程

阅读与习作、书法训练（两者以晨诵和午练为支撑）；古诗
词大赛（全员检测）。

数学计算与解决问题（思维训练）。

英语口语、听力。

科学实验。

劳动教育课程：学校耕读园，生命课程（养殖"喜羊羊"）。

【假期劳动周实践课程】生活实践（清洁卫生、厨艺展示、收纳整理、购物规划、玩具制作、家电修用、新技术应用），农艺实践（生产劳动、养蚕记录、培育新苗、鸟窝搭建、花卉栽植），社区服务（义工行动、家务协助、美育实践）。

【10月10日世界精神卫生日】心理健康系列活动：体育赛场发泄、心理健康电影《心灵奇旅》（学生写短评办手抄报）、给亲人和自己一年后的信（慢递）、写给自己未来的祈愿贴。

心理健康教育品牌：心理咨询室命名——北辰心悦坊；选拔心理辅导委员；通过心悦读（阅读）、心悦谈（谈心疏导）、心悦动（健体）、心悦析（访谈案例）和心悦享（教学设计与课程安排），形成北辰小学自己的心悦品牌。

（三）"星光场域"选择性课程

以社团活动式和家长导师制实施。

1.艺术审美与休闲健身学习领域

核心词（尚美）

形式：书画鉴赏、合唱、舞蹈、绘本阅读、音乐欣赏、室内外韵律操、眼保健操、开放式大课间、乒乓球、趣味活动场、跟着老师去远足活动；武术、中国鼓镲、棋类社团；故事商店；播音；智造工坊（工艺坊）（创客课程）：蛋壳画、衍纸、葫芦画、烙画课程（楼道装饰）、辰娃陶吧

2.科学知识与活动技能学习领域

核心词（求真）

形式：信息技术、劳动技术、理财课程、学科竞赛、学农学军、山水田园课程；智造工坊（创意坊）（创客课程）：益智器具、手工制作、电子百拼、创意搭建、积木乐园、创意发明、Scratch编程；人工智能机器人

3.人与自然和人与社会学习领域

核心词（明德）

形式：美好阅读（阅读记录册、繁星读书会）、朗诵与演讲、文学社（校报）、传统文化学习、环保研学、红色教育实践、社区共育、农耕种植园（五楼顶）；诸如：劳动教育分生活课程（收纳整理、文明礼仪、管理服务）、劳作课程（农耕园地、田园探索）、服务课程（志愿服务、敬老义工）三大类

4.心理健康与主体发展学习领域

核心词（诚信）

形式：养成教育主题活动、爱国教育、健康教育、班会活动、心理辅导、小城说教（高年级组）

（四）融合探究课程

1.趣味活动场

（趣味性为主，举办趣味运动会或开拓活动场，充分推进幼小衔接）

2.环保研学

（认识植物、变废为宝、分类计算、垃圾分类、实验课堂、生活测量……）

3.跟着校长去远足活动

（推进学生的秩序教育、挫折教育和性别教育）

4.乞巧、始祖和秦文化之旅

（本土文化教育：溯历史、编绘本、析传承、勤表达、听古乐、赏气度、述尚武、践美育……）

5.小城说教

（写小城、话小城、读小城、阅小城、绘小城，体验小城不同群体的艰辛……）

6.社区实践系列

（做义工、开展志愿服务、参与社会管理、开展公德宣

传……与毕业礼结合)

（五）校园四节

1.星光科技节（12月中旬）

纸飞机投掷赛、七巧板、魔方比赛、鸡蛋撞地球、水火箭、汉诺塔、数字华容道、意面搭桥等项目，科学公开课；全校开展科普知识活动内容：读一本科普书刊，讲一个科学家的故事，看一场科普电影，画一张科幻画，出刊一期科技小报、黑板报；做一个科学小实验，搞一项科技小发明、小制作；提一条科技创新"金点子"，参加一项科技体验活动（包含：科幻画作品成果展示、科技节活动图片展览、科普知识宣传、科协大篷车知识宣传、吸管搭高亲子比赛、科学小实验体验活动）；科技黑板报、花叶标本制作、科学幻想画、科技小制作、科学DV、科普演讲、遥控车障碍赛、航模比赛

（于三年内完成科技教育相关校本教材研发，教师可参与科创、微课大赛等）

2.星光健体节（10月中旬）

礼仪操，武术操，田径运动会，拔河比赛，趣味运动会

3.星光艺术节（5月下旬）

以少先队新队员入队仪式、我与队旗合个影、我的生活我来绘及六一前的艺术展演为主

4.星光读写节（4月中旬）

宗旨是：爱读写、践"六"字（读：常态化开展每日早读，课余时间阅读课外书20分钟以上。练：每天中午练习硬笔或软笔20分钟以上。尽：履行责任，在书法课堂中获得好成果。作：四年级以上学生创作一本自己酝酿撰写的书籍或读书文摘。秀：我型我秀，以话剧、朗诵、思维导图和书写比赛等方式展示自己的读写成果。赞：关注同伴的作品并博采众长，品味读写乐趣，点燃自己新的梦想。）

＊首届仪式上启动校报《星》，推荐书目；绘制思维导图、阅读存折、读书小报；开展师生话剧表演、朗诵比赛；邀请作家进校园；评比阅读小能手、书香家庭等。

（于三年内完成读写教育相关校本教材研发）

（六）礼仪典礼（四礼：入学礼、入队礼、成长礼、毕业礼）

1．入学礼（新生）

以新生入学课程为重点开展：（1）新生入学印记（手印）；（2）发放入学通知书；（3）入学笑脸墙（电子信息采集）；（4）吉祥物（星宝）；（5）学生桌牌；（6）家校共育习惯一览；（7）授中队牌；（8）授班牌、班旗；（9）收集心愿瓶（六年后开启）；（10）开笔礼；（11）新生入学 N 条习惯要求。

2．入队礼（新生）

开展队前教育，主题班队课。

3．成长礼（四年级）

"遇见成长，预见未来"成长树绘制。

4．毕业礼（六年级）

以毕业课程为重点开展：（1）毕业典礼；（2）离校印记（手印）；（3）电子档案；（4）成长手册；（5）封存班旗队旗（签名）；（6）写给二十年后的信（返校开启）。

（七）课程考核

形式一：

校园四节、绘本公开课、微课大赛、生活小达人劳动技能比赛、项目式教学法（PBL）成果展示、心理健康系列活动、星光小舞台、歌咏比赛、大课间比赛；同课异构

形式二：

基础课程常态公开课、班队活动公开课、养成教育班队公开课、绘本阅读教学公开课、英文绘本阅读公开课、信息技术应用公开课、音体美常态公开课、音乐社团公开课、舞蹈社团公开

课、美术实践教研课、科学实践教研课、高年级群文阅读公开课、数学计算能力专项课、群文阅读示范课

（八）月度课程特色

2月：传统文化教育月（弘扬传统，学会感恩）

3月：习惯养成教育月

4月：阅读主题活动月

5月：音乐文化活动月

6月：美术文化活动月

7月、8月：研学实践活动月

9月：英语课程文化月

10月：体育文化活动月

11月：信息技术活动月

12月：数学科学活动月

（九）师训课程

教师基本功过关比赛：

项目为三笔字、普通话、文本解读、信息技术素养提升、微课教学大赛等

北辰师训基本项目：

一是备课环节，包含撰写教案、编制导学案及新课标倡导的大单元教学设计，跨学科实践活动案例设计，集体备课的侧重点及流程。二是上课环节，传统讲授法基本课堂模式的创新与运用，新课标倡导的合作学习及学科实践活动的推进。三是观课议课环节，包括如何做学情观察、课堂诊断、观议课记录填写，议课发言。四是说课环节，包含大单元说课与课时说课，说课课件的制作，学习任务群的创建说明。五是微课制作与运用，包含微课教案、课件，课堂流程及注意事项。六是符合新课标理念的课堂常规培训，包括教学一体机的使用、微课程制作、网络资源的运用和学科新课标运用等。

　　另外，逐步开展繁星读书会（阅读引领），少先队知识普及培训，课堂常规培训，班级文化建设培训（红领巾争章＋日常信息化评价），新教师专题培训，青年教师成长训练营校外拓展（团建），学科集中教研，北辰星光论坛，课程标准解读。

　　师训语录：1.硬件的改变不会成就一所好学校，只有教师素养的提升才能成就北辰的发展，才能让教育变得更专业。2.改革总是会有人质疑的，学着成长，让自己变得强大，用优秀和成功颠覆质疑。3."北辰师训"，一个响亮的宣言，通过学习，收获一个能够改变和逐渐成长的自己。4."双减"背景下，最应该参加考试的是校长和老师，最应该改变的是评价和德育。

制度文化

一、行政班子工作管理制度

（一）校务公开

1.学校的重大改革决策公开，包括学校发展规划、重大改革方案、年度工作计划、重大决策、重要决定等公开。

2.学校的重要政务公开，如招生事务公开，包括招生的政策依据、指标、录取分数线、录取结果、录取学生名单等公开。

3.学生的管理事务公开，包括学生推优、评先、奖惩等公开。

4.收费公开，包括收费政策依据、项目、标准、范围、代收代办的收费项目等公开。

5.财务、审计事务公开，包括财务预决算、财政拨款、学杂费各种创收支出、各种专项资金的使用和管理、教学与科研经费的划拨和使用情况等公开。

6.干部人事工作公开，包括部门改革方案，干部选任，党员发展工作教师、干部、职工的聘任，职称评审，学科带头人、业务骨干的选拔等公开。

7. 教职工奖惩公开，包括各级各类先进评选奖励的条件、名额、程序。

8. 大宗物品的采购、维修和工程建设项目公开，包括教师手提电脑、教师和学生的校服等。

9. 涉及教师切身利益的事项公开。

10. 校务公开的路径：会议（教代会、校务会、家校联席会、教职工大会等）；媒介形式（学校微信群、家校群、微信公众号等）。

（二）北辰小学班子成员业绩考核制度

（三）班级管理：常务副校长负责制，考核评价要跟进，卫生习惯要跟进，文明礼仪要跟进，安全细查要跟进（对新入校班主任和教师实施青蓝结对，短期内融入学校管理）

二、教师管理与考核制度（系列）

《北辰小学教师月考核制度》（含综合考核制度）、《北辰小学教师职称评聘办法》《北辰小学教师集体备课制度》《北辰小学有效作业集研发与管理办法》《北辰小学教师学术积分制度》

微课解决重点问题；期末学科关键能力综合评价。

三、班级管理与考核制度

《北辰小学班主任月考核制度》

四、课堂教学常规管理制度（系列）

《西和县北辰小学课堂学习常规及评价办法》

《西和县北辰小学各科作业规范》

五、家校共育制度（系列）（正源家长学校）

1. 家校共育好习惯制度：《北辰学子 N 个细节习惯》（新生入学时发给家长）；设立家长阅读日。

2. 新生入学通知书制度：一年级所有班主任和科任教师对即将入学的学生家访，并送达精美的入学通知书和入学手印、笑脸

（电子笑脸）、新生名签一起存入成长档案。

3. 家长教育培训制度。

4. 家长颁奖制度。

5. 家校微信群交流管理制度。

6. 家长开放日制度；感恩卡制度。

7. 家长委员会制度（班级、年级、学校三级家委会）。

8. 家校互访制度。

9. 家长社团授课制度（学期初选课）。

六、学校安全管理制度（系列）（略）

七、后勤保障工作制度（系列）（略）

八、学生评价制度（系列）

严格依据中国学生六大核心素养，出台《西和县北辰小学基于学科关键能力导向下的学业水平评价办法》，按德智体美劳五育完成学生评价。

1. 知识建构（学科质量分项等级评价）

根据2020年10月中共中央、国务院印发的《深化新时代教育评价改革总体方案》，北辰小学将于2021年春季学期结束前，加快推进评价改革，构筑优质教育生态。2021年春季学期期末考试后，不再发放考卷，只评定学科分项等级。学生考完的成绩将严格按照优秀、良好、合格和暂缓评定四个等级分项评定（A、B、C、D代替）。同时，每门科目对应的成绩评定也不再只有一项，最多达到六项以上。

（释义：根据语文、数学、英语、科学等四门科目的学科特点，罗列出十五项学科关键能力。比如语文科目下面分成积累与运用、阅读、写作、口语交际和综合学习五项，科学分为概念理解、科学探究和实践能力三项。在相关年级的县级教学质量评价中，学生的得分情况都会对应到学科关键能力里。之后，再根据学科课程标准，将学生的得分折算为高于课程标准、达到课程标准、基本达到课程标准和暂缓评价四个不同等级，以 A、B、C、D 的形式呈现出来。比如一个五六年级学生，他在语文阅读上的得分率在 90% 及以上就是 A 等，得分率在 70%～89% 时，就是 B 等。细分成项后，一眼就能看出来薄弱的地方，以后孩子学习就可以更有针对性。比如语文的阅读与口语交际、英语口语、数学的空间想象等，现在大家都重视起来了。对科学实验等能力项要求现场操作抽测，则"封住"了以往学生不动手试验、背背要点就能过关的"门"，倒逼教师扎实培养学生操作能力。"考什么"正在影响"教什么"，加速教师教学理念的转变。）

2.品德建构（养成教育等级评价）

学校文明礼仪表现积分：分值评价；分项为文明礼仪、卫生习惯、劳动技能、集体活动参与、创新意识；体育、美育等级评价。

各类奖励：基础章特色章、北辰之星。

北辰学子六年必做六件事：

（1）阅读一定数量的好书；

（2）书写一手规范的汉字；

（3）学会一项出色的才艺；

（4）坚持一项喜爱的运动；

（5）承担一份温暖的义工；

（6）结交一些知心的朋友。

附录3：访谈提纲

访谈时间： _____ **访谈地点：** _____ **访谈对象：** _____

1. 您理想中的教育应该是什么样子？

2. 您秉持的办学宗旨是什么？（校长）

3. 您能说说"五育"的具体来源和具体指哪"五育"吗？

4. 您能说说目前您知晓的"五育"融合的方式吗？这些方式对孩子们的影响有哪些？

5. 目前你们学校开展劳动教育了吗？劳动教育呈现的方式都有哪些？

6. 您知道PBL项目化学习吗？您理解的跨学科融合课程应该是什么样的？

注：问卷完成后，对目前的多功能教室和美育类教室进行口头访谈和实地走访。

附录4："五育"融合方式访谈提纲

问题	参与问卷		
	经常	偶尔	从来不
你在课堂教学中会考虑和其他教师合作开展教学活动吗？			
你有意识到自己所教的学科不少知识好像是其他学科的吗？			
你会在课堂教学中使用技术设备吗？			
目前，你本人对学生的评价，会孤立地评价智育或体育成效吗？			

附录5：劳动教育实践调查问卷

您好！本问卷旨在了解目前你校的劳动教育的现状、劳动价值观以及您对劳动教育的看法与建议，请依据您的真实情况进行填写。您的回答对于我们了解乡村学校劳动教育的现状和未来劳动教育的建构发展有着至关重要的意义。

1.你的性别是？

☐ 男　　　　☐ 女

2.你是几年级学生？

☐ 一年级　　☐ 二年级　　☐ 三年级　　☐ 四年级

☐ 五年级　　☐ 六年级　　☐ 七年级　　☐ 八年级

☐ 九年级

3.你是不是独生子女？

☐ 是　　　　☐ 不是

4.你是团员吗？

☐ 是　　　　☐ 不是

5.你是否担任过学生干部？

☐ 是　　　　☐ 否

6.你在学校参加劳动吗？

☐ 经常参加　　☐ 很少参加　　☐ 不参加

7.你们学校的劳动课丰富吗？

☐ 非常丰富　　☐ 一般般　　☐ 不丰富

8.你喜欢上劳动课吗？

☐ 特别喜欢　　☐ 无所谓　　☐ 不喜欢甚至是讨厌

9. 你在家里做家务吗?

☐ 经常做　　☐ 很少做　　☐ 不做

10. 你的父母会教你怎样做家务吗?

☐ 会　　☐ 有时会　　☐ 不会

11. 你在学校里除了日常的卫生大扫除、定期植树活动外,还有其他的活动方式吗?

☐ 没有　　☐ 偶尔有　　☐ 经常有

12. 你每天做家务的时间大约是多少?

☐ 2 小时　　☐ 1 小时　　☐ 10—30 分钟　　☐ 基本不做

13. 你在家里一般参加什么劳动?(可以多选)

☐ 倒垃圾、洗碗　　☐ 做饭洗菜

☐ 帮助搞卫生、整理自己的房间和物品

☐ 买东西　　☐ 缝补衣服

☐ 养殖、种植、机械制作

☐ 看家　　☐ 就餐准备和收拾　　☐ 饲养小动物

☐ 给花草浇水　　☐ 自己叠被子

14. 你身边同学的劳动观念如何?

☐ 很强　　☐ 比较强　　☐ 比较淡薄　　☐ 非常淡薄

15. 你认为当前身边的同学在劳动素质方面存在的主要问题有哪些?(可以多选)

☐ 劳动价值观有问题,有轻视体力劳动和看不起体力劳动者的现象

☐ 劳动习惯和劳动能力较差

☐ 存在铺张浪费以及不珍惜他人劳动成果的现象

☐ 缺乏勤劳朴素的劳动品质和艰苦奋斗的劳动精神

16. 你认为当前身边的同学劳动价值观念缺失的主要原因是什么?(可以多选)

☐ 父母和家里监护人的宠惯溺爱

☐ 自己日久养成的懒惰习性

☐ 缺乏系统的劳动实践教育

☐ 社会上轻视劳动的风气所产生的部分消极影响

17. 你认为当前学校开展的劳动教育对自己能起到什么作用？尤其是在自己身上能够切身体会到的？（可以多选）

☐ 有助于养成吃苦耐劳的精神

☐ 有助于养成良好的生活习惯

☐ 有助于形成正确的人生观和价值观

☐ 有助于锻炼意志品质

☐ 其他

18. 你认为学校应采取哪些方式来加强劳动实践教育？（可以多选）

☐ 增加劳动价值观、劳动精神等教育内容

☐ 加强学生个人卫生的检查力度

☐ 加大劳动实践活动基地建设力度

☐ 增加各种劳动实践活动形式和次数

19. 你是一个热爱劳动的人吗？

20. 你都参加过哪些劳动实践活动？尤其是校内外劳动岗位你都体验了哪些？

21. 你认为应该开设哪些通识类的劳动教育课程且这些课程贴近日常生活？

22. 你认为当前学校教育是否有必要开展劳动教育课程，为什么？

23. 你认为参加劳动实践的学生能收获什么？

24. 针对劳动教育实践基地建设，你有哪些建议？

25. 你认为当前开展的劳动教育对你的生活有哪些方面的改变？

把自己活成一道光

　　读完赵文校长的书稿《理想的教育如此美好》，心中久久不能平静。

　　我出身乡村，童年时代就读于村小，后来成为老师，第一个工作单位也是村小。所以，我知道乡村学校的模样，尤其是在城市化持续加速的一天。"每一个人的家乡都在沦陷"，学校正是晴雨表。大城市在吸收小县城的生源，小县城在吸收乡村的生源。乡村教育的凋敝，似乎是无可挽回的事。

　　然而，这真的是乡村教育的宿命吗？乡村教育，真的注定只能衰落吗？

　　答案是否定的。乡村教育并不是落后的代名词，乡村教育完全有可能走出自己独特的路径。更何况，与城市教育相比，乡村教育固然有劣势，但也有不少优势，"各美其美，美美与共"，这才应该是城市教育和乡村教育未来的样子。

　　而且，在我看来，全世界最好的学校（没有"之一"），就是一所乡村学校，它叫帕夫雷什中学，至今仍然代表了一个难以逾越的高峰。而前仆后继走在这条路上的乡村校长也不乏其中，赵文校长，就是走在前列的校长之一。

所有的美好都源于艰辛

赵文校长当年身处乡村学校，面临的挑战是巨大的。当然，这是乡村学校的普遍境遇：师资水平低、留守儿童多、家长理念落后……这里的每一条，都可能构成乡村教育的死穴。再加上好生源的不断流失，让再有能力的校长也会有一种无力感，甚至绝望。在这种情况下，躺平的校长不在少数，更不用说教师了。

在这种情形下，乡村学校缺什么？

缺钱吗？缺人才吗？缺理念吗？缺好生源吗？缺家长陪伴或家庭教育吗？……

赵文校长一句话讲到关键处："乡村教育最缺的是共同愿景。"

这句话貌似很虚，但实实在在地关键。所谓的"共同愿景"，也可以理解为"希望""信念"乃至于"信仰"！朴素地说，就是一个充满愿力的校长，带着一群愿意跟着干的老师，撸起袖子加油干，肯干苦干加巧干。人才永远不是外面移植过来的，那样留不住，扎不了根，也死得快。人才不在别处，就是从这片土地上长出来的。"世有伯乐，然后有千里马。"或者说，有了好校长，自然而然就会涌现出好老师。有了好老师，就会有好学生，也会有越来越多愿意配合学校工作的家长。渐渐地，资源也就汇聚过来了。

赵文校长也在用自己的行动，诠释着"领导者"的含义。领导在本质上就是"使众人行"，是唤醒那些混日子的老师、迷惘的老师、无力的老师、想要努力找不到方向的老师、在努力但缺乏环境支持的老师。我们所遭遇的一切问题，都是我们当下的处境。而领导者的使命，校长的使命，就是解决问题，使"长者安之，少者怀之，朋友信之"。

当我看到书名《理想的教育如此美好》时，我的头脑中浮现的概念，恰恰是艰辛。所有"诗意的栖居"，在本质上都是"充满劳绩"的结果。乡村校长要想改变一所学校，就必须从承受艰辛，穿越痛苦，充满劳绩开始。这种坚忍，这种以身作则，本身就是在表达我们对一所学校，以及生活的这里的师生的希望、信念乃至于信仰。

一所学校，校长有了真正的愿景（而不是墙上的标语），师生就会逐渐地形成共同愿景，这就是活的文化，一所学校就有了光，就开始上路了。

向下扎根，向上开花

马云老师有一句话，一直深刻地影响着我，大意是说，今天很残酷，明天更残酷，大部分人死于明天晚上，看不到后天的太阳。这句话，差不多是坎贝尔"英雄的旅程"的通俗版。

每一位乡村校长，都有一份黑暗要穿越，因为改变不是一蹴而就的。

刚开始阅读赵文校长的作品，我看到他读书很多，而且品位不俗，我就有一种隐隐的担心。以我的阅历，许多"书生校长"是打不了硬仗的，可以守成，难以开拓。但赵文校长还真不是这样的，他非常精通管理。每接到薄弱校，从摸排情况，到制订战略，都耗费大量的时间。有人以为制订战略是假大空，是浪费时间，实则不然。正是学校的发展规划，让后面扎扎实实的行动，不会变成低品质的勤奋，而形成了必要的战斗力。否则，老师们就搞不清楚方向，不知道这个仗应该怎么打。

更重要的是，赵文校长眼界虽极高，入手却极低。

比如说，从常规入手，从流程入手，一点一点地建立起一所学校的秩序，这是极其重要的，让后面的起飞，有了一个基础的框架或平台。对老师也是这样，赵文校长并不是高高在上，而是实实在在地理解、共情、唤醒、共同奋战。

有了文化作为指引，有了制度作为基础，赵文校长很快地确定了学校的工作重点：教研！

用教研带动课程改革，用教研带动课堂质量，是校长最重要的工作，这也是苏霍姆林斯基的经验。阻力肯定是有的，但是，校长亲自投身其中，去感受它，问题往往迎刃而解。我做过校长，也在做课程与教学方面的研究，赵文校长在课程改革，尤其是教研方面的举措，不时令我暗自击掌：做对了！就应该这样。

比如分层作业，比如教学改革，比如评价体系变革，事实证明是非常有效的，也抓住了教学改革的牛鼻子。

不仅如此，小学最重要的事有哪些？阅读，运动，习惯（尤其是时间管理）。这种见识太棒了！尤其是对阅读的强调，再怎么都不为过。我一直认为，阅读是学校弯路超车的最好的方式，而且，成本也相对最低。

所以，赵文校长的管理之根、课程之根，扎得实在是深，实在是准！管理无非是做正确的事，并把正确的事做对。有了正确的方向，有了落实力，一所好学校，何愁不成？

把自己活成一道光

教育的美好，是点点滴滴汇聚的。

赵文校长是聚光者，也是发光者。一般能干的校长，往往不能写，能写的校长，又往往没有那么能干。但赵文校长是既能写，更能干。而且，写得有品格，难得。这得益于赵文校长自身的教养，得益于高品质的阅读与写作，尤其是阅读。这在乡村校长中，也是非常罕见的。

我们会读到赵文校长经常引用诗歌，而且不是流行的诗歌。他至少读过并喜欢苏霍姆林斯基、陶行知、朱永新、李镇西以及许多名师，也熟悉管理学大师德鲁克。他也熟悉国内外的许多教育改革，包括远在欧洲的华德福。这些广泛的阅读和走访，让赵文校长汇聚了诸多大师贤者的光辉，拥有了一般乡村校长很难拥有的视野。所以，他虽然带领学校迅速走出了困境，赢得了上级部门和社会的认可，但他的思考始终在高处，在核心素养，在教育的目的，在学校的育人方向上，而不只是考试成绩。没有这样的光芒，就无法照亮学校的未来。

赵文老师也是发光者。令我感触很深的一个细节，就是作为校长，穿着单薄的衣服，陪着一个不愿意沟通的孩子，在外面受冻，直到感化她，主动地打开心扉。在书中，赵文老师也多次讲到他在家校关系方面的努力。可以想见，他是如何真正地尊重和关爱每一位教师的，而不是把校长当官做。

学校管理的艺术，在某种意义上，也就是"爱的艺术"。

汇聚爱，传递爱，似乎是老生常谈，但却应该成为一所学校基本的教育气氛。

我没有讲赵文校长的努力，因为对这样的校长来讲，努力似乎没有什么值得称道的，就像苏霍姆林斯基一样，就是一种习惯。我在许多优秀校长身上，都看到了类似的习惯。这，或许就是优秀校长共同的味道吧。

我们的乡村，需要更多优秀的校长。甚至，我们的国家，需要涌现出苏霍姆林斯基这样的乡村校长。这当然需要"相信种子，相信岁月"。但无论如何，我希望我们的周围多一些赵文这样的校长，为教育的发展提供一种生态样板，我希望我们的社会（就像马云基金会一样），更多地支持赵文这样的校长，让他们走得更远，让乡村教育不再成为落后的代名词，让教育愈发有光有方向，且呈现出另一种精彩的可能。

祝福赵文校长，祝福未来的教育，同时也祝福未来的北川初中。

魏智渊

2023 年 5 月 7 日

（魏智渊，1973 年生。专注于教师培训、课程研发、阅读研究和学校改造，南明教育及全人之美课程联合创始人，公益组织担当者行动橡果书院院长。著有《语文课》《教师阅读地图》《苏霍姆林斯基教育学》《高手教师》《高手父母》《儿童读写三十讲》《教师阅读漫谈》等作品）